Spanish Business Dictionary

Spanish Business Dictionary

Multicultural Business Spanish

Morry Sofer

Schreiber Publishing
Rockville, Maryland

Spanish Business Dictionary
Morry Sofer

Published by:

Schreiber Publishing
Post Office Box 4193
Rockville, MD 20849 USA

Library of Congress Cataloging-in-Publication Data

Sofer, Morry.
Spanish business dictionary, English - Spanish, Spanish-English : multicultural business Spanish / Morry Sofer.
p. cm.
ISBN 1-887563-65-2 (pbk.)
1. Business--Dictionaries. 2. English language--Dictionaries--Spanish. 3. Business--Dictionaries--Spanish. 4. Spanish language--Dictionaries--English. I. Title: Multicultural business Spanish. II. Title.

HF1002 .S58 2001
650'.03--dc21

2001049000

Printed in the United States of America

25

Table of Contents

Publisher's Note

This multicultural Spanish business dictionary was inspired by an innovative book we published two years ago titled *Multicultural Spanish Dictionary*. It showed how everyday Spanish words vary from country to country. That book must have answered a long-felt need, since it was necessary to do a second printing in its first year. What we learned from the research done for that innovative project in 23 Spanish-speaking countries, was that inasmuch as Spanish is one language spoken in many countries, there are many basic words that differ from country to country. In some cases (such as the word "grocery"), there are as many as twelve variations in as many countries.

At the same time, we learned that technical words in Spanish also vary more than most people realize. This includes business terminology that, albeit fairly uniform, still shows many variations from Argentina to Mexico and from Venezuela to Spain. The result is the present dictionary, the product of linguists representing the major trading countries of the Spanish-speaking world. Like its predecessor, it is a reference tool that breaks new ground. To the best of our knowledge, never before has it been attempted to compile business terminology that varies throughout the Spanish-speaking world. In today's global economy, such a tool is intended to serve the needs of local, regional, and international business, particularly in the Americas and in Spain.

How to use the dictionary

This dictionary covers a wide variety of business terminology. The first part of the dictionary provides English source words that are set apart from the definitions on a separate line and are bolded. The next line begins with the most common Spanish equivalent/s of the English source term. Those are followed by country-specific terms, preceded by a country designator in parentheses.

For example:

acceleration clause
cláusula de aceleración
(Ar) cláusula de caducidad de los plazos
(Es) cláusula de opción al pago anticipado
(Mex) cláusula de vencimiento anticipado

Thus, the English term **acceleration clause** is commonly rendered as "cláusula de aceleración"

In Argentina (Ar) it is called "cláusula de caducidad de los plazos"

In Spain (Es) "cláusula de opción al pago anticipado"

In Mexico (Mex) "cláusula de vencimiento anticipado"

Another example:

job cost sheet
(Ch) hoja del costo del trabajo o faena
(Ven) hoja de costos de trabajo

Here the first definition is from Chile, and the second from Venezuela.

For certain business terms in English, particularly those that are a product of the American business lingo, we were not able to find a Spanish equivalent. Instead, we provided a Spanish definition. For example:

churning
operaciones con un valor para dar impresión
de actividad en el mercado

In other instances, there is a Spanish equivalent to the English term, at least in one of the countries covered. But to ensure a clear understanding of the source term, a definition was added in parentheses at the end of the entry. For example:

padding
(Ch) relleno
(Mex) relleno, acolchado
(Ven) falsificación, relleno ficticio de
documentos contables
(agregando un monto aditional, como en
un presupuesto o cotización, para cubrir
cualquier imprevisto)

A disclaimer: none of the terms or definitions are cast in stone. Due to the rapid rate of globalization in today's world, particularly in the areas of trade and finance, language has become extremely fluid. A Mexican company may operate in Argentina, or a Chilean expert may work in Venezuela, and terms may become mixed. Language is not mathematics. Use this dictionary with caution (as all dictionaries ought to be used), not as the final word on any particular term.

English into Spanish

A

abandonment
abandono
(Es) eliminación de un activo fijo en uso

abandonment clause
cláusula de abandono

abatement
rebaja, descuento, reducción, anulación
(Ar) (Es) bonificación

ABC method
método guía
(Ven) método de ventas ABC

ability to pay
capacidad de pago, disposición de pago

above the line
sobre la línea
(Mex) partidas ordinarias (ingresos y gastos)
(Ven) por encima de la línea

abrogate
abrogar, anular, cancelar, suprimir
(Ar) rescindir
(Es) revocar, abolir, casar
(Mex) derogar

absence rate, absenteeism
tasa de ausencia, ausentismo
(Es) absentismo
(Ven) índice de ausencia

absentee owner
propietario ausente

absolute advantage
ventaja absoluta

absolute liability
responsabilidad absoluta
(Ar) responsabilidad objetiva
(Es) responsabilidad incondicional

absolute sale
venta absoluta
(Ven) venta incondicional

absorbed
absorbido

absorption costing
costo por absorción, cálculo de absorción
(Es) imputación de costes fijos y variables entre la producción, absorción de costes

absorption rate
tasa de absorción
(Ven) índice de absorción

abstention
abstención

abstract of record
sinopsis de los autos
(Ar) resumen de un expediente judicial
(Ven) resumen breve del expediente

abstract of title
resumen de título
(Ar) informe de los antecedentes de título
(Es) resumen de antecedentes de un título en propiedad, extracto de un título

abusive tax shelter
abrigo contributivo abusivo

accelerated cost recovery system (ACRS)
sistema acelerado de recuperación de costos (SARC)

accelerated depreciation
depreciación acelerada
(Ar) amortización acelerada

acceleration
aceleración

acceleration clause
cláusula de aceleración
(Ar) cláusula de caducidad de los plazos
(Es) cláusula para vencimiento anticipado de una deuda, cláusula de opción al pago anticipado

(Mex) cláusula de vencimiento anticipado
accelerator
acelerador
accelerator principle
principio del acelerador
acceptance
aceptación
(Es) letra aceptada
acceptance sampling
muestra de aceptación
(Ven) muestreo de aceptación
accession
acceso, admisión, toma de posesión, adhesión, aceptación, acuerdo, incremento, aumento
(Es) consentimiento
access right
derecho de acceso
access time
tiempo de acceso
accommodation endorser, maker or party
endosante de favor, firmante de acomodación, parte por acomodación
accommodation paper
documento de favor
(Ar) documento a favor
(Es) efectos de favor
(Ven) pagaré de favor, documento de garantía
accord and satisfaction
acuerdo, aceptación como finiquito
(Ven) acuerdo y conciliación
account
cuenta
v. dar cuenta y razón
accountability
responsabilidad, deber, obligación
(Es) (Ven) exigibilidad, obligación de dar cuenta
accountancy
contabilidad
(Mex) técnica contable, técnica de contabilidad
accountant
contador
(Es) contable, tenedor de libros
accountant's opinion
opinión del contador
(Ar) dictamen o informe del auditor
account executive
administrador de cuenta
(Ch) ejecutivo de cuenta
accounting change
cambio contable
accounting cycle
ciclo contable
accounting equation
ecuación contable
accounting error
error contable
accounting method
método contable
accounting period
período contable
(Ch) ejercicio
(Es) período de liquidación
accounting principles, accounting standards
principios contables, principios de contabilidad, normas contables
accounting procedure
procedimiento contable
accounting rate of return
tasa de rendimiento contable
(Mex) tasa de retorno
accounting records
registros contables
(Ar) libros contables
accounting software
software de contabilidad
(Mex) programa de contabilidad
accounting system
sistema contable
account number
número contable
(Es) (Mex) número de cuenta
accounts payable
cuentas por pagar, cuentas

de proveedores
(Ch) auxiliar de proveedores
(Es) acreedores diversos
(Mex) deudas a corto plazo

accounts payable ledger
libro mayor de cuentas por pagar, registro de cuentas por pagar

accounts receivable
cuentas por cobrar, cuentas de clientes
(Es) contabilidad de deudores, cuentas a cobrar, deudores diversos
(Mex) créditos a corto plazo

accounts receivable financing
financiamiento de cuentas por cobrar

accounts receivable ledger
libro mayor de cuentas por cobrar
(Ch) auxiliar de clientes

accounts receivable turnover
ventas a crédito al promedio de cuentas por cobrar

account statement
cuenta contable
(Ar) (Ch) (Ven) estado de cuenta

accredited investor
inversionista acreditado
(Ar) inversionista autorizado

accretion
crecimiento, aumento, incremento
(Ar) acrecentamiento
(Ch) (Es) plusvalía

accrual method
método de acumulación
(Ar) método contable basado en el criterio de lo devengado
(Ven) método de acumulación de lo devengado

accrue
acumular, devengar
(Mex) vencer

accrued interest
intereses devengados o acumulados
(Es) intereses vencidos, cupón corrido

accrued liabilities
pasivos acumulados
(Ar) (Es) pasivo transitorio
(Ch) provisiones
(Mex) interés vencido

accrued taxes
impuestos devengados o acumulados
(Ar) impuestos vencidos
(Es) impuestos por pagar

accumulated depletion
agotamiento acumulado

accumulated depreciation
amortización acumulada, fondo de amortización
(Ar) amortización
(Ch) (Es) depreciación acumulada

accumulated dividend
dividendo acumulado
(Ar) dividendos impagos

accumulated earnings tax or accumulated profits
ganancias acumuladas
(Ar) impuestos sobre las utilidades acumuladas
(Mex) impuestos acumulados sobre las ganancias o rentabilidad acumulada

acid test ratio
coeficiente de liquidez a corto plazo, relación de tesorería
(Ar) prueba ácida
(Es) prueba del ácido, relación entre activo disponible y pasivo corriente, coeficiente de liquidez

acknowledgment
constancia, reconocimiento, recibo, acuse de recibo

acquisition
adquisición, compra, transacción

acquisition cost
costo de la compra, costo de la transacción
(Ch) (Mex) (Ven) costo de adquisición

(Es) gastos de adquisición
acre
acre
(Mex) 40 áreas
acreage
acres
(Ar) superficie en acres, superficie cultivada
(Mex) extensión
across the board
general
active income
ingreso activo
(Ar) ingreso corriente
active market
mercado activo
(Ar) mercado corriente
act of bankruptcy
acto de quiebra
(Ar) hecho revelador del estado de cesación de pagos
(Ven) manifestación de insolvencia
act of God
caso de fuerza mayor, caso fortuito
actual cash value
valor real en efectivo, precio real de venta
(Es) valor efectivo de mercado
(Ven) valor monetario real
actual cost
costo real
(Es) coste efectivo
actual damages
daños reales
(Es) daños efectivos
actuarial science
ciencia actuarial
actuary
actuario
(Es) notario, oficial de sala
addendum
añadidura, suplemento, adición
(Ar) (Mex) adenda
(Ch) (Ven) anexo
additional first-year depreciation (tax)
amortización adicional del primer año (impuesto)
(Ch) depreciación adicional del primer año (tributario)
additional mark-on
(Ar) recargo
(Ch) margen de beneficio agregado al precio
(Es) margen complementario adicional
additional paid-in capital
prima de emisión
(Ar) aportes de los accionistas por encima del valor nominal de la acción
(Ch) sobreprecio en venta de acciones propias
add-on interest
interés complementario
adequacy of coverage
suficiencia de cobertura, suficiencia de campo de aplicación, conformidad de cobertura
adhesion contract
contrato de adhesión
adhesion insurance contract
contrato de seguro de adhesión
ad infinitum
sin fin, indefinidamente
ad item
según ítem
adjective law
derecho adjetivo, ley adjetiva, derecho procesal
adjoining
lindante, adyacente
(Mex) colindante
adjudication
adjudicación, asignación
(Mex) concesión
(Ven) otorgamiento de la Buena Pro (in bid tenders)
adjustable life insurance
seguro de vida ajustable
adjustable mortgage loan (AML)
préstamo hipotecario ajustable
adjustable-rate mortgage (ARM)
tasa hipotecaria ajustable

(Es) hipoteca con tipo de interés ajustable
adjusted basis or adjusted tax basis
base ajustada o base de impuesto ajustada
(Ch) valor base tributario ajustado
adjusted gross income
ingreso bruto ajustado
adjuster
ajustador, componedor, arreglador, tasador
(Es) asesor
(Ven) perito
adjusting entry
asiento de ajuste o rectificativo
administer
administrar, tramitar
administered price
precio administrado
(Ar) (Es) (Mex) (Ven) precio controlado
administrative expense
gastos administrativos
(Es) gastos (generales) de administración
administrative law
derecho administrativo
administrative management society
sociedad de gestión administrativa, sociedad de gerencia administrativa
administrative services only (ASO)
servicios administrativos solamente (SAM)
administrator
administrador, operador
administrator's deed
acción del administrador
(Ar) escritura del administrador
ad valorem
según el valor, función del valor
(Ar) según valor
(Es) ad valorem, con arreglo al valor
advance
adelanto
(Ch) (Mex) (Es) anticipo
v. adelantar, pagar por adelantado, pagar por anticipado
advanced funded pension plan
plan de jubilación financiado por adelantado
adversary
adversario, contrario
adverse opinion
opinión adversa, opinión contraria
(Ven) dictamen desfavorable
adverse possession
posesión adversa, posesión contraria
(Ar) prescripción adquisitiva
advertising
publicidad
advertising appropriation
incautación de publicidad
(Ven) partida para publicidad
affective behavior
conducta afectiva
affidavit
declaración jurada, testimonio, afidávit, atestiguación
(Es) certificación, acta notarial
(Mex) acta
affiliated chain
cadena afiliada
affiliated company
compañía asociada, empresa afiliada
(Ch) filial
(Es) compañía afiliada, sociedad filial
affiliated retailer
menudista asociado, detallista afiliado
(Ar) minorista subsidiario
affirmative action
política que hace obligatoria la contratación y promoción de mujeres y de minorías de acuerdo al promedio que ocupan dentro de la población
affirmative relief
reparación positiva
after-acquired clause
cláusula de adquisición

subsecuente
after-acquired property
propiedad de adquisición subsecuente
(propiedad adquirida por el deudor después del perfeccionamiento de un derecho de garantía que lo afecte)
after market
mercado secundario
(Ar) mercado de reposición
after-tax basis
base posterior a impuestos
(Ch) (Ven) base después de impuestos
after-tax cash flow
flujo de caja posterior a impuestos
(Ven) flujo de caja después de impuestos
after-tax real rate of return
tasa de rendimiento real posterior a impuestos
(Mex) tasa de rendimiento real después de impuestos
against the box
venta al descubierto
(Ar) vender corto contra la caja
age discrimination
discriminación de edad
agency
agencia, oficina, órgano, sucursal
(Es) organismo oficial organismo público, dirección general (en ministerios)
agency by necessity
agencia por menester
agent
agente, apoderado, gestor, representante
(Es) mandatario, corresponsal
agglomeration
aglomeración, acumulación
agglomeration diseconomies
acumulación de deseconomías
aggregate demand
demanda global
aggregate income
ingreso global
(Ar) renta global
aggregate indemnity (aggregate limit)
indemnidad total (límite global)
(Ar) compensación, indemnización o reparación global
aggregate supply
provisiones totales, suministro total
(Ch) oferta total
aging of accounts receivable or aging schedule
clasificación por antigüedad
(Ar) antigüedad de las cuentas o estado de cuentas por cobrar
(Ch) informe de antigüedad de clientes
(Mex) análisis de antigüedad (de las cuentas)
(Ven) plan basado en la antigüedad
agreement
acuerdo, contrato, convenio
(Es) consenso
agreement of sale
contrato de compraventa, convenio de venta
(Ar) acuerdo de venta
(Ch) compraventa
agribusiness
agroindustrias, agricultura industrial, industria agroalimentaria
airbill
guía aérea
(Ven) conocimiento de embarque aéreo
airfreight
flete aéreo
(Es) carga por avión, aerocarga
air rights
derechos aéreos
(derecho al espacio aéreo existente sobre un terreno, que puede venderse separadamente de éste)
aleatory contract
contrato aleatorio,

contrato fortuito
alienation
alienación, transmisión
alien corporation
corporación extranjera
(Ar) sociedad constituida en otra jurisdicción
alimony
pensión alimenticia
(Ar) prestaciones alimentarias
allegation
alegación, alegato
(Ar) pretensión
allocate
asignar, atribuir, imputar
(Mex) repartir
(Ven) distribuir, destinar, aplicar
allocated benefits
beneficios asignados, asignación de beneficios
allocation of resources
asignación/distribución de recursos
allodial
alodial
allodial system
sistema alodial
allowance
asignación, prestación, indemnización, pensión
allowance for depreciation
deducción por depreciación, amortización acumulada
(Ch) depreciación acumulada
(Ven) reserva/provisión para depreciación
allowed time
tiempo concedido, tiempo permitido
(Ven) permiso laboral retribuido para resolver asuntos propios
all risk/all peril
todo riesgo/todo peligro
alternative hypothesis
hipótesis alterna, suposición alterna
(Ar) hipótesis sustitutiva
alternative minimum tax
impuesto mínimo alternativo
alternative mortgage instrument (AMI)
instrumento hipotecario alternativo (IHA)
amass
acumular, amontonar
amend
enmendar, reformar, modificar
(Ch) rectificar
(Ven) corregir
amended tax return
declaración de impuestos modificada
(Ar) modificación de la declaración de rentas o ingresos
(Ch) rectificatorio
amendment
enmienda, reforma, modificación
(Es) rectificación
amenities
amenidades, entretenimiento
(Ar) (Mex) comodidades
American Stock Exchange (AMEX)
bolsa de valores estadounidense
amortization
amortización
amortization schedule
programa de amortización
(Ar) plan de pagos
(Es) plan de amortización
analysis
análisis, examen, estudio
(Ven) desglose
analysis of variance (ANOVA)
estudio de cambio, análisis de cambio
(Ar) análisis de las variaciones
(Ch) análisis de desviaciones
analyst
analista, investigador
analytic process
proceso analítico
analytical review
revisión analítica, estudio analítico
anchor tenant
arrendatario principal
(Ar) inquilino de anclaje

annexation
anexión, unión
(Ven) incorporación
annual basis
anualmente, anual
annual debt service
servicio de la deuda anual
(Ch) (Ven) servicio anual a la deuda
annual earnings
ganancias anuales
(Ch) utilidades anuales
annualized rate
tasa anualizada
annual meeting
reunión anual, asamblea anual
(Ch) junta anual
annual mortgage constant
constante hipotecario anual
annual percentage rate (APR)
tasa porcentual anual (TPA)
(Ar) tasa de interés anual
(Ch) porcentaje anual
(Es) tipo porcentual anual sobre descubiertos
annual renewable term insurance
seguro de término renovable anualmente
annual report
informe anual
(Ar) (Ch) (Es) memoria anual
annual wage
salario anual
annuitant
rentista, pensionado
(Ar) beneficiario de una renta vitalicia
(Es) beneficiario de una anualidad
annuity
anualidad
(Es) pago periódico
annuity due
anualidad vencida
(Es) anualidad de pago inicial inmediato
(renta vitalicia en la que los pagos se realizan al comienzo de cada período)
annuity factor
factor de anualidad
annuity in advance
anualidad anticipada
annuity in arrears
anualidad en atrasos
answer
respuesta, réplica, afirmación
(Es) contestación
v. contestar, responder, replicar
anticipated holding period
período de decisión anticipado
anticipatory breach
violación anticipada
(Ar) extinción de las obligaciones contractuales o violación/ incumplimiento de las cláusulas del contrato
(Ven) incumplimiento anticipado
antitrust acts
acto antimonopólico
antitrust laws
leyes antimonopólicas
(Ar) derecho antimonopólico
(Es) (Ven) leyes antimonopolios
apparent authority
poder aparente
(Ar) mandato implícito
appeal bond
fianza de apelación
appellate court (appeals court)
tribunal de apelaciones
application of funds
solicitud de fondos, subscripción de fondos, registro de fondos
(Ar) (Ven) asignación de fondos
(Es) empleo/ aplicación de los fondos
applied economics
economía aplicada
applied overhead
gastos generales aplicados
(Ar) gastos fijos, costos comunes aplicados
applied research
investigación aplicada
apportionment
repartición, distribución, imputación
(Ar) (Es) prorrateo, derrama

appraisal
evaluación, valuación
(Ar) (Ch) tasación
(Es) valoración
appraisal rights
derechos de valuación
(Ar) derechos del accionista
(Ch) derechos de tasación
appraise
evaluar, valuar
(Ar) (Ch) (Es) tasar
appraiser
evaluador
(Ar) (Ch) (Es) tasador
appreciate
apreciar, aumentar el valor, revalorizar, revaluar
appreciation
incremento, aumento, crecimiento
(Ar) valoración, valuación
(Es) apreciación, revalorización
(Mex) plusvalía
appropriate
apropiar, asignar, dotar
(Ar) apropiarse de una cosa
appropriated expenditure
gasto asignado
appropriation
apropiación, asignación, dotación
(Ar) asignación de fondos
(Es) aplicación, aplicación de utilidades, distribución de beneficios, estimación
approved list
lista aprobada, listado aprobado
appurtenant
accesorio, anexo
(Ar) adjunto, perteneciente
appurtenant structures
estructuras accesorias
a priori statement
declaración a priori
arbiter
árbitro, arbitrador
arbitrage
arbitraje
arbitrage bond
fianza de una parte en arbitración
(Mex) fianza de una parte en arbitraje
arbitration
arbitraje, arbitración, juicio arbitral
(Es) laudo, componenda, tercería
arbitrator
árbitro, arbitrador
(Es) amigable componedor
archive storage
almacenamiento de archivos, depósito de archivos
arm's length transaction
transacción imparcial
(Ar) transacción entre iguales
array
arreglo, alineación, distribución, ordenación
arrearage
atraso, saldo de cuentas
(Ch) morosidad
arrears
atraso, atrasos
(Ar) mora, deuda impaga
(Ch) en mora
articles of incorporation
documento/escritura de incorporación, artículos de incorporación
(Es) estatutos de constitución
(Ven) acta constitutiva
artificial intelligence (AI)
inteligencia artificial
as is
en las condiciones actuales, como está
(Es) tal cual, según es(tá), en cl estado en que se encuentra
asked
solicitado, demandado
asking price
precio demandado, precio solicitado
(Es) cambio de venta, precio de oferta precio de venta
assemblage
reunión
assembly line
cadena o línea de montaje

(Ar) planta de montaje
(Es) línea de fabricación en cadena

assembly plant
planta de montaje

assess
evaluar, valorar, estimar
(Ar) tasar
(Mex) gravar

assessed valuation
valuación evaluada

assessment
valoración, evaluación, tasación
(Es) valor catastral, peritación, dividendo pasivo, contribuciones
(Mex) estimación

assessment of deficiency
valoración de deficiencia

assessment ratio
razón de valoración
(Ven) índice de valorización

assessment role
papel de valoración

assessor
asesor, persona que se encarga de una evaluación
(Ar) tasador
(Ven) perito evaluador

asset
bienes, activo
(Ar) fondos, capital

asset depreciation range (ADR)
alcance de depreciación de bienes

assign
asignar, ceder

assignee
cesionario
(Ar) (Es) apoderado

assignment
asignación, cesión
(Es) traspaso, transferencia

assignment of income
transferencia de ingresos

assignment of lease
transferencia de arrendamiento
(Ar) cesión de locación

assignor
comisionista, cedente, asignante
(Es) comitente, ordenante, cesionista

assimilation
asimilación, incorporación

association
asociación, sociedad

assumption of mortgage
apropiación hipotecaria
(Ven) asunción de una obligación hipotecaria

asynchronous
asíncrono

at par
a la par, tipo de la par

at risk
bajo riesgo, en riesgo

attachment
embargo, incautación
(Es) (de) comiso, secuestro, juicio ejecutivo, entrada en vigor (del seguro)

attained age
llegar a o alcanzar cierta edad

attention
atención, cuidado

attention line
línea de atención
(Mex) salutación, apertura (de la carta)

attest
atestiguar, asegurar, certificar
(Es) atestar, deponer, dar fe

at the close
al terminar, al concluir
(Ar) (Ch) al cierre

at the opening
a la apertura, al principio

attorney-at-law
abogado, consejero, procurador, apoderado
(Es) letrado
(Mex) licenciado en derecho

attorney-in-fact
apoderado, representante,

procurador
(Es) mandatario de hecho

attribute sampling
muestreo de característica

attrition
usura, degradación, reducción natural del personal, retiro de personal por causa de edad avanzada

auction or auction sale
subasta o venta de liquidación, remate
(Es) v. subastar, rematar, sacar a subasta

audience
audiencia, público, el derecho a ser escuchado ante un tribunal

audit
auditoría, verificación, comprobación
(Es) examen de cuentas, revisión de cuentas, glosa, censura de cuentas
v. auditar, verificar, comprobar
(Es) revisar las cuentas

auditing standards
normas de auditoría

auditor
auditor, revisor, verificador, inspector de cuentas
(Es) censor jurado de cuentas

auditor's certificate
certificado de auditor

auditor's certificate, opinion, or report
certificado, dictamen o informe de auditor
(Es) informe de los censores jurados de cuentas

audit program
programa de auditoría

audit trail
rastro de auditoría
(Es) referencia de auditoría
(Ven) pista de auditoría

authentication
autenti(fi)cación, refrendo, certificación
(Es) legalización

authorized shares or authorized stock
acciones autorizadas
(Ar) capital autorizado

automatic checkoff
eliminación automática

automatic (fiscal) stabilizers
estabilizador automático (fiscal)

automatic merchandising
comercialización automática, mercadotecnia

automatic reinvestment
reinversión automática

automatic withdrawal
retiro automático

average
promedio, medio, prorrateo
(Es) avería
v. establecer un promedio, alcanzar un promedio, promediar

average cost
costo promedio

average (daily) balance
saldo promedio (diario)

average down
establecer promedio hacia abajo

average fixed cost
costo fijo promedio

average tax rate
porcentaje de impuesto medio
(Ar) tasa impositiva media
(Ch) tasa promedio de impuestos

avoirdupois
sistema de pesas en países de habla inglesa

avulsion
avulsión

B

baby bond
bono de valor nominal inferior a 1.000 dólares
(Ar) título por valor inferior a 1.000 dólares
baby boomers
personas nacidas entre 1946 y 1964
backdate
antedatar, dar efecto retroactivo
(Es) antefechar
(Ven) poner en vigor con efecto retroactivo
background investigation
investigación de antecedentes
background check
verificación de antecedentes
back haul
viaje de retorno, manejo excesivo e innecesario de carga
backlog
rezago de pedidos, atrasos
(Ar) (Ven) volumen de trabajo atrasado
(Mex) pendientes
(Es) pedidos sin cumplimentar
back office
"back office" (bolsa)
(Mex) oficina de operaciones (departamento de un banco o sociedad de bolsa que no está directamente relacionado con sus clientes)
backpay
pago de sueldos atrasados, sueldo(s) atrasado(s), atrasos
(Ar) pago con efecto retroactivo
(Mex) salarios caídos
backup withholding
retención de reserva
(Ven) retención de atrasos
backward-bending supply curve
curva atípica
backward vertical integration
integración vertical inversa
bad debt
deuda o crédito incobrable
(Es) créditos dudosos, deudores morosos, fallidos
bad debt recovery
recuperación de deuda o crédito incobrable
bad debt reserve
reservas para deudas o créditos incobrables
bad title
título imperfecto
(Ven) título de propiedad defectuoso o imperfecto
bail bond
fianza, caución
bailee
depositario, comodatario, locatario
(Mex) depositario de bienes en custodia
bailment
depósito, locación, comodato
(Es) objeto depositado
(Ven) cesión, entrega en depósito
bait and switch advertising
(Ven) publicidad de venta con señuelo engañoso
(método de comercialización mediante el cual se ofrecen bienes baratos con el propósito de captar la atención del cliente y así venderle otros, más caros)
bait and switch pricing
fijación de precios para atraer clientela con una mercancía y ofrecer otra
balance
balance, saldo, equilibrio
v. saldar, dar finiquito, nivelar un presupuesto
(Mex) remanente
balanced mutual fund
sociedad de inversiones estable,

fondo mutuo equilibrado
(Ven) fondo de inversión formado por valores de bajo riesgo y alto rendimiento)

balance of payments
balanza de pagos

balance of trade
balanza comercial o de comercio o de intercambio

balance sheet
balance, balance de situación, balance general, hoja de balance

balance sheet reserve
reserva del balance, reserva de balance de situación
(Ar) reserva de estado
(Ven) reserva de balance general

balloon payment
pago balloon, pago cuyo último plazo de amortización es mayor que los demás
(Ar) pago sustancialmente superior a las cuotas anteriores
(Es) último pago de un préstamo, arrendamiento financiero o adquisición con pagos aplazados
(Ven) pago globo

ballot
boleta
v. votar
(Ar) papeleta, votación

bandwidth
ancho de banda

bank
banco, casa de banca
v. depositar en el banco, tratar con banco
(Es) hacer operaciones bancarias
(Ven) realizar negocios bancarios

banker's acceptance
aceptación bancaria o de banco
(Ven) letra bancaria

bank holding company
compañía tenedora o matriz bancaria, sociedad de control bancaria

bank line
línea bancaria
(Ven) línea de crédito bancario

bankruptcy
bancarrota, quiebra, insolvencia

bank trust department
departamento fiduciario o de fideicomiso bancario

bar
impedimento, obstáculo
v. impedir, prohibir

bar code
código de barras

bargain and sale
compraventa

bargain hunter
cazador de gangas
(Mex) especulador
(Ven) buscador de ofertas (gangas)

bargaining agent
agente de negociación, agente de gestión

bargaining unit
unidad de negociación, unidad de gestión
(Ar) sindicato que representa a los trabajadores en una negociación

barometer
barómetro
(Ven) indicador, índice

barter
trueque, intercambio
v. intercambiar, permutar, realizar un trueque

base rate pay
salario básico
(Ar) sueldo base
(Mex) salario base

base period
período base, plazo base

base rent
alquiler base, arrendamiento base

base-year analysis
análisis de año base

basic limits of liability
límites básicos o fundamentales de responsabilidad

basis
base, criterio

(Es) diferencia entre el precio de un instrumento en efectivo y un contrato a plazo
(Mex) (Ven) fundamento

basis point
punto base (100th of 1%)
(Es) centésimo de entero, punto base, punto básico, centésimo

batch processing
elaboración por lotes o por series
(Ar) proceso discontinuo
(Es) (Mex) procesamiento por lotes

battery
batería, pila, serie, grupo, juego, agresión

baud
baudio

bear
bajista, especulador de la baja (bolsa)
(Ven) inversor bursátil con expectativas bajistas

bearer bond
título o bono al portador
(Es) obligación al portador

bear hug
oferta favorable

bear market
mercado bajista

bear raid
(Mex) acción por parte de los bajistas
(Ven) manipulación a la baja (bolsa)
(intento por parte de los inversores de bajar el precio de las acciones de una determinada sociedad por medio de la venta corta de gran cantidad de acciones)

before-tax cash flow
flujo de efectivo antes de impuestos

bellwether
indicador de tendencia

below par
bajo la par, por debajo de la par
(Ven) por debajo del valor nominal

benchmark
punto de referencia, señal, indicación
(Ch) comparación competitiva
(Mex) cotización

beneficial interest
derecho de usufructo, derecho beneficioso
(Ar) beneficio contractual
(Mex) producto de usufructo

beneficial owner
propietario beneficioso, usufructuario
(Es) propietario beneficiario

beneficiary
beneficiario, derecho habiente

benefit
beneficio, prestación

benefit-based pension plan
plan de jubilación basado en beneficios
(Mex) plan de jubilación por prestaciones

benefits, fringe
beneficios marginales
(Es) beneficios complementarios
(Mex) prestaciones adicionales
(Ven) beneficios accesorios

benefit principle
principio de beneficios

bequeath
legar, donar, testar
(Es) mandar

bequest
donación, legado, manda, cesión

best rating
mejor valor asignado, mejor tasación

beta coefficient
coeficiente beta

betterment
mejora, mejoramiento

(Mex) (Ven) mejora
biannual
semestral
bid and asked
ofrecido y demandado
(Ar) precio de compra y venta, cotización
(Es) oferta y demanda
bid bond
fianza de oferta
(Ar) (Ven) fianza de licitación
(Es) fianza de participación en puja
bidding up
oferta
(Ar) licitación
(Ch) hacer una mejor propuesta
(Ven) oferta en puja hacia arriba
biennial
(Ar) (Mex) (Ven) bienal
(Ch) bisanual
big board
bolsa de comercio de Nueva York
(Ar) bolsa garantizada más grande
(Ch) tabla de acciones más cotizadas
(Mex) NYSE (Bolsa de Valores de Nueva York)
big-ticket items
artículos de mayor valor
(Ven) artículos de importancia
bilateral contact
contacto bilateral
bilateral mistake
error bilateral
bill
factura, cuenta, pagaré
v. facturar, girar
billing cycle
ciclo o período de facturación
bill of exchange
letra de cambio, efecto cambiario
(Es) cambial libranza
bill of lading
conocimiento de embarque
(Mex) nota de embarque
binder
recibo de pago preliminar
(Ar) resguardo provisional
black list
lista negra
(Mex) índice desventajoso (países y organizaciones con los que se prohíbe operar)
black market
mercado negro
blanket contract
contrato múltiple (seguro)
(Ar) contrato global
blanket insurance
seguro múltiple
(Ar) seguro general
blanket mortgage
hipoteca colectiva
(Es) hipoteca general
blanket recommendation
recomendación colectiva
bleed
arrancar dinero a
(Ven) explotar, sangrar
blended rate
tasa combinada
(Ven) tipo de interés combinado
blended value
valor combinado
blighted area
área arruinada
(Ar) zona afectada
(Ven) zona de pobreza
blind pool
fondo ciego
(Ar) "pool" sin oportunidades
blind trust
fideicomiso ciego
blister packaging
embalaje o envase de plástico
(Ven) embalaje de plástico de burbuja
block
bloque (de acciones)
v. bloquear, obstruir
blockbuster
mercader de bienes raíces quien se dedica a "blockbusting" (ver a continuación)
blockbusting
la práctica de instigar a propietarios en un vecindario en

particular a vender sus casas rápidamente, generalmente con pérdida, creando la incertidumbre que compradores actuales o futuros de grupos minoritarios traerían una pérdida de valor

block policy
política de bloquear fondos

block sampling
(Ar) (Ch) (Mex) muestreo de bloque
(Ven) muestreo en bloque

blowout
vendido rápidamente
(Ar) venta casi inmediata debido a la gran demanda

blue-chip stock
acciones de primera categoría
(Ar) valores de primera clase
(Ven) acciones de primera clase, acciones triple A, valores seguros

blue collar
trabajador manual
(Ar) obrero, operario
(Mex) (Ven) obrero manual

blue laws
ley que prohíbe realizar negocios el domingo
(Ar) ley de descanso dominical

blueprint
heliográfica, plan, proyecto
(Ar) plan maestro

blue-sky law
legislación de control de emisión y ventas de valores
(Ar) dentro de los límites del estado
(Mex) leyes que rigen el mercado bursátil

board of directors
junta directiva, consejo de administración, directorio
(Ven) junta directiva, junta de directores

board of equalization
consejo de equidad
(Ven) junta de revisión de avalúos

boardroom
sala del directorio, sala de asamblea
(Ven) sala de juntas

boilerplate
cláusulas estándar de un convenio o documento legal
(Ch) formato tipo
(Ven) cláusulas fijas o esenciales de un acuerdo o contrato

bona fide
buena fe

bona fide purchaser
comprador de buena fe

bond
bono, obligación, fianza
(Es) título-valor de renta fija responsiva
v. dar fianza, prestar fianza
(Es) hipotecar

bond broker
corredor de bonos

bond discount
descuento de bono
(Ven) descuento sobre bonos

bonded debt
deuda consolidada, deuda en obligaciones, deuda en bonos
(Ven) deuda afianzada

bonded goods
mercancías en depósito franco, sujetas al pago de derechos arancelarios

bond premium
prima de bono

bond rating
clasificación de bonos

book
libro, registro
v. contabilizar, reservar, registrar

book-entry securities
valores sin certificados

book inventory
inventario en libros
(Es) inventario contable
bookkeeper
contable, tenedor de libros
book value
valor contable, valor en libros
boondoggle
proyecto quimérico, despilfarro
boot
ganancia adicional
v. volver a arrancar
borrowed reserve
reservas prestadas, reserva ajena, reserva obtenida en préstamo
borrowing power of securities
capacidad de endeudamiento de valores
bottom
fondo, parte inferior o baja
v. tocar fondo, alcanzar el punto más bajo
bottom line
última línea, beneficios, resultado final, conclusión
Boulewarism
Boulewarismo: estilo de negociación implantado por Lemuel Boulware, ex CEO de General Electric donde la primera oferta hecha es también la última
boycott
boicot, aislamiento
(Ven) bloqueo económico
v. boicotear, aislar
bracket creep
paso gradual a tasas impositivas más elevadas
(Mex) entrada en categoría fiscal más alta por la inflación
brainstorming
aportación masiva de ideas, tormenta de ideas
branch office manager
director de sucursal
(Es) director de (agencia) urbana
(Ar) (Mex) (Ven) gerente de sucursal
brand
marca
v. marcar
brand association
asociación de marca, asociación de producto
brand development
desarrollo de marca, desarrollo de producto
brand development index (BDI)
índice de desarrollo de marca (IDM)
brand extension
extensión de marca, extensión de producto
brand image
imagen de marca, imagen de producto
brand loyalty
lealtad de marca
brand manager
gerente de marca, gerente de producto
(Es) jefe de producto
brand name
nombre de marca
(Mex) marca registrada, nombre industrial
brand potential index (BPI)
índice potencial de marca (IPM)
brand share
participación de marca
breach
infracción, violación
v. quebrantar, infringir, violar
breach of contract
incumplimiento de contrato
breach of warranty
violación de garantía
breadwinner
sostén de la familia
(Mex) sueldo, salario, jornal
break
baja de precios, baja en los cambios, caída rápida
v. romper, violar, dejar de cumplir
(Es) cambio de precio rápido y sensible

break-even analysis
análisis de punto crítico, análisis de punto muerto o de equilibrio
break-even point
punto crítico, punto de equilibrio, punto muerto
(Ven) umbral de rentabilidad
breakup
ruptura, disolución
v. romper, disolver
(Mex) desmantelar
bridge loan
préstamo temporal, préstamo puente
(Ar) préstamo de empalme o de enlace
broken lot
lote incompleto
(Ven) lote suelto de acciones
broker
corredor, agente de bolsa, agente mediador
(Es) intermediario por cuenta ajena, corredor de comercio, intermediario financiero
brokerage
corretaje, comisión de agente, intermediación
(Mex) correduría
brokerage allowance
prestación de corretaje
broker loan rate
tasa de préstamo de corredor
bucket shop
bolsa clandestina
(Ar) oficina ilegal de corretaje
(Ven) oficina de reventa, agencia paralela
budget
presupuesto, plan, proyecto
(Es) estimación
v. presupuestar, estimar
budget mortgage
hipoteca presupuestaria
buffer stock
inventario de regulación
(Mex) inventario de seguridad
(Ven) reserva de estabilización, existencias de seguridad
building code
código de construcción
building line
línea de construcción
building loan agreement
convenio de préstamo a la construcción
building permit
permiso de construcción
built-in stabilizer
estabilizador integrado
(Ar) estabilizador interno o automático
bull
alcista, especulador a la alza, mercado alcista
v. comprar al descubierto, especular al alza
bulletin
boletín, folleto, comunicado
bulletin board system (BBS)
sistema de pizarra de anuncios
(Ar) sistema de tablero de anuncios
bull market
mercado alcista
(Es) mercado al alza
bunching
agrupamiento
(Ar) aglomeración, acumulación
bundle-of-rights theory
teoría de conjunto de derechos
burden of proof
peso o carga o cargo de la prueba, obligación de probar
bureau
despacho, oficina, división administrativa
bureaucrat
burócrata
burnout
agotamiento, fatiga, disminución de la capacidad de trabajo
business
comercio, negocios
(Ch) empresa
business combination
combinación de negocios

(Ven) concentración de empresas
business conditions
condiciones de negocios
business cycle
ciclo económico
(Ar) ciclo coyuntural
business day
día de negocios, día hábil, día laborable
(Es) día comercial
business ethics
ética de los negocios
(Ven) ética empresarial
business etiquette
normas profesionales comerciales
business interruption
interrupción de negocios
(Ven) lucro cesante
business reply card
tarjeta de respuesta de negocios
(Mex) (Ven) tarjeta de respuesta comercial
business reply envelope
sobre de respuesta de negocios
(Mex) sobre de respuesta comercial
business reply mail
correspondencia de respuesta de negocios
(Mex) correspondencia de respuesta comercial
business risk exclusion
exclusión de riesgos de negocios
(Mex) exclusión de riesgos comerciales
business-to-business advertising
publicidad de negocio a negocio
(Ar) publicidad de empresa a empresa
(Mex) publicidad de comercio a comercio
bust-up acquisition
adquisición fracasada
(Ven) adquisición de desmembramiento
buy
comprar, adquirir
buy-and-sell agreement
convenio de compra y venta
(Mex) contrato de compraventa
buy-back, buy-back agreement
recompra, convenio de recompra, convenio de recuperación
v. volver a comprar, recuperar
(Mex) contrato de recompra, contrato de recuperación
buy down
tasa de interés reducida mediante el pago de puntos de descuento extra
buyer
comprador, adquiriente
buyer behavior
conducta del comprador
buyer's market
mercado favorable al comprador
buy in
cubrir una posición corta
buying on margin
compra de margen, compra sobre provisión
(Ven) compra al/sobre el margen
buy order
orden de compra
buyout
compra, recuperación
(Es) (Ven) comprar al cien por cien
buy-sell agreement
convenio de compraventa
(Mex) contrato de compraventa
bylaws
estatutos, reglamentos interiores
bypass trust
fideicomiso para evitar el pago de impuestos sucesorios
by-product
subproducto, producto derivado
by the book
de acuerdo a lo especificado

C

cable transfer
transferencia por cable
(Mex) transferencia cablegráfica
cadastre
catastro
cafeteria benefit plan
(Ar) plan de beneficios
(Ch) plan flexible de beneficios, plan de beneficios a elección
(Mex) plan de prestaciones estilo cafetería
calendar year
año civil, año calendario
call
citación, convocatoria, redención de bonos
v. citar, convocar, reembolsar, reintegrar, redimir
callable
redimible, amortizable, exigible
(Ar) rescatable
(Mex) a la vista
call feature
característica amortizable
(Ar) característica rescatable
(Mex) disposición de redención
call option
opción de compra
call premium
prima de opción a comprar
(Ar) (Ven) prima de rescate
(Mex) prima de opción de compra, prima por redención
call price
precio de demanda, precio de amortización
(Ar) amortización, precio de rescate
call report
informe de amortización
(Ven) BANCA informe financiero de una institución bancaria
cancel
cancelar, anular, rescindir
cancellation clause
cláusula resolutiva, cláusula de anulación
(Mex) cláusula de cancelación
(Ven) cláusula de rescisión, cláusula abrogatoria
cancellation provision clause
cláusula de provisión de anulación
(Mex) cláusula provisoria de cancelación
capacity
capacidad, aptitud
capital
capital
capital account
cuenta de capital
capital assets
activo fijo, activo de capital, activo inmovilizado
(Ven) bienes de capital
capital budget
presupuesto de capital
capital consumption allowance
descuento de consumo de capital
(Ar) (Ven) reserva para depreciación
capital contributed in excess of par value
aportación de capital en exceso del valor nominal, reserva de prima de emisión
(Ch) sobreprecio en venta de acciones propias
capital expenditure
inversión de capital, gastos para inversiones de capital
(Ar) gastos de capital
capital formation
formación de capital
capital gain (loss)
ganancia de capital, plusvalía

capital goods
bienes de capital, bienes de inversión, medios de producción
capital improvement
mejoramiento de capital
(Ar) mejoras
(Mex) aumentos de capital
capital intensive
uso intensivo de bienes de capital
capital investment
inversión de capital, colocación de capital
capitalism
capitalismo
capitalization rate
tasa de capitalización
capitalize
capitalizar
capitalized value
valor capitalizado
capital lease
arrendamiento de capital
(Ar) arrendamiento financiero, "leasing"
(Ch) "leasing" financiero
capital loss
pérdida de capital, minusvalía
capital market
mercado de capitales
capital flight
fuga de capital
capital rationing
racionamiento de capital
capital requirement
requisito de capital
capital resource
recurso de capital
(Ar) bienes de equipo
capital stock
acciones de capital
(Ar) capital autorizado
capital structure
estructura del capital
(Ven) composición del capital
capital surplus
superávit o excedente de capital
capital turnover
rotación de capital, giro de capital
(Ar) evolución del capital
cap
límite
(Ar) tope
(Es) techo
captive finance company
compañía financiera cautiva
(Ven) compañía financiera dependiente o que pertenece a un grupo industrial o comercial
cargo
cargamento, carga
cargo insurance
seguro de carga
carload rate
tasa de carga de un carro
(Ven) tarifas por carros completos, flete por vagonada
carrier
transportador, transportista
(Ar) (Ven) empresa de transporte
carrier's lien
privilegio del transportista, gravamen del transportador
(Mex) gravamen del transportista
carrot and stick
(Ar) política de incentivo o de autoayuda
(Ven) política de palo y zanahoria
carryback
retroactivación de los beneficios, aplicación de los beneficios a períodos anteriores
carrying charge
interés que se carga sobre una cuenta, gasto incidental
carryover
arrastre, suma anterior
v. arrastrar una suma
(Ar) sobrante, remanente
(Ch) suma y sigue, imputar al período siguiente
(Mex) saldo anterior
cartage
transporte
(Es) acarreo
cartel
cartel, monopolio

case-study method
método de estudio de casos
cash
efectivo, caja, tesorería
v. cobrar al contado, hacer líquido
cash acknowledgement
constancia de efectivo, reconocimiento de efectivo
cash basis
en efectivo
(Ar) valores de caja
(Mex) base de valor en efectivo, base de contado
cashbook
libro de caja, libro de movimientos de fondos
(Mex) diario de caja, registro de caja
cash budget
presupuesto de caja o en efectivo
(Mex) presupuesto financiero, presupuesto de caja
cash buyer
comprador de caja o en efectivo
cash cow
vaca lechera
(producto o servicio que constituye el principal recurso de una empresa o sector, compañía que genera mucho más efectivo que el que consume)
cash disbursement
desembolso de caja o de efectivo
cash discount
descuento en efectivo, descuento por pago en efectivo
(Mex) descuento de caja, descuento por pago al contado
cash dividend
dividendo en efectivo
cash earnings
ganancias en efectivo
(Mex) ingresos en efectivo
cash equivalence
equivalencia en efectivo
cash flow
flujo de efectivo, flujo de caja
(Mex) flujo de fondos
cash market
mercado al contado
(Ar) mercado presente
cash on delivery (COD)
envío contra reembolso (ECR)
(Ar) entrega contra reembolso
(Mex) pago contra entrega
cash order
orden al contado, pago con el pedido
(Mex) (Ven) pedido al contado
cash payment journal
libro de pago al contado
cash position
encaje, posición de liquidez
cash ratio
razón de efectivo
(Es) coeficiente de caja
cash register
caja registradora
cash reserve
reserva en efectivo
(Ar) reserva para inversiones
(Mex) disponibilidad
cash surrender value
valor de rescate
(Ven) valor de rescate en efectivo
cashier
cajero
cashier's check
cheque de caja, cheque a cargo del propio banco emisor
(Ar) cheque de caja, cheque de la caja central
(Ch) vale vista
(Ven) cheque de gerencia
casual laborer
trabajador ocasional o temporero
(Ar) (Mex) trabajador eventual
casualty insurance
seguro de accidente
(Ar) seguro contra daños
(Mex) seguro contra riesgos
(Ven) seguro de responsabilidad civil
casualty loss
pérdida por accidente
(Ar) pérdidas resultantes de un accidente

(Mex) pérdida por fuerza mayor
(Ven) pérdida por siniestro

catastrophe hazard
peligro de catástrofe
(Mex) riesgo de catástrofe

catastrophe policy
póliza de catástrofe

cats and dogs
acciones y obligaciones de valor dudoso

cause of action
motivo de acción

censure
censura
v. censurar

central bank
banco central

central business district (CBD)
distrito comercial central (DCC)

central buying
compras centralizadas

centralization
centralización

central planning
planificación centralizada

central tendency
tendencia central

certificate of deposit (CD)
certificado de depósito (CD)

certificate of incorporation
certificado de incorporación
(Mex) escritura/acta constitutiva
(Ven) acta de constitución

certificate of occupancy
certificado de ocupación
(Ar) certificado de habilitación
(Ven) certificado de habitabilidad

certificate of title
certificado de título

certificate of use
certificado de uso

certification
certificación

certified check
cheque certificado, cheque confirmado, cheque aprobado

certified financial statement
estado financiero certificado

certified mail
correo certificado

C&F
costo y flete

chain of command
cadena de mando, línea o vía jerárquica

chain feeding
alimentación en cadena

chain store
sucursal de una cadena de establecimientos

chairman of the board
presidente de la junta directiva, presidente del consejo de administración, presidente del directorio

chancery
cancillería, tribunal de equidad

change
cambio, variación, canje, fluctuación
v. cambiar

change of beneficiary provision
cláusula de cambio de beneficiario, estipulación o disposición de cambio de beneficiario

channel of distribution
canal de distribuición, circuito de distribución

channel of sales
canal de ventas, medio o circuito de ventas

charge
cargo, adeudo, débito
v. adeudar, debitar, cargar
(Ar) precio, costo, derecho

charge buyer
comprador a cargo

charter
escritura o acta de constitución, contrato de fletamiento
v. fletar, contratar, conceder una escritura
(Es) escritura social

chartist
analista
(Ar) proyectista

chart of accounts
lista de cuentas
(Ar) (Ch) plan de cuentas
(Mex) catálogo de cuentas
(Ven) código de cuentas

chattel
bienes muebles, mobiliario

chattel mortgage
hipoteca sobre bienes muebles, hipoteca mobiliaria
(Ar) hipoteca prendaria, gravamen sobre bienes muebles

chattel paper
documentos de bienes muebles o mobiliarios
(Mex) documentos en pago

check
cheque, verificación, punteo
v. verificar, puntear

check digit
dígito de comprobación, dígito de control, dígito de verificación

check-kiting
emisión de cheques sin fondos

check protector
protector de cheques

check register
registro de cheques
(Mex) chequera

check stub
talón de cheques, comprobante de cheques

chief executive officer
funcionario ejecutivo principal o CEO, director general de la empresa, consejero delegado
(Ar) presidente del directorio

chief financial officer
funcionario financiero principal, director general de finanzas
(Ar) "CFO", vicepresidente ejecutivo de la compañía

chief operating officer
funcionario de operaciones principal
(Ar) "COO"
(Es) director general
(Mex) Director General de Operaciones

child and dependent care credit
crédito por cuidado de niños y dependientes
(Mex) acreditamiento por cuidado de menores y dependientes económicos

chi-square test
(Ar) prueba del chi cuadrado
(Mex) prueba de ji cuadrada

chose in action
derecho de acción, derecho de propiedad literaria, garantía de póliza de seguros (derechos personales, reales e intelectuales y los créditos que pueden hacerse valer solo judicialmente)

churning
operaciones con un valor para dar impresión de actividad en el mercado

CIF
costo, seguro y flete

cipher
cifra, código secreto
v. cifrar, calcular, codificar

circuit
circuito

civil law
derecho civil

civil liability
responsabilidad civil

civil penalty
penalidad civil
(Ar) sanciones administrativas

claim
reclamación, demanda de indemnización por siniestro
v. reclamar, presentar una declaración por daños y prejuicios
(Ar) crédito, derecho a recibir un pago, reclamo

class
clase social, categoría, género

v. clasificar, ordenar

class action B shares
(Ar) (Mex) acciones de clase B
(Ven) clase de acción de propietarios de acciones tipo B

classification
clasificación

classified stock
acciones clasificadas

clause
cláusula, artículo

clean
limpio, neto, sin reservas
v. limpiar, purificar
(Ar) en materia de comercio internacional, sin presentación de documentos

clean hands
sin culpa, con conciencia limpia

cleanup fund
fondo de eliminación

clear
liquidar, compensar, sacar de la aduana

clearance sale
venta de liquidación, venta de saldos
(Mex) liquidación de mercancías

clearinghouse
cámara de compensación, casa de liquidación
(Ar) liquidación bancaria

clear title
título seguro o limpio

clerical error
error de escritura

clerk
empleado, funcionario
(Mex) escribiente

client
cliente

close
cierre, fin de sesión
v. cerrar, concluir, clausurar
(Ar) cierre de una rueda bursátil

close corporation plan
plan de sociedad de capital cerrado, plan de sociedad controlado por un pequeño número de accionistas

closed account
cuenta cerrada, cuenta saldada

closed economy
economía cerrada

closed-end mortgage
hipoteca limitada, hipoteca no variable, hipoteca cerrada
(Mex) hipoteca cancelada

closed-end mutual fund
fondo mutuo de acciones limitadas
(Ar) fondo mutuo con capital fijo

closed stock
mercancías vendidas en conjunto indivisible

closely held corporation
corporación cerrada
(Ar) sociedad por acciones cerradas
(Ch) sociedad anónima cerrada
(Ven) sociedad de pocos accionistas

close out
cancelar (con una operación inversa)
(Ar) liquidar

closing
cierre, clausura, conclusión

closing agreement
acuerdo final

closing cost
gastos de cierre, costo de cierre
(Ar) gastos de la compra-venta de un buen inmueble

closing date
fecha de cierre, fecha límite
(Ven) fecha tope

closing entry
asiento de cierre

closing inventory
inventario de cierre, inventario final (al cierre del ejercicio)

closing price
precio de cierre

closing statement
declaración del cierre

(Ar) resumen del precio y gastos correspondientes a una operación inmobiliaria

cloud on title
imperfección del título
(Ar) gravámenes o embargos que recaen sobre un bien inmueble

cluster analysis
análisis en grupo

cluster housing
viviendas en grupo

cluster sample
muestras en grupo

cluster sampling
muestreo en grupo

code
código
v. codificar, clasificar

code of ethics
código de ética

codicil
codicilio, codicilo

coding of accounts
clasificación de cuentas
(Mex) catálogo de cuentas

coefficient of determination
coeficiente de determinación

coinsurance
coseguro
(Ar) seguro copartícipe

collapsible corporation
sociedad mercantil defraudadora de impuestos

collateral
garantía, fianza, prenda
(Mex) garantía subsidiaria o colateral

colatteral assignment
asignación de colateral

collateralize
colateralizar, avalar

collateralized mortgage obligation (CMO)
obligación hipotecaria colateralizada, obligación hipotecaria de remuneración por tramos

colleague
colega, compañero

collectible
cobrable, recuperable, que se puede coleccionar

collection
cobro, cobranza, recuperación

collection ratio
razón de cobros
(Mex) rotación de cuentas por cobrar
(Ven) índice de cobro

collective bargaining
negociación colectiva
(Ar) paritarias
(Mex) contrato colectivo

collusion
colusión, acto fraudulento

collusive oligopoly
oligopolio colusorio

combinations
combinaciones

comfort letter
(Ven) carta de ratificación, apoyo, garantía, reafirmación o alivio; informe favorable a efectos financieros
(informe que presenta un contador público nacional mediante el cual declara no haber encontrado información falsa en los estados contables utilizados en relación con una oferta de títulos valores)

command
mando, autoridad, control
v. ordenar, controlar, detentar

command economy
economía de control
(Mex) economía dirigida
(Ven) economía controlada

commencement of coverage
inicio de amparo, inicio de cobertura

commercial
comercial, mercantil, especulativo

commercial bank
banco comercial

commercial blanket bond
fianza general comercial

(Mex) fianza de fidelidad colectiva

commercial broker
corredor
(Es) corredor de comercio

commercial credit insurance
seguro de crédito comercial

commercial forgery policy
seguro contra falsificación comercial

commercial forms
formularios comerciales
(Mex) formas comerciales

commercial health insurance
seguro de salud comercial
(Mex) seguro médico

commercial law
derecho mercantil o comercial

commercial loan
préstamo comercial

commercial paper
papel comercial
(Ch) efectos de comercio
(Es) pagaré de empresa, bonos de caja a corto plazo
(Mex) documentos comerciales

commercial property
propiedad comercial

commercial property policy
póliza de propiedad comercial

commingling of funds
mezclar fondos

commission
comisión

commission broker
comisionista, corredor de bolsa

commitment
compromiso

commitment free
libre de compromiso

commodities futures
contrato de futuros, mercado a futuro para mercancías en general

commodity
mercancía, productos
(Ar) materias primas
(Es) productos básicos

commodity cartel
cartel de mercancías, cartel de productos

common area
área común

common carrier
transportador público
(Ar) empresa de transporte público

common disaster clause or survivorship clause
cláusula de desastre común, cláusula de sobrevivientes

common elements
elementos comunes

common law
derecho común
(Ven) derecho consuetudianario

common stock
acciones comunes, acciones ordinarias

common stock equivalent
equivalente en acciones comunes

common stock fund
fondo de acciones comunes

common stock ratio
razón de acciones comunes
(Ar) proporción de acciones ordinarias

communications network
red de comunicaciones

communism
comunismo

community association
asociación comunitaria

community property
propiedad comunitaria
(Ar) bienes gananciales

commutation right
derecho a pago total
(Mex) derecho de cambio

commuter
viajero, usuario de trayecto público que hace el mismo trayecto y tiene un abono
(Ar) viajero frecuente

(Mex) usuario suburbano
commuter tax
impuesto de viajero
(Ar) impuesto al viajero frecuente
co-mortgagor
codeudor hipotecario
company
empresa, compañía, sociedad
company benefits
beneficios de la empresa
(Mex) prestaciones de la empresa o compañía
company car
automóvil de la empresa
company union
sindicato de la empresa
comparables
comparables
comparable worth
valor comparable
comparative financial statements
estados financieros comparativos, informes financieros comparativos
(Ar) estados contables comparativos
comparative negligence
negligencia comparativa
comparison shopping
tendencia de comparar precios y condiciones de venta
compensating balance
balance compensatorio
compensating error
error compensatorio
compensation
compensación, indemnización, remuneración
compensatory stock options
opciones de compra de acciones compensatorias, opciones compensatorias
compensatory time
tiempo compensatorio
competent party
parte competente
competition
competencia, rivalidad
(Ar) concurso, oposición
competitive bid
oferta competitiva
competitive party
parte competitiva
competitive party method
método de parte competitiva
competitive strategy
estrategia competitiva
competitor
competidor, rival, concursante
compilation
compilación
compiler
compilador
complete audit
auditoría completa
completed contract method
método de contrato completo
completed operations insurance
seguro de operaciones concluidas
completion bond
caución de terminación
(Es) fianza de cumplimiento
complex capital structure
estructura de capital compleja
complex trust
fideicomiso complejo
compliance audit
auditoría de cumplimiento o acatamiento
compliant
acomodaticio, cumplidor
component part
componente, pieza constitutiva, parte suelta
composite depreciation
depreciación combinada
composition
composición, ajuste, arreglo
compound growth rate
tasa de crecimiento compuesta
(Ven) índice de crecimiento

compuesto
compound interest
interés compuesto
compound journal entry
asiento de diario compuesto
comprehensive annual financial report (CAFR)
informe financiero anual completo o detallado
comprehensive insurance
seguro global, seguro contra todos los riesgos
(Mex) seguro total
(Ven) seguro a todo riesgo
comptroller
contralor, contador principal, verificador, interventor
compulsory arbitration
arbitraje forzoso o compulsorio
(Ven) arbitraje obligatorio
compulsory insurance
seguro obligatorio
compulsory retirement
jubilación obligatoria
(Ar) jubilación forzosa
computer
computadora, ordenador
concealment
ocultamiento, encubrimiento
concentration banking
banca de concentración
concept test
prueba de concepto
concern
empresa, negocio, preocupación
(Mex) asunto
v. interesar, incumbir, competer
concession
concesión, reducción, franquicia
conciliation
conciliación, arbitraje
conciliator
conciliador
condemnation
expropiación, confiscación, condena
conditional contract
contrato condicional
(Es) contrato condicionado
condition precedent
condición previa
conditional sale
venta condicional
conditional-use permit
permiso de utilización condicional
condition subsequent
condición subsecuente
conference call
llamada en conferencia
confidence game
embaucamiento, fraude, estafa
confidence interval
intervalo de confianza
confidence level
nivel de confianza
confidential
confidencial, secreto
confirmation
confirmación
conflict of interest
conflicto de intereses
conformed copy
copia adaptada, copia conformada
confusion
confusión
conglomerate
conglomerado
conservatism
conservatismo
conservative
conservador, moderado
consideration
consideración, remuneración, premio
consignee
consignatario, destinatario
consignment
consignación, remesa, expedición
consignment insurance
seguro de consignación
consignor
expedidor, remitente, consignador
consistency
coherencia, concordancia, de forma habitual

console
consola, pupitre
consolidated financial statement
estado financiero consolidado
(Ar) estado contable consolidado
consolidated tax return
declaración de impuestos consolidada
consolidation loan
préstamo consolidado, crédito consolidado
consolidator
consolidador
consortium
consorcio
constant
constante
constant dollars
dólares constantes
constant-payment loan
crédito de pago constante
constituent company
compañía dentro de un grupo de afiliados
constraining (limiting) factor
factor limitante
construction loan
préstamo de construcción
(Ven) préstamo para la construcción
constructive notice
notificación implícita
(Ven) notificación sobreentendida o presunta
constructive receipt of income
percepción de ingresos para efectos contributivos, recepción constructiva de ingresos
consultant
asesor, consultor
consumer
consumidor
consumer behavior
conducta del consumidor
(Ven) comportamiento del consumidor
consumer goods
bienes de consumo
consumerism
consumismo
consumer price index (CPI)
índice de precios al consumidor (IPC)
consumer protection
protección del consumidor
consumer research
investigación del consumidor, estudios del consumo
consumption function
función de consumo
container ship
portacontenedores, barco para el transporte de contenedores
(Mex) buque de carga
contestable clause
cláusula disputable
contingencey fund
fondos de contingencia
(Ar) fondo para imprevistos
(Ven) fondo para imprevistos, fondo de previsión/ contingencias
contingency planning
plan o planificación para contingencias, plan que deberá aplicarse en caso de urgencia
contingency table
tabla de contingencias
contingent fee
honorario contingente
(Mex) tarifa variable
(Ven) derecho contingente o compensatorio
contingent liability
responsabilidad contingente, pasivo contingente o eventual
contingent liability (vicarious liability)
responsabilidad contingente (responsabilidad delegada)
continuing education
educación continua, enseñanza continua

(Ar) educación permanente
continuity
continuidad
continuous audit
auditoría continua o constante
continuous process
proceso continuo
continuous production
producción continua
contra-asset account
contracuentas, cuentas cruzadas, cuentas de orden
(Ar) cuenta de contrapartida
contract
contrato
v. contratar, comprometerse a
contract carrier
portador por contrato
(Ven) empresa transportadora por contrato
contraction
contracción, reducción
contract of indemnity
contrato de indemnidad
contractor
contratista
contract price (tax)
precio contractual (impuesto)
(Ar) precio convenido en el contrato
contract rate
tasa contractual
contract rent
alquiler o arrendamiento contractual
contrarian
(Ven) inconformista
(inversor que decide realizar una determinada operación bursátil totalmente opuesta a la que efectúan todos los demás inversores)
contribution
contribución, cotización, aportación
(Ch) aporte
contribution margin
margen de contribución, utilidades de aportación
(Es) margen de aportación
contributory negligence
negligencia contribuyente, negligencia contributiva
contributory pension plan
plan de jubilación contribuyente
control
control, reglamentación
v. controlar, dirigir, ordenar
control account
cuenta de control
controllable costs
costos o gastos controlables
controlled company
compañía controlada, compañía subsidiaria, sociedad filial
controlled economy
economía controlada
(Ar) economía dirigida
controller
contralor, contador principal
controlling interest
interés mayoritario, participación de control
(Ar) participación mayoritaria
convenience sampling
muestreo de conveniencia
conventional mortgage
hipoteca convencional, hipoteca simple
conversion
conversión, transformación
conversion cost
costo de conversión
(trabajo directo más gastos generales)
conversion factor for employee contributions
factor de conversión para contribuciones de empleados
conversion parity
paridad de conversión
conversion price
precio de conversión
conversion ratio
razón de conversión
(Ven) coeficiente, índice de conversión
convertibles
convertibles

convertible term life insurance
seguro de vida a plazo fijo convertible
(Mex) seguro de vida temporal convertible
convey
transportar, transmitir, comunicar
conveyance
transporte, transferencia, cesión
cooling-off period
período de apaciguamiento, período de reflexión, plazo de reflexión
co-op
cooperativa, alternación
cooperative
cooperativa
cooperative advertising
publicidad cooperativa
cooperative apartment
apartamento cooperativo
copyright
derechos de autor
v. proteger los derechos de autor de una publicación
corner the market
acaparar el mercado
corporate bond
bono corporativo, fianza corporativa
(Ar) obligaciones negociables
corporate campaign
campaña corporativa
corporate equivalent yield
rendimiento equivalente corporativo
corporate strategic planning
planificación estratégica corporativa
corporate structure
estructura corporativa
corporate veil
pretexto o velo corporativo
corporation
corporación, empresa, organismo
(Ch) (Mex) sociedad anónima
corporeal
corpóreo, corporal
corpus
capital, principal menos intereses, principal de una herencia, fondo o fideicomiso
correction
corrección, movimiento contrario a la tendencia
(baja abrupta y repentina que interrumpe en forma temporaria la tendencia alcista del mercado o del precio de un determinado capital)
correlation coefficient
coeficiente de correlación
correspondent
correspondiente
(Ar) entidad corresponsal o financiera
cosign
firmar conjuntamente
cost
costo, coste, gastos
v. costar, calcular el precio de costo
cost accounting
contabilidad de costos
cost application
aplicación de costos
cost approach
enfoque o estrategia de costos
cost basis
base de costos
(Ar) costo base
cost-benefit analysis
análisis del costo-beneficio
cost center centro de costos
(Ar) sección de una empresa u organización que no genera utilidades
cost containment
control de costos
cost-effectiveness
eficacia de costos
(Ar) relación costo-rendimiento
cost method
método de costos
cost objective
objetivo de costos

cost of capital
costo de capital
cost of carry
costo de posesión
(Es) coste del transporte
cost of goods manufactured
costo de la mercancía fabricada
(Mex) costo de producción
cost of goods sold
costo de la mercancía vendida
(Ch) (Mex) costo de ventas
cost-of-living adjustment (COLA)
ajustes por el costo de vida, indexación de los salarios
cost overrun
exceso de gastos sobre el presupuesto
(Ar) sobrecostos excesos de costos
cost-plus contract
contrato a costo más ganancias
cost-push inflation
inflación por costos
(Ar) inflación provocada por el alza de los costos
cost records
registros de costos
cotenancy
tenencia conjunta, coarrendamiento
cottage industry
industria artesanal o casera
counsel
abogado, asesor jurídico
counterclaim
contrademanda, contrarreclamación, reconvención
v. hacer una contrademanda
counterfeit
falso, contrahecho, falsificado
v. falsificar
countermand
contraorden
counteroffer
contraoferta
coupon bond
bono al portador, vale o bono de descuento, bono con cupones
court of record
tribunal de registro o de autos
covariance
covarianza
covenant
pacto, convenio, contrato, compromiso
covenant not to compete
convenio de no competir
cover
cubierta, cobertura, garantía, protección, provisión de fondos, seguro
v. cubrir, garantizar, proteger, revestir
covered option
opción cubierta, opción protegida, opción garantizada
craft union
sindicato de obreros calificados
(Ar) gremio por oficios, sindicato profesional
(Ven) sindicato gremial
crash
colapso de la bolsa
(Ar) "crash"
creative black book
libro negro creativo
creative financing
financiamiento creativo
credit
crédito, abono, dato
v. acreditar, asentar al haber
credit analyst
analista de créditos
credit balance
saldo acreedor, saldo al haber
credit bureau
oficina o departamento de crédito
credit card
tarjeta de crédito
creditor
acreedor
credit order
orden de crédito
credit rating
capacidad financiera, nivel de solicitud
(Ar) solvencia, grado de solvencia estimado, calificación

de solvencia
(Mex) línea de crédito
(Ven) solvencia crediticia
credit requirements
requisitos de crédito
credit risk
riesgo sobre créditos concedidos
(Ar) riesgo crediticio
credit union
banco de crédito
(Ar) (Ven) cooperativa de crédito
creeping inflation
inflación lenta
(Es) inflación subyacente
critical path method (CPM)
método de vía crítica
(Ar) método de camino crítico
(Ven) método de sendero crítico
critical region
región crítica
cross
cruzar, contrarrestar, atravesar
cross-footing
suma horizontal
(Mex) sumar en forma cruzada
cross merchandising
mercadería cruzada
cross purchase plan
plan de compras cruzado
cross tabulation
tabulación cruzada
crowd
impedir, excluir
(sociedades de bolsa que tienden a congregarse alrededor del puesto del especialista para ejecutar sus operaciones)
crowding out
excluir, capturar
(una parte de un mercado, impedir que la competencia penetre un mercado)
crown loan
(Ar) préstamo preciado
(Ven) préstamo sin interés otorgado por un padre a su hijo
cum dividend, cum rights or cum warrant
con dividendo, derechos anexos o con garantía
cumulative dividend
dividendo acumulativo
cumulative liability
responsabilidad acumulativa
cumulative preferred stock
acciones preferidas acumulativas
(Ven) acciones preferentes acumulativas
cumulative voting
votación cumulativa
(Ar) voto acumulativo
curable depreciation
depreciación o amortización remediable
currency futures
futuros de monedas
currency in circulation
moneda en circulación
(Ven) dinero en circulación
current
corriente, actual
current asset
activo corriente, activo realizable
current assumption whole life insurance
asunción corriente de seguro de vida total
current cost
costo corriente
(Es) costo actual
current dollars
dólares actuales
current liabilities
pasivo corriente, pasivo exigible, deudas a corto plazo
current market value
valor corriente de mercado, valor del mercado actual
current ratio
razón corriente
(Ar) relación corriente
(Mex) razón de capital de trabajo
current value accounting
contabilidad de valor corriente

(Ar) contabilidad de valor de reposición
current yield
rendimiento corriente
(Ar) tasa de retorno
curtailment in pension plan
reducción del plan de jubilación
curtilage
límite de terreno o edificios inmediatamente alrededor de una casa o vivienda
custodial account
cuenta de custodia, cuenta custodial
custodian
custodio, conservador, guardián
custody
custodia, guarda
customer
cliente
customer profile
perfil del cliente
customer service
servicio al cliente
(Mex) atención a clientes
customs
aduana
customer service representative
representante de servicio al cliente
customs court
tribunal aduanero
cutoff point
punto límite, punto de interrupción
(Ar) límite (de inclusión)
cyberspace
espacio cibernético
(Ven) ciberespacio
cycle billing
facturación por ciclos
(Ar) facturación coyuntural
(Mex) facturación cíclica
cyclical demand
demanda cíclica
(Ar) demanda coyuntural
cyclical industry
industria cíclica
cyclical stock
acciones cíclicas
cyclical unemployment
desempleo cíclico
cyclic variation
variación cíclica

D

daily trading limit
límite de variación diaria,
límite de explotación comercial diario
(Ar) límite diario de operaciones

daisy chain
cadena "daisy"
(manipulación de operaciones por parte de un pequeño grupo de individuos o instituciones, para dar la impresión de gran actividad en un mercado)

damages
averías, daños, deterioro, reparación por daños y perjuicios, indemnización

data
datos, informaciones
(Mex) información

database
base de datos

database management
gestión de base de datos, administración de base de datos

data processing insurance
seguro informático, seguro de proceso de datos
(Mex) seguro de procesamiento de datos

date of issue
fecha de emisión

date of record
fecha de registro

dating
establecimiento de una fecha, fechado, relativo a las fechas
(Mex) vencimiento
(en transacciones comerciales, extensión del crédito más allá de los términos usuales del proveedor)

deadbeat
deudor moroso, pagador incumplido

dead-end job
trabajo sin porvenir
(Ven) trabajo/empleo sin futuro

deadhead
vehículo que se desplaza sin llevar ninguna carga

deadline
fecha límite, fecha de exclusión, fecha de cierre, fecha de vencimiento

dead stock
capital improductivo, inventario muerto, mercancías invendibles

dead time
tiempo muerto, tiempo que no se aprovecha

dealer
comerciante, negociante, proveedor, concesionario, distribuidor

death benefit
indemnización o beneficio por muerte
(Ar) prestación en caso de muerte
(Ch) cuota mortuoria, beneficio por fallecimiento
(Mex) prestación por muerte

debasement
degradación, alteración, depreciación, envilecimiento
(reducción del contenido metálico de una moneda)

debenture
obligación, título, certificado de reintegro
(Ar) "debenture"
(Ch) bono
(Mex) deuda

debit
débito, cargo, adeudo
v. cargar, adeudar, debitar
(Ch) haber

debit memorandum
memorando de débito
(Ar) nota o volante de débito
(Ch) aviso de débito
(Mex) nota de cargo

debt
deuda, endeudamiento, crédito
debt coverage ratio
razón de cobertura de deudas, relación de endeudamiento
(Ar) relación del servicio de la deuda
(Ven) coeficiente de endeudamiento
debt instrument
instrumento de deuda
debtor
deudor
debt retirement
retiro de crédito
(Ar) rescate de la deuda
(Ch) amortización o liquidación de deuda
debt security
garantía de una deuda
debt service
pago sobre deuda contraída, servicio de la deuda
debt-to-equity ratio
razón de deuda-capital
(Ar) coeficiente de endeudamiento
decentralization
descentralización
deceptive advertising
publicidad defraudadora
(Ven) publicidad engañosa
deceptive packaging
embalaje o envase defraudador
(Mex) empaque engañoso
(Ven) embalaje o envase engañoso
decision model
modelo de decisiones
decision package
paquete o serie de decisiones
decision support system (DSS)
sistema de apoyo de decisiones
decision tree
árbol de decisión, árbol de toma de decisiones
declaration
declaración
declaration of estimated tax
declaración de impuestos estimados
declaration of trust
declaración de fideicomiso
declare
declarar, decretar
declining-balance method
método de saldo declinante (depreciación)
(Ar) depreciación sobre el saldo
(Mex) método de disminución de saldo
dedicated line
línea dedicada
dedication
dedicación, dedicación a uso público
deductibility of employee contributions
habilidad de deducción de contribuciones de empleados
(Ar) deducible de los aportes de los empleados
(Ch) aportes de los trabajadores como gastos de renta
deduction
deducción, retención
(Ch) gasto de renta
deductive reasoning
razonamiento deductivo
deed
título, escritura de propiedad inmobiliaria
(Mex) título de propiedad, acta (notarial), contrato
deed in lieu of foreclosure
escritura de propiedad inmobiliaria en lugar de embargo de un bien hipotecado
deed of trust
escritura de fideicomiso, cesión a un fideicomiso
deed restriction
restricción de escritura
deep discount bond
bono emitido en mercado internacional, con gran descuento

sobre su nominal y tasa de interés moderada, obligaciones al descuento

de facto corporation
corporación de hecho, corporación de facto

defalcation
desfalco, defraudación, malversación

default
incumplimiento, falta de pago, negligencia, inobservancia, ruina, quiebra
v. no cumplir con, fallar, no hacer frente a

default judgment
fallo por falta de comparencia

defeasance
anulación, abrogación (de un derecho), revocación

defective
defectuoso, imperfecto, en mal estado

defective title
título defectuoso

defendant
demandado, defensor (por lo civil), acusado (por lo penal)

defense of suit against insured
defensa de litigio contra asegurado

defensive securities
(Ar) título valor firme
(Mex) valores seguros
(Ven) valores defensivos, valores seguros y poco sensibles a la coyuntura

deferred account
cuenta diferida

deferred billing
facturación diferida

deferred charge
cargo diferido

deferred compensation
compensación diferida

deferred compensation plan
plan de compensación diferida

deferred contribution plan
plan de contribución diferida

deferred credit
crédito diferido

deferred group annuity
anualidad de grupo diferida

deferred interest bond
bono de interés diferido

deferred maintenance
mantenimiento diferido, conservación diferida

deferred-payment annuity
anualidad de pagos diferidos, anualidad de abonos aplazados

deferred payments
pagos diferidos, pagos mediante liquidaciones escalonadas, crédito de proveedores, crédito comercial

deferred profit-sharing
participación diferida de los trabajadores en las utilidades de la empresa

deferred retirement
jubilación diferida

deferred retirement credit
crédito de jubilación diferida

deferred wage increase
aumento de salario diferido

deficiency
deficiencia, insuficiencia, déficit, faltante

deficiency judgment
fallo de deficiencia, sentencia por la diferencia

deficiency letter
(Ven) carta de deficiencia (carta de la Securities and Exchange Commission a un futuro emisor de títulos valores por la cual se expresa desaprobación)

deficit
déficit, faltante
(Ar) descubierto, saldo negativo

deficit financing
financiación mediante déficit, financiamiento del déficit

deficit net worth
valor neto negativo
(Ar) patrimonio neto negativo

deficit spending
gastos que superan los ingresos
(Es) gastos deficitarios
defined-benefit pension plan
plan de pensiones con prestaciones definidas
(Ven) plan de pensiones con beneficios definidos
defined contribution pension plan
plan de pensión de contribuciones definidas
deflation
deflación
(contracción de la masa monetaria del crédito o de ambos que desencadena una baja general en el nivel de precios)
deflator
índice deflacionario, índice de ajuste
(Ar) índice de deflación
defunct company
compañía difunta
degression
degresión, disminución progresiva (de la relación que guardan los impuestos respecto del ingreso)
deindustrialization
desindustrialización
delegate
delegado
v. delegar
delinquency
morosidad, incumplimiento de una obligación
delinquent
delincuente, negligente, moroso, vencido y pendiente de pago
delisting
acto de retirar una sociedad de las cotizaciones oficiales
delivery
entrega, distribución
delivery date
fecha de entrega
demand
demanda, exigencia, reclamación
v. demandar, exigir, reclamar
demand curve
curva de demanda
(Ar) curva de la relación entre la demanda y precio
demand deposit
depósito a la vista, depósito disponible, imposición a la vista, cuenta corriente a la vista
(Mex) giro o letra a la vista
demand loan
préstamo a la vista
demand note
pagaré a la vista, compromiso de pago al primer requerimiento
demand price
precio de demanda
demand-pull inflation
inflación provocada por un aumento de la demanda
(Ar) inflación inducida por la demanda
demand schedule
curva de la demanda, tabla de demanda
(Ven) cuadro de demanda
demarketing
descomercialización
demised premises
locales arrendados, locales cedidos
demographics
demográfica
demolition
demolición, derrumbe, destrucción
demonetization
desmonetización
demoralize
desmoralizar
demurrage
demora, sobreestadía, derechos de almacenamiento
demurrer
excepción, objeción, se dice de quien establece excepciones ante circunstancias determinadas
denomination
valor nominal, denominación, corte (sentido monetario), unidad (peso, medida, etc.)

density
densidad
density zoning
leyes contra densidad urbana
department
departamento, sección, ministerio
dependent
dependiente, subordinado, persona encargada
(Ch) carga familiar
dependent coverage
cobertura de dependiente
(Ch) cobertura de carga familiar
depletion
agotamiento (de los recursos)
(Ar) disminución, reducción, rarefacción
deposit
depósito, imposición
v. depositar, hacer un depósito
deposit administration plan
plan de administración de depósitos
deposit in transit
depósito en tránsito
deposition
declaración, deposición, confesión judicial
(Ven) declaración jurada
depositors forgery insurance
seguro de falsificación de depositante
depository trust company (DTC)
compañía fiduciaria depositaria, banco fiduciario depositario
depreciable life
vida depreciable
(Ar) seguro de vida amortizable
(Ch) vida útil
(Ven) vida amortizable
depreciable real estate
bienes inmuebles depreciables
(Ar) bienes raíces amortizables
depreciate
depreciar, desvalorizar, amortizar
depreciated cost
costo depreciado
(Ar) valor contable, valor según libros
depreciation
depreciación, desvalorización, amortización
depreciation recapture
recuperación de depreciación, amortización
depreciation reserve
reserva para depreciación, amortización
depression
baja, reducción, depresión, receso económico
depth interview
entrevista exhaustiva, entrevista a profundidad
(Ar) entrevista de fondo
deregulation
desregulación
(Ar) eliminación de restricciones, liberalización de normas
derived demand
demanda derivada, demanda inducida
descent
descendencia, linaje, transmisión de bienes
description
descripción, profesión, calidad (de un postulante), designación (mercancías)
descriptive memorandum
memorándum descriptivo
descpriptive statistics
estadísticas descriptivas
desk
pupitre, buró, jefatura de redacción, sala de despacho, caja, taquilla
(Ch) mesa, mesón
(Mex) bufete
(Ven) escritorio
desktop publishing
autoedición por computadora
detail person
persona o grupo seleccionado para el desempeño de una tarea en particular
devaluation
devaluación

developer
promotor
(Ar) sociedad inmobiliaria, sociedad urbanizada
development
desarrollo, explotación
(Ch) fomento
developmental drilling program
(Ch) programa de sondajes de exploración
(Ven) programa de perforación de desarrollo
development stage enterprise
empresa en etapa de desarrollo
deviation policy
política de desviación
devise
legado (inmobiliario), disposiciones testamentarias de bienes inmuebles
v. combinar, inventar, disponer por testamento
(Mex) papel moneda, giros, divisas
dialup
marcar un número de teléfono, sintonizar un aparato receptor
diagonal expansion
expansión diagonal
diary
diario, memorándum personal, agenda, libreta de compromisos y fechas de vencimiento
differential advantage
ventaja diferencial
differential analysis
análisis diferencial
differentiation strategy
estrategia de diferenciación
digits deleted
dígitos suprimidos, dígitos eliminados
dilution
dilución, dilución de capital, reducción en el valor de los activos
diminishing-balance method
método de saldo decreciente
diplomacy
diplomacia
direct access
acceso directo
direct-action advertising
publicidad de acción directa
direct charge-off method
método de amortización directo
(Ch) método de castigo directo
direct cost
costo directo
direct costing
cálculo directo de los costos
directed verdict
veredicto mandado por el juez
(Ch) sentencia mandada por el juez
direct financing lease
arrendamiento financiero directo
(Ch) "leasing" financiero
(Ven) arrendamiento de financiación directa
direct investment
inversión directa
direct labor
mano de obra directa
direct liability
responsabilidad directa
direct marketing
mercadeo directo
(Ch) "marketing" directo
direct material
materiales directos
director
director, gerente, administrador, consejero, miembro del consejo de administración
directorate
consejo de administración, cuerpo directivo
(Ven) Dirección General
direct overhead
gastos generales directos
direct-reduction mortgage
hipoteca de reducción directa
direct response advertising
publicidad de respuesta directa
direct sales
ventas directas
direct production
producción directa

disability benefit
beneficio por incapacidad
(Mex) prestación por incapacidad
(Ven) por invalidez
disability buy-out insurance
seguro de recuperación por incapacidad
(Ven) por invalidez
disability income insurance
seguro de ingresos por incapacidad
(Ven) por invalidez
disaffirm
suprimir, contradecir, anular (contratos)
disbursement
desembolso, gasto, egreso
discharge
descargo, destitución, finiquito
v. descargar, desembargar, licenciar, despedir, finiquitar
(Mex) pagar una deuda, cancelar
discharge in bankruptcy
rehabilitación del quebrado, rehabilitación del fallido
discharge of lien
cancelación de gravamen
disiplinary layoff
despido disciplinario de trabajadores
disclaimer
renuncia, denegación de responsabilidad, cláusula de renuncia, denegación, rechazo, objeción
(Mex) negación de opinión, renuncia
disclosure
revelación, declaración, divulgación
(Mex) nota aclaratoria
discontinuance of plan
cesación o abandono de plan
discontinued operation
operación descontinuada
discount
rebaja, reducción, descuento
v. descontar, bonificar, rebajar
discount bond
bono descontado, bono cotizado bajo la par
discount broker
agente o corredor de descuento
discounted cash flow
flujo de efectivo descontado
(Ar) actualización de los flujos de fondos
discounting the news
variar el precio del valor según las noticias
discount points
puntos de descuento
discount rate
tasa de descuento, tipo de descuento
discount window
ventana de descuento
(Ar) facilidad de préstamo de la Reserva Federal de Estados Unidos
(Ven) ventanilla de descuentos
discount yield
rendimiento de descuento (rendimiento de un título valor vendido a un precio inferior a su valor nominal)
discovery
descubrimiento, conocimiento
discovery sampling
muestreo de descubrimiento
discrepancy
discrepancia, desacuerdo, oposición, desviación
discretion
discreción, sabiduría, juicio
discretionary cost
costo discrecional
discretionary income
ingreso discrecional, ingreso disponible
discretionary policy
política discrecional
discretionary spending power
poder de compra discrecional
(Ven) poder adquisitivo discrecional

discrimination
discriminación, discernimiento, juicio, distinción
diseconomies
deseconomías
dishonor
deshonra, falta de pago de un cheque, falta de aceptación (de un título de crédito)
v. deshonrar, incumplir (el pago de una deuda)
disinflation
deflación, desinflación, cese de inflación
disintermediation
desintermediación
disjoint events
eventos de separación, eventos desarticulados
dismissal
despido, destitución, rechazo (de una demanda)
(Mex) dimisión
dispatcher
despachador, expedidor, tramitador
disposable income
ingreso (individual) disponible después del pago de los impuestos directos y que se utiliza consecuentemente para el consumo y el ahorro
dispossess
desposeer, expropiar
(Mex) desalojar
dispossess proceedings
juicio o diligencia de desalojo
(Mex) desalojo
(Ven) procedimiento de desalojo
dissolution
disolución, anulación
distressed property
propiedad en juicio hipotecario
(Ven) propiedad vendida como parte de una ejecución judicial
distribution
distribución, asignación, repartición
distribution allowance
descuento de distribución
(Ar) bonificación de distribución
(Ch) asignación de distribución
(Ven) subvención para distribución
distribution cost analysis
análisis de costo de distribución
distributor
distribuidor, concesionario
diversification
diversificación
diversified company
empresa diversificada
divestiture
desposesión, privación, cesión de activos, venta de activos
(Ar) (Mex) venta o liquidación de una división o subsidiaria de una compañía
dividend
dividendo
dividend addition
suma de dividendos
dividend exclusion
exclusión de dividendos
dividend payout ratio
razón o relación de pago de dividendos, razón o relación de distribución de dividendos con relación a las utilidades
(Ven) porcentaje de pago de dividendos
dividend reinvestment plan
plan de reinversión de dividendos
dividend requirement
requisito de dividendos
dividend rollover plan
plan renovable/prorrogable de dividendos a tasa variable
dividends payable
dividendos por pagar
division of labor
división del trabajo
docking
uso de instalaciones portuarias
documentary evidence
documento probatorio
(Ar) prueba documental

(Ch) documentación de respaldo
documentation
documentación
doing business as (DBA)
hacer negocios como
o bajo el nombre de
dollar cost averaging
compra de acciones en cantidad constante
dollar drain
fuga o drenaje de dólares
dollar unit sampling (DUS)
muestreo unitario en dólares
dollar value LIFO
valor en dólares de últimas entradas, primeras salidas (inventarios, informática, etc.)
domestic corporation
corporación doméstica
(Ch) sociedad anónima nacional
domicile
domicilio
v. domiciliar, residir
dominant tenement
propiedad dominante
donated stock
acciones donadas
donated surplus
superávit donado
donor
donador, donante
double declining balance
doble disminución de saldo
double-digit inflation
inflación de dos dígitos
(Ar) tasa de inflación de 10% o más
double-dipping
(Ar) doble empleo con miras de obtener dos pensiones
(Ch) sacar provecho dos veces
(Mex) doble inmersión
double-entry accounting
contabilidad con doble registro
double precision
(Ar) precisión doble
(Mex) doble precisión
double taxation
doble imposición, doble gravamen, doble impuesto fiscal
(Ch) (Ven) doble tributación
double time
tiempo doble
double (treble) damages
doble (triple) indemnización por daños y perjuicios
dower
propiedad vitalicia de la viuda en los bienes inmuebles del marido, habilidad, dote, beneficio,
down payment
adelanto, pago a cuenta
(Ch) pago de pie, abono
(Es) arras
(Mex) enganche
(Ven) por adelantado
downside risk
riesgo en descenso, riesgo a la baja
(Ar) pérdidas potenciales que pueden producirse si se realiza una determinada inversión
downsizing
reducción de personal efectivo para mayor eficiencia
down tick
baja ligera (bolsa)
(operación ejecutada a un precio inferior con respecto a la operación anterior con el mismo título valor)
downtime
tiempo de suspensión, tiempo muerto, tiempo ocioso,
(Ch) tiempo de detención
downturn
cambio bajista en un ciclo
(Ar) caída del precio de un título valor
downzoning
(Mex) (Ven) rezonificación para disminuir la intensidad de uso

dowry
dote, bienes dotales
Dow theory
teoría de índice bursátil que indica el curso de los valores industriales de la bolsa de valores de Nueva York
draft
proyecto, documento de crédito, letra de cambio, efecto cambiario, cheque
v. redactar, expresar, incorporar, hacer un bosquejo (de un proyecto)
(Ch) borrador
draining reserves
agotamiento de las reservas
draw
mercancía en reclamación, empate (en las votaciones)
v. girar, descontar, librar, cobrar (salarios)
(Ch) giro
drawee
girado, librado, aceptador (de una letra)
drawer
girador, librador, suscriptor, diseñador
drawing account
cuenta corriente
(Mex) cuenta personal
drop-shipping
embarque directo
dry goods
artículos de confección
dumping
saturación ilegal
dun
exigencia de pago
duplication of benefits
duplicaciones de beneficios
(Mex) duplicación de prestaciones
duress
coacción, compulsión
dutch auction
subasta holandesa, mercancías rebajadas, venta de descuento
duty
deber, función, derecho, impuesto, arancel, tasa

E

each way
aprovechar de la compra y la venta
early retirement
jubilación temprana
(Ch) (Mex) (Ven) jubilación anticipada
early retirement benefits
beneficios de jubilación temprana
(Mex) prestaciones por jubilación prematura o anticipada
(Ven) beneficios de jubilación anticipada
early withdrawal penalty
penalidad de retiro de fondos prematuro
(Mex) sanción por retiro prematuro de fondos
earned income
rentas del trabajo
(Ar) ingreso personal
(Ch) (Mex) (Ven) ingresos devengados
earnest money
prenda, señal, arras
(Ar) seña
(Ven) pago inicial, depósito
earnings and profits
ganancias y beneficios
(Mex) ingresos y utilidades
earnings before taxes
ganancias antes de impuestos
(Ar) utilidad preimpositiva
(Mex) ingresos antes de impuestos
earnings per share
ingresos por acción, beneficios por acción
earnings report
informe de ingresos
(Ar) estado de resultados
(Ven) informe de resultados
easement
servidumbre, derecho de uso (por ejemplo, derecho de transmisión de una propiedad)
easy money
dinero fácil, crédito económico
econometrics
econometría
economic
económico
economic analysis
análisis económico
economic base
base económica
economic depreciation
depreciación económica
economic freedom
libertad económica
economic growth
crecimiento económico
economic growth rate
tasa de crecimiento económico
(Ven) índice de crecimiento económico
economic indicators
indicadores económicos
economic life
vida útil de un activo, vida económica
economic loss
pérdida económica
economic rent
alquiler o arrendamiento económico
(Ar) renta económica
economics
economía, ciencia económica, economía política
economic sanctions
sanciones económicas
economic system
sistema económico
economic value
valor económico
economies of scale
economías de escala

economist
economista
economy
economía
effective date
fecha efectiva, valor,
fecha en vigor
(Mex) vigencia
(Ven) fecha tope, de entrada en vigor
effective debt
deuda efectiva
effective net worth
valor neto efectivo
(Ven) valor efectivo neto
effective rate
tasa efectiva
effective tax rate
tasa contributiva efectiva
(Ch) carga tributaria efectiva
(Mex) tasa fiscal o impositiva real
efficiency
eficiencia, rendimiento
efficient market
mercado eficiente, mercado competente
efficient portfolio
cartera eficiente
(Ch) portafolio eficiente
ejectment
desahucio, lanzamiento
(acción dirigida a recuperar la posesión de un inmueble)
elasticity of supply and demand
flexibilidad de la oferta y demanda (variaciones en función del precio)
elect
elegir, escoger
electronic mail (email)
correo electrónico
eligibility requirements
requisitos de elegibilidad,
requisitos de aceptabilidad
(Ch) requerimientos para calificar
eligible paper
papel redescontable
(Ar) valores o efectos negociables
(Ven) efectos redescontables
email address
dirección de correo electrónico
emancipation
emancipación
embargo
embargo, confiscación, decomiso
v. embargar, requisar
embezzlement
desvío de fondos, malversación
(Mex) desfalco, peculado
emblement
cosecha, frutos cultivados
eminent domain
dominio eminente, derecho de expropiación
employee
empleado, asalariado
(Ch) trabajador
employee association
asociación de empleados
(Ch) asociación de trabajadores
employee benefits
beneficios de empleados
(Ch) beneficios de los trabajadores
(Mex) prestaciones laborales
(Ven) prestaciones sociales
employee contributions
contribuciones de empleados
(Ch) aportes de los trabajadores
employee profit sharing
(Mex) reparto de utilidades
(plan de participación de los empleados en las ganancias de la empresa)
employee stock option
opción de empleados de suscripción de acciones
(Ar) derecho de opción a adquirir acciones en la empresa, Programa de Propiedad Participada (PPP)
(Mex) opción de compra de acciones para empleados
Employee Stock Ownership Plan (ESOP)
plan de posesión de acciones de

los empleados
employer
patrón, empresario, empleador
employer interference
interferencia de patrón
(Mex) interferencia patronal
employment agency
agencia de empleos, oficina de colocaciones, agencia de reclutamiento
(Mex) agencia de colocaciones
employment contract
contrato de empleo
(Ch) (Ven) contrato de trabajo
(Mex) contrato laboral, contrato colectivo de trabajo
enabling clause
cláusula de autorización, cláusula habilitante
encoding
codificación
encroach
invadir, entablar, usurpar, inmiscuirse en asuntos o funciones ajenas
encroachment
invasión, usurpación
encryption
codificación
encumbrance
gravamen, carga, hipoteca
(Ar) derecho de garantía sobre un bien inmueble
end of month
fin de mes
(Ch) cierre de mes
endorsement or indorsement
endoso, respaldo, autorización, póliza adicional
endowment
dotación, fundación
energy tax credit
crédito de impuesto energético (acreditamiento fiscal o impositivo por consumo de combustibles)
enjoin
imponer, dictaminar, prescribir, ordenar, impedir
(Ven) mandar, requerir
enterprise
empresa, proyecto
enterprise zone
zona empresarial
(Ven) zona/polo de desarrollo empresarial
entity
entidad, ente
entrepreneur
empresario, emprendedor
entry-level job
trabajo de aprendiz
Environmental Impact Statement (EIS)
declaración de impacto ambiental
EOM dating
(Ch) con fecha al fin de mes
(Mex) fechado cada tercer mes
equalization board
comité equitativo, consejo de estabilización o igualación
equal opportunity employer
patrón de igualdad de oportunidades
(Mex) (empresa que practica) la igualdad laboral
(empleador que no discrimina con respecto a edad, color, religión, nacionalidad, creencias)
equal protection of the laws
igual protección de ley, derecho a un igual trato bajo la ley
(Ven) igualdad ante la ley
equilibrium
equilibrio
equilibrium price
precio de equilibrio
equilibrium quantity
(Ar) (Mex) cantidad de equilibrio
(Ven) cantidad de una mercancía comprada o vendida en un mercado en equilibrio
equipment
equipo, material, instalación
equipment leasing
arrendamiento de equipo
equipment trust bond
obligación de fideicomiso de equipos

(bono a largo plazo o mediano plazo que paga un rendimiento fijo sobre el monto cobrado por el alquiler de equipos)

equitable
equitativo, justo

equitable distribution
distribución equitativa

equity
equidad, imparcialidad, recursos propios, patrimonio
(Mex) propiedad neta, capital contable, acción, participación

equity financing
financiamiento a través de fondos propios
(Ar) financiación a través de la emisión de acciones
(Mex) financiamiento de patrimonio

equity method
método de participación
(Ch) método de valor patrimonial proporcional

equity of redemption
derecho (hipotecario) de rescate
(Ar) derecho de recuperar el bien ejecutado

equity REIT
(Ar) compañía de inversiones inmobiliarias que se especializa en adquirir todo tipo de bienes raíces
(Ven) entidad de inversión mobiliaria que adquiere los inmuebles en los que invierte

equivalent taxable yield
rendimiento gravable equivalente

error
error, falta, equivocación

escalator clause
cláusula de revisión, cláusula de indexación
(Ar) cláusula de ajuste sobre la base de la evolución de precios minoristas

escheat
desheredación, devolución de una herencia al estado
(Ven) ley de reversión al estado
v. incurrir en un estado de desheredación, confiscar una sucesión
(Ven) pasar a ser propiedad del estado por falta de herederos

escrow
plica, retención
(acuerdo escrito que autoriza a un tercero a mantener títulos valores en custodia)

escrow agent
agente de retención
(Mex) depositario

espionage, industrial
espionaje industrial

essential industry
industria esencial o indispensable
(Mex) industria básica

estate
bienes, propiedad, patrimonio, inmueble
(Ch) cuerpo de la herencia

estate in reversion
propiedad en reversión

estate in severalty
propiedad de dominio de una sola persona
(Ven) propiedad unititular

estate planning
planificación de patrimonio, planificación de propiedad
(Ch) planificación de la herencia

estate tax
impuesto sucesorio, impuesto sobre sucesiones

estimate
evaluación, estimación, apreciación, previsión, pronóstico, presupuesto

estimated tax
impuesto estimativo, impuesto estimado

estimator
estimador

estoppel
impedimento, preclusión, exclusión

estoppel certificate
certificado de exclusión

estovers
derecho a cortar árboles en un predio arrendado
ethical
ético, moral
ethics
ética
euro
euro (referente a Europa)
European Common Market
Mercado Común Europeo
(Mex) Mercomún Europeo
European Economic Community (EEC)
Comunidad Económica Europea (CEE)
eviction
expulsión, desplazamiento, desposesión, desahucio
(Ch) desalojamiento
(Mex) (Ven) desalojo
eviction, actual
(Ar) desalojo real
(Ch) desalojamiento efectivo
(Mex) deshaucio efectivo, desalojo efectivo
(Ven) desalojo físico, evicción efectiva
eviction, constructive
(Ar) desalojo constructivo
(Ch) desalojamiento constructivo
(Mex) deshaucio o desalojo implícito
(Ven) desalojo indirecto
eviction, partial
(Ar) (Mex) (Ven) desalojo parcial
(Ch) desalojamiento parcial
evidence of title
escritura de propiedad
(Mex) título de propiedad
exact interest
interés calculado sobre año natural
"except for" opinion
opinión "salvo a"
(Ch) dictamen con salvedad
excess profits tax
impuesto adicional sobre ganancias
excess reserves
reservas en exceso
exchange
intercambio, cambio
v. intercambiar, cambiar, canjear, permutar
exchange control
control de cambios
exchange rate
tasa de cambio, tipo de cambio
excise tax
impuesto al consumo (de tabaco, alcohol)
exclusion
exclusión
exclusion of coverage
exclusión de cobertura
exclusions
exclusiones
exculpatory
eximente, justificativo
ex-dividend date
fecha sin dividendo
execute
ejecutar, realizar, formalizar, firmar
executed
ejecutado, realizado, formalizado, firmado
executed contract
contrato ejecutado, contrato cumplido
(Ch) contrato celebrado
execution
ejecución, desempeño, ejercicio (de funciones), embargo, ejecución por embargo de bienes inmuebles
executive
ejecutivo, dirigente
executive committee
comité ejecutivo, oficina de una asociación

(Ch) comité directivo
executive perquisites
beneficios ejecutivos adicionales
executor
albacea testamentario, ejecutor testamentario
executory
ejecutorio
exemption
exención, dispensa, exoneración, desgravación fiscal
exempt securities
valores exentos
exercise
ejercicio
v. ejercer, practicar, manifestar
exit interview
entrevista de partida
ex-legal
ex legal
expansion
expansión, extensión, desarrollo, crecimiento
expected value
valor esperado, valor previsto
expense
gasto, cargo, desembolso
v. gastar, ejercer un gasto, presentar o cubrir una nota de gastos
expense account
cuenta de gastos
(Ch) fondo por rendir
(Ven) cuenta de gastos de representación
expense budget
presupuesto de gastos
expense ratio
razón de gastos
(Ar) relación de gastos
expense report
informe de gastos
(Ch) rendición de gastos
experience refund
reembolso por experiencia
experience rating
tasación de experiencia
expert power
poder pericial
expiration
expiración, fin, cesación, vencimiento
expiration notice
notificación de vencimiento
(Ch) aviso de vencimiento
exploitation
explotación, producción de valor
exponential smoothing
suavización de datos exponencial
export
exportación, mercancía exportada
v. exportar
Export-Import Bank (EXIMBANK)
Banco de Importaciones y Exportaciones (EXIMBANK)
(Mex) Banco de Comercio Exterior de los Estados Unidos (EXIMBANK)
exposure
exposición, difusión, divulgación, riesgo
exposure draft
informe financiero preliminar
express
expreso, mensajero, rápido
v. expresar, enunciar, formular, enviar por exprés
express authority
autoridad expresa
express contract
contrato expreso
extended coverage
cobertura ampliada, cobertura extendida
(Mex) riesgo adicional
extended coverage endorsement
endoso de cobertura extendida
extension
prórroga, prolongación
extension of time for filing
prórroga de tiempo para registrar
(Ch) (Mex) prórroga de tiempo para declarar (impuestos)

extenuating circumstances
circunstancias atenuantes
external audit
auditoría externa
external documents
documentos externos
external funds
fondos externos
external report
informe externo
extractive industry
industria extractiva,
industria minera
(Ven) industria de la
extracción
extra dividend
dividendo adicional
extraordinary dividends
dividendos extraordinarios
extraordinary item
asiento contable extraordinario
(Ch) hecho extraordinario
extrapolation
extrapolación

F

fabricator
fabricante
face amount
valor nominal, valor facial
(Ar) importe nominal
face interest rate
(Ar) (Ch) (Mex) tasa de interés nominal
face value
valor nominal
facility
facilidad, disposición, aptitud, línea de crédito, equipo, instalación
facsimile
facsímil (fax)
factor analysis
análisis factorial
factorial
factorial
factoring
descuento de facturas, "factoring"
factory overhead
gastos indirectos o generales de fábrica
fail to deliver
incumplimiento o falta de entrega
fail to receive
falta de recepción
failure analysis
análisis de quiebra, análisis de fracaso
fair market rent
alquiler o arrendamiento equitativo de venta o de mercado
(Ar) comercio en condiciones de reciprocidad
fair market value
valor equitativo de venta, valor justo de mercado
(Mex) valor real de mercado
fair rate of return
tasa de rendimiento equitativa
fair trade
respeto de los acuerdos de reciprocidad en las transacciones comerciales, trato justo, operación justa
fallback option
opción de recurso de emergencia
fallen building clause
(Mex) cláusula de construcción derruida
(cláusula en algunas pólizas de seguro que anula la cobertura en el caso del colapso del edificio asegurado debido a causas distintas a las cubiertas por la póliza)
false advertising
publicidad falsa
(Ven) publicidad engañosa
family income policy
política de ingresos familiar
(Ch) póliza de seguro para cubrir los ingresos familiares
family life cycle
ciclo de vida familiar
family of funds
(Ar) (Ch) familia o grupos de fondos
(Mex) familia de fondos mutuos
(Ven) diferentes fondos mutuos ofrecidos por una sola empresa inversionista
farm surplus
superávit agrícola
fascism
fascismo
fast tracking
(Ch) seguir la pista rápida, avanzar a un ritmo acelerado
(Mex) negociación rápida
(Ven) agilización por vía rápida
favorable trade balance
balanza comercial ventajosa o favorable
(Ar) balanza comercial que arroja

un saldo positivo
feasibility study
estudio de viabilidad, estudio de factibilidad
featherbedding
(Mex) exceso de personal (prácticas laborables mediante las cuales se mantiene artificialmente el empleo incrementando la cantidad de empleados o el tiempo necesario para finalizar la tarea)
federal deficit
déficit federal
Federal Deposit Insurance Corporation (FDIC)
Corporación de Seguro de Depósito Federal (CSDF)
federal funds
fondos federales
(Ar) fondos del banco central
federal funds rate
tasa de fondos federales
(Ar) tasa de interés para fondos federales
Federal Reserve Bank
Banco de la Reserva Federal
(Mex) Reserva Federal
Federal Reserve Board (FRB)
Consejo de la Reserva Federal
Federal Reserve System (FED)
Sistema de la Reserva Federal
Federal Savings and Loan Association
Asociación de Préstamos y Ahorros Federal
(Mex) Asociación Federal de Crédito y Ahorro
Fed wire
cable federal
fee
honorarios, derechos, retribución, comisión
feeder lines
líneas (de autobuses, aviones, trenes) secundaria que se derivan de una línea principal
fee simple or fee simple absolute
sin condición, libre, con toda propiedad, con todos los derechos de goce y de posesión
(Ar) derecho de dominio pleno
FHA mortgage loan
crédito hipotecario de la Asociación de Viviendas Federal
(Mex) crédito hipotecario del Instituto Nacional del Fondo para la Vivienda (de Interés Social) (FHA)
fidelity bond
seguro contra el robo por empleados
fiduciary
fiduciario
fiduciary bond
obligación o bono fiduciario
(Ven) fianza de fidelidad
field staff
personal de campo
(Ch) personal de terreno
field theory of motivation
teoría de motivación externa
file
expediente, archivo, carpeta
v. clasificar, archivar, guardar un documento, depositar, presentar, registrar
file transfer protocol (FTP)
protocolo de transferencia de archivos
fill or kill (FOK)
orden de compra o venta que se debe ejecutar o anular inmediatamente
(Mex) pedido que se cancela si no se ejecuta de inmediato
filtering down
(Ch) filtrar hacia abajo, cascada
final assembly
asamblea definitiva
finance charge
gasto financiero
(Ch) cargo financiero
(Mex) cargo por financiamiento, intereses
finance company
sociedad o compañía financiera, entidad de financiación
financial accounting
contabilidad financiera

financial advertising
publicidad financiera
financial future
contrato de instrumentos financieros a plazo
(Ar) futuro financiero, contrato de futuros sobre títulos valores
financial insitution
institución financiera
financial intermediary
intermediario financiero
financial lease
arrendamiento financiero
(Ar) (Ch) "leasing"
Financial Management Rate of Return (FMRR)
tasa de rendimiento de administración financiera
financial market
mercado financiero
financial position
posición financiera
financial pyramid
pirámide financiera
(Ar) pirámide de riesgo
financial statement
estado financiero, documentación financiera
(Ar) estados contables
financial structure
estructura financiera
financial supermarket
supermercado financiero
financing
financiamiento, financiación
finder's fee
honorario de intermediario
(Mex) comisión de intermediación
finished goods
artículos terminados, productos acabados
fire insurance
seguro contra incendios
firm
razón social, firma, casa, sociedad; adj. firme, estable, mantenido, sostenido
firm commitment
compromiso sólido, compromiso firme
firm offer
oferta firme, oferta sólida
firm order
orden firme, orden sólida
firm quote
cotización firme, cotización sólida
first in, first out (FIFO)
método de costeo de los inventarios "primeras entradas primeras salidas" (PEPS)
first lien
primer gravamen, primera hipoteca
first-line management
gestión o administración de primer nivel
(Ven) gerencia de primera línea
first mortgage
primera hipoteca, hipoteca de primer grado
first-year depreciation
depreciación de primer año
fiscal
fiscal
fiscal agent
agente fiscal
fiscalist
fiscalista
fiscal policy
política fiscal
fixation
fijación
fixed annuity
anualidad fija
(Ar) renta vitalicia fija
fixed asset
activo fijo
(Ar) bienes de uso
fixed benefits
beneficios fijos
(Mex) prestaciones fijas
fixed charge
cargo fijo
fixed-charge coverage
cobertura de cargo fijo

fixed cost
costo fijo o constante
fixed fee
honorario fijo o determinado
fixed income
renta fija
fixed income statement
declaración de renta fija
fixed premium
prima fija
fixed-price contract
contrato a precio fijo
fixed-rate loan
préstamo a tasa fija
fixture
aparato fijo, instalación fija, mobiliario
flanker brand
marca complementaria
flat
fijo, constante, global, neto, sin interés
flat rate
tasa uniforme
(Ar) tarifa fija
(Ch) tasa única
flat scale
escala uniforme
(Ch) escala única
flat tax
impuesto fijo
(Ch) impuesto único
flexible budget
presupuesto flexible
flexible-payment mortgage (FPM)
hipoteca de pago flexible
flextime
horarios flexibles
flight to quality
huida hacia la calidad
float
producto en curso de fabricación, flotación de una moneda, títulos negociables, venta de títulos
v. flotar, lanzar, emitir
(Ar) fijar tipo de cambio libre
floater
emisión (de eurodólares, etc.)
floating debt
deuda flotante o deuda a corto plazo
(Mex) deuda circulante
floating currency exchange rate
tipo o tasa de cambio de divisa flotante
floating exchange rate
tipo o tasa de cambio flotante
floating-point number
número de interés flotante
(Mex) número de punto flotante
floating-rate note
bono a tasa variable, bono a tasa flotante
floating securities
valores circulantes, valores flotantes
floating supply
provisión flotante, provisión circulante
(Ar) acciones en circulación
flood insurance
seguro de inundación
floor loan
(Ar) porcentaje mínimo para un préstamo
(Mex) préstamo mínimo
floor plan
plano de piso, planta de piso
(Ar) diagrama de planta
(Mex) diagrama
floor plan insurance
seguro de plano de piso, seguro de planta de piso
(Ar) seguro de diagrama de planta
(Mex) seguro de certificados de depósito
floatation cost
costo de flotación
(Ar) costo de emisión
flowchart
diagrama de secuencia, diagrama de flujo, organigrama funcional
(Ch) flujigrama
flow of funds
flujo de dinero, flujo monetario
(Ar) flujo de fondos
fluctuation
fluctuación, variación, oscilación

fluctuation limit
límite de fluctuación
(Ch) banda (para fluctuación del tipo de cambio)

follow-up letter
carta de seguimiento, letra de reactivación

footing
posición, situación, estado, total de una suma
(Ar) suma o total de una columna

forced sale
venta forzada

forced saving
ahorros forzados

forecasting
pronosticación, previsiones

foreclosure
juicio hipotecario, privación de un derecho, embargo (de un bien hipotecado)
(Ar) ejecución de hipotecaria
(Mex) entablar y decidir un juicio hipotecario

foreign corporation
corporación extranjera

foreign direct investment
inversión directa extranjera

foreign exchange
divisas, mercado de divisas

foreign income
ingresos extranjeros

foreign investment
inversión extranjera

foreign trade zone
zona de comercio exterior
(Ven) zona franca

forfeiture
decomiso, pérdida, caducidad, confiscación
(Ar) pérdida legal de un derecho

forgery
falsificación, fraude, documento falsificado

formula investing
invertir por fórmula
(Ar) plan de inversión

fortuitous loss
pérdida fortuita, pérdida accidental

forward
adelantado, hacia adelante, a plazo
v. expedir, enviar, transferir, transferir el saldo hacia el futuro

forward contract
contratos a plazo
(Ar) contrato a término

forwarding company
empresa de expedición

forward integration
integración de empresas de producción y de distribución
(Ven) integración progresiva

forward pricing
precio de acciones adelantado

forward stock
inventario protegido

for your information (FYI)
para su información

foul bill of lading
conocimiento de embarque con reservas
(Mex) conocimiento condicionado
(Ven) conocimiento de embarque tachado, con defectos, viciado

401(k) plan
plan de ahorro para jubilación, plan 401(k)

fourth market
(Ar) (Mex) cuarto mercado (mercado de valores no registrado, directamente de inversor a inversor)

fractional share
acción fraccionada
(Ar) acción fraccionaria

franchise
franquicia, exención
(Mex) concesión

franchise tax
impuesto sobre franquicia

frank
exentar, eximir, franquear
fraud
fraude, estafa, dolo
fraudulent misrepresentation
declaración fraudulenta
free alongside ship (FAS)
franco (costado de la) barcaza, franco sobre muelle
(Ar) libre al costado del buque
(Ven) franco al costado del buque
free and clear
libre de gravámenes
free and open market
mercado libre
free enterprise
libre empresa
freehold (estate)
derecho de dominio absoluto
(Ar) dominio absoluto, propiedad absoluta
(Ven) propiedad de dominio absoluto
free market
mercado libre
free on board (FOB)
franco a bordo
(Ar) (Mex) libre a bordo
free port
puerto franco o libre
(Ven) zona franca
freight insurance
seguro de flete
frequency
frecuencia
frictional unemployment
desempleo friccional, desempleo irreductible
friendly suit
juicio amigable
frontage
terreno al borde de, terreno entre una casa y la carretera
(Mex) frente, fachada
(Ven) la parte del frente de una propiedad, el frente de la propiedad
front-end load
(Ar) carga frontal
(Ch) cargo de inicio (para un crédito)
(Mex) fondo mutuo que cobra comisiones por compra de acciones, comisión por compra de acciones
(Ven) cuota de entrada
front foot
(Ven) medida equivalente a un pie de frente de una propiedad, utilizada para fijar el valor de los impuestos, tasas y contribuciones
front money
dinero por delante
front office
oficina principal
frozen account
cuenta congelada, cuenta bloqueada
fulfillment
logro, ejecución, terminación (de un período)
(Ar) (Ven) cumplimiento
full coverage
cobertura total
full disclosure
divulgación total
full faith and credit
fidelidad de compromiso y crédito total
full-service broker
corredor o agente de pleno servicio
fully diluted earnings per (common) share
ganancias por acciones (comunes) totalmente diluidas
fully paid policy
póliza totalmente pagada
functional authority
autoridad funcional
functional currency
moneda funcional
functional obsolescence
obsolescencia funcional
functional organization
organización funcional

fund accounting
contabilidad de fondos
fundamental analysis
análisis básico, análisis fundamental
funded debt
deuda consolidada, pasivo consolidado, deuda a largo plazo
funded pension plan
plan de jubilación consolidado
funding
financiamiento, consolidación (de una deuda), colocación de fondos
fund-raising
obtener o solicitar fondos
(Ch) recaudación de fondos
furlough
conceder permiso de ausencia en el trabajo, suspender temporalmente las actividades laborales y los sueldos
(Ven) permiso laboral
future interest
interés futuro
futures contract
contrato de futuros
futures market
mercado de futuros

G

gain
ganancia, ventaja, aumento, utilidad, beneficio
(Ch) mayor valor
v. ganar, adquirir, obtener, aumentar

gain contingency
contingencia de ganancia

galloping inflation
inflación galopante, inflación súbita

gaming
competir por un contrato

gap
diferencia, déficit, carencia de contacto entre el alto y bajo del día con las mismas variables, desequilibrio, desajuste
(Ar) (Ch) (Ven) brecha

gap loan
préstamo de diferencia

garnish
embargar, apelar a la justicia, guarnecer

garnishee
embargado

garnishment
embargo de bienes, embargo de terceros
(Mex) emplazamiento (de un juicio)

gender analysis
análisis por género

general contractor
contratista general, contratista principal

general equilibrium analysis
análisis de equilibrio general

general expense
gasto general

general fund
fondo general

generalist
generalista

general journal
diario general
(Ch) libro, diario

general ledger
libro mayor general
(Ch) (Mex) libro mayor

general liability insurance
seguro de responsabilidad general

general lien
gravamen general

generally accepted accounting principles
principios de contabilidad generalmente aceptados
(Ar) Principios Contables Generalmente Aceptados (PCGA)

general obligation bond
bono de compromiso general
(Ven) bono de responsabilidad general

general partner
socio general, socio regular, socio solidario
(Ven) socio capitalista

general revenue
ingreso general

general revenue sharing
distribución de ingresos generales

general scheme
plan general, proyecto general
(Ch) esquema general

general strike
huelga general

general warranty deed
acta de garantía general

generation-skipping transfer
(Ch) una transferencia que salta generaciones
(Ven) transferencia realizada no a la generación siguiente sino a la subsiguiente

generic appeal
petición, apelación genérica

generic bond
bono genérico

generic market
mercado genérico

gentrification
aburguesamiento
geodemography
geodemografía
gift
donación, prima
(Mex) dote, prenda
(Ven) regalo, dádiva
gift deed
escritura sobre donaciones o transferencias a título gratuito
gift tax
impuesto sobre donaciones o transferencias a título gratuito
girth
circunferencia, dimensiones
glamour stock
valores de primer nivel
glut
saturación, oferta excesiva, inundación (de un mercado)
(Mex) abundancia
v. saturar, inundar (un mercado)
goal
meta, objetivo
goal congruence
congruencia de objetivos
goal programming
programación de objetivos
goal setting
establecimiento de objetivos
go-between
intermediario (en una negociación)
going-concern clause
cláusula de negocio en marcha
going long
a largo plazo, vencimiento a largo plazo
going private
proceso de sociedad que se hace privada
going public
entrar a la bolsa, cotizarse en la bolsa, convertirse en una sociedad anónima (para vender acciones en la bolsa)
going short
vender corto, vender acciones que uno no tiene
goldbrick
estafa, timo
v. pasar el tiempo sin trabajar
goldbug
dedicado al oro
(analista que opina que los inversores deberían invertir solo en oro)
golden handcuffs
prima de permanencia
(incentivo monetario que una compañía ofrece a sus ejecutivos para evitar que se sientan tentados a aceptar las ofertas de trabajo de otras empresas)
golden handshake
suma que se entrega a un dirigente que se jubila, regalo de despedida que se hace a un trabajador de cuyos servicios se va a prescindir, o a un empleado que ha sido despedido
golden parachute
paracaídas (cláusula)
(convenio que protege a los altos ejecutivos en caso de que la corporación cambie de control)
gold fixing
(Ar) determinación del precio del oro por parte de los especialistas
(Ch) fijar el precio o valor en base del oro
(Mex) fijación del precio del oro
gold mutual fund
fondo de inversiones en oro
gold standard
patrón oro
good delivery
entrega satisfactoria, entrega buena
good faith
buena fe
(Ar) con garantía
good-faith deposit
depósito de buena fe
(Ar) depósito de garantía
good money
dinero disponible

(Ar) fondos disponibles
goodness-of-fit test
prueba de la precisión del ajuste
goods
mercancías, productos, bienes
goods and services
bienes y servicios
good-till-canceled order (GTC)
orden de compraventa vigente hasta su ejecución o cancelación
good title
título válido o seguro
goodwill
reputación o crédito mercantil
(Ch) menor valor de inversión, plusvalía, llave
grace period
período de gracia
graduated lease
arrendamiento escalonado
(Ar) arrendamiento gradual
(Ch) "leasing" con cuotas graduadas
graduated payment mortgage (GPM)
hipoteca de pagos progresivos
(Mex) hipoteca de pagos escalonados
graduated wages
salario escalonado
(Ar) salario progresivo
graft
injerto, corrupción, soborno
v. cometer concusión
grandfather clause
disposición legal que protege derechos adquiridos
(Ar) cláusula de retroactividad
grant
otorgamiento, entrega, subvención, dotación
v. otorgar, conceder, entregar, asignar, conceder
(Ar) subvención, subsidio, dádiva
grantee
cesionario, beneficiario de una dotación, donatario
grantor
otorgante, donante, cesionista
(Mex) cesionario
grantor trust
(Ch) (Ven) fideicomiso del otorgante
(Mex) fideicomiso en el que el cesionario retiene el control de los ingresos para efectos fiscales
gratuitous
gratuito, benévolo
gratuity
gratificación, prima, indemnización en caso de deceso
graveyard market
(Ar) mercado suicida
(Mex) mercado gris
(mercado en el que los que están dentro quieren salir y los que están fuera no les apetece entrar)
graveyard shift
turno de la noche
Great Depression
crisis económica de 1929
greenmail
maniobra para evitar un "takeover"
gross
bruto, gruesa
v. obtener un beneficio bruto, producir, ganar (antes de deducción de gastos por concepto de impuestos)
gross amount
cantidad bruta
(Mex) importe total
(Ven) monto bruto
gross billing
facturación bruta
gross earnings
beneficios brutos, ganancias brutas
gross estate
propiedad o patrimonio bruto (antes de impuestos)

gross income
ingreso bruto
gross leaseable area
área a la gruesa que puede arrendarse
gross lease
arrendamiento bruto
gross national debt
deuda nacional bruta
gross national expenditure
desembolso o gasto nacional bruto
gross national product (GNP)
producto nacional bruto (PNB)
gross profit
ganancia bruta
gross profit method
método de ganancia bruta
gross profit ratio
razón o relación de ganancia bruta
gross rating point (GRP)
punto de clasificación bruta
gross rent multiplier (GRM)
multiplicador de alquiler bruto
gross revenue
ingreso bruto
gross tonnage
tonelaje bruto
(Ven) tonelada bruta
gross weight
peso bruto
ground lease
arrendamiento del terreno
ground rent
alquiler o renta del terreno
group credit insurance
seguro crediticio colectivo, seguro de grupo de deudores
(Ven) seguro crediticio colectivo
group disability insurance
seguro de grupo por incapacidad
(Ch) (Mex) (Ven) seguro colectivo por incapacidad
group health insurance
seguro de salud de grupo
(Ch) seguro de salud colectivo
(Mex) seguro médico colectivo
(Ven) seguro de enfermedad colectivo
group life insurance
seguro de vida de grupo
(Ch) (Mex) (Ven) seguro de vida colectivo
growing-equity mortgage (GEM)
hipoteca de recursos propios creciente
growth fund
fondo de crecimiento
(Ar) fondo de inversión
(Mex) fondo de desarrollo o apreciación
growth rate
tasa de crecimiento
(Ven) índice de crecimiento
growth stock
valor o acción de crecimiento
(Mex) acciones de apreciación
guarantee
garantía, caución, aval
v. garantizar, ser aval de, fiador de
guaranteed annual wage (GAW)
salario anual garantizado
guaranteed bond
bono garantizado, obligación garantizada
guaranteed income contract (GIC)
contrato de ingresos garantizado
guaranteed insurability
asegurabilidad garantizada
guaranteed letter
carta garantizada o asegurada
(Ar) nota de garantía
guaranteed mortgage
hipoteca garantizada
guaranteed security
fianza, garantía o prenda garantizada
guarantee of signature
firma garantizada
guarantor
garante, avalista, fiador
guaranty
garantía, caución, fianza, aval
guardian
guardián, tutor, curador,

protector

guardian deed
escritura o título de guardián

guideline lives
vidas útiles de referencia

guild
gremio, corporación

H

habendum
división de una escritura de propiedad que empieza con "To have and to hold"
(Mex) cláusula de una escritura que define los derechos transferidos

hacker
fanático, pirata de computadoras, pirata informático

half duplex
semiduplex, bidireccional alternativo

half-life
media vida
(Ar) vida promedio
(Mex) vida media

halo effect
(Ar) (Ven) efecto de espejismo
(Mex) efecto halo

hammering the market
hacer bajar las cotizaciones vendiendo al descubierto

handling allowance
descuento por manejo
(Ar) estipendio por manipulación

hangout
lugar de reunión habitual

hard cash
dinero contante y sonante, dinero líquido, efectivo

hard currency
moneda estable, moneda fuerte

hard dollars
dólares fuertes, dólares estables

hard goods
bienes durables, bienes (de consumo) duraderos

hard money
dinero efectivo, dinero líquido
(Ar) moneda fuerte
(Mex) moneda fraccionaria, morralla

hash total
total de control
(Ch) suma de comprobación
(Mex) suma de verificación

hazard insurance
seguro contra riesgos

head and shoulders
cuadro en el que el precio de un título llega a un pico y luego cae, sube nuevamente superando el pico anterior y vuelve a caer

headhunter
cazador de ejecutivos para reclutarlos, cazatalentos

head of household
cabeza de la casa
(Mex) jefe de familia

Health Maintenance Organization (HMO)
organización de mantenimiento de la salud
(Mex) seguro médico de atención dirigida

hearing
audiencia, sesión (de un tribunal, de una comisión, de una encuesta), examen de un testigo

heavy industry
industria pesada

hectare
hectárea

hedge
barrera, medio de protección, cobertura, compensación de riesgos cambiarios, arbitraje, compra o venta a plazo para compensar los efectos de la fluctuación de las cotizaciones, valor de refugio

heirs
herederos

heirs and assigns
herederos y cesionarios

heterogenous
heterogéneo
heuristic
heurístico
hidden agenda
agenda oculta
hidden asset
bien oculto o encubierto
(Ven) activo oculto
hidden inflation
inflación subyacente, inflación latente
hidden tax
impuesto oculto
hierarchy
jerarquía
high credit
crédito alto, crédito superior
highest and best use
el más alto y de mejor uso
high flyer
acción que sube y baja rápidamente
high-grade bond
bono de primera clase
high-involvement model
modelo de implicación alta
highs
puntos altos, cotizaciones máximas
high technology
alta tecnología, tecnología avanzada
high-tech cost
acciones o valores de alta tecnología
historical cost
costo histórico, costo de adquisición
historical yield
rendimiento histórico
historical structure
estructura histórica
hit list
(Ch) lista de objetivos
(Ven) lista de los que debe haber oposición o a los que se debe eliminar
hit the bricks
ponerse en huelga
hobby loss
(Ar) pérdida de pasatiempo
(Ch) pérdida por una actividad de afición
(Mex) pérdida fiscal por pasatiempo
holdback
mantener la expectativa, no comprometerse, retener, disimular, guardar para sí mismo
(Ven) abstenerse
holdback pay
pago retenido
holder in due course
tercero portador, tenedor legal
(Ven) tenedor legítimo o de buena fe
holder of record
tenedor registrado
hold harmless agreements
convenios de amparo, dejar a salvo
hold harmless clause
cláusula de amparo, dejar a salvo
(Ar) cláusula liberatoria de responsabilidad
holding, holdings
propiedad, posesión, inversión
(Ch) "holding"
holding company
sociedad tenedora, participación accionaria
(Ar) empresa controlante
(Mex) casa matriz, compañía tenedora, sociedad de control
holding fee
honorario de tenencia
holding period
período durante el cual un título valor permaneció en poder de su propietario
(Ch) (Mex) (Ven) período de tenencia
holdover tenant
inquilino suspendido, aplazado
homeowner's association
asociación de propietarios de viviendas

homeowner's equity account
cuenta patrimonial de propietarios de viviendas
homeowner's policy
póliza de propietarios de viviendas
homeowner warranty program (HOW)
programa de garantía de propietarios de viviendas
homestead
propiedad residencial que incluye casa y terreno
(Ar) finca
homestead tax exemption
exención de impuesto de casa solariega
homogeneous
homogéneo
homogeneous oligopoly
oligopolio homogéneo
honor
honor
v. acoger, aceptar, pagar
(Ar) cancelar una deuda o documento
honorarium
honorario
horizontal analysis
análisis horizontal
horizontal channel integration
integración por vía horizontal
horizontal combination
combinación horizontal
horizontal expansion
expansión o crecimiento horizontal
horizontal merger
fusión horizontal
horizontal specialization
especialización horizontal
horizontal union
unión horizontal
hot cargo
carga caliente, carga especulativa
hot issue
asunto de gran importancia, emisiones de acciones de alta cotización
(Ar) emisión de gran demanda
hot stock
acción de alta cotización
(Ar) acciones que sufren grandes oscilaciones de precio en un volumen de operaciones muy elevado
house
casa comercial, empresa, asamblea
v. alojar, abrigar
house account
cuenta de la casa, cuenta de la empresa
house to house
de casa en casa
house-to-house sampling
muestreo de casa en casa
house-to-house selling
venta a domicilio
(Ven) venta de puerta en puerta
housing bond
bono de vivienda
(Ar) bono municipal
housing code
código de vivienda
housing starts
número de viviendas en construcción (índice de salud de la industria de la construcción)
huckster
vendedor que hace falsas promesas
human factors
factores humanos
human relations
relaciones humanas
human resource accounting
contabilidad de recursos humanos
human resources
recursos humanos
(Mex) departamento de personal
human resources management (HRM)
gestión de recursos humanos, dirección de recursos humanos
(Mex) administración de recursos humanos o de personal
(Ven) gerencia de recursos humanos

hurdle rate
(Ar) tasa crítica de rentabilidad
(Mex) rendimiento al punto crítico

hush money
precio de un silencio, dinero con que se compra el silencio de alguien

hybrid annuity
anualidad combinada
(Ar) renta vitalicia o anualidad híbrida

hyperinflation
hiperinflación

hypertext
información almacenada en la computadora y organizada especialmente para que los datos relacionados se mantengan juntos y se puedan acceder fácilmente

hypothecate
hipotecar, pignorar, empeñar, garantizar

hypothesis
hipótesis, suposición, posibilidad

hypothesis testing
prueba de hipótesis

I

icon
icono, símbolo
ideal capacity
capacidad ideal
idle capacity
capacidad no utilizada, potencial inutilizado, capacidad ociosa
(Mex) capacidad desperdiciada
illegal dividend
dividendo ilegal
illiquid
no realizable, no líquido
image advertising
publicidad de representación
(Mex) publicidad de margen
impacted area
área de impacto,
área de incidencia
impaired capital
capital disminuido,
capital dañado
impasse
atolladero, obstáculo, dificultad
imperfect market
mercado imperfecto
imperialism
imperialismo
implied
implícito
implied contract
contrato implícito, presunto o tácito, cuasicontrato
implied easement
servidumbre tácita o sobreentendida
implied in fact contract
contrato de hecho sobreentendido
implied warranty
garantía tácita
(Mex) garantía implícita
import
importación
v. importar
import quota
cuota de importación
imposition
imposición, gravamen
impound
confiscar, embargar (mercancías)
(Ven) incautar
impound account
cuenta de confiscación
(Mex) cuenta de embargo
imprest fund, imprest system
fondo rotativo para gastos menores, fondo fijo, sistema a saldo fijo
improved land
terreno mejorado
improvement
mejoramiento, progreso
improvements and betterments insurance
seguro de plusvalía y mejoramiento
imputed cost
costo imputado, costo registrado, costo atribuido
imputed income
ingreso imputado
(Ch) ingreso presunto
imputed interest
interés imputado
(Ch) interés presunto
imputed value or imputed income
valor imputado o ingreso imputado
(Ch) valor o ingreso presunto
inactive stock or inactive bond
acción o valor inactivo, bono inactivo
inadvertently
por inadvertencia
incapacity
incapacidad
incentive fee
honorario o pago de incentivo
(Mex) escala de incentivos

incentive pay
pago de incentivo
(Ar) incentivo remuneratorio
(Mex) prima por producción
incentive wage plan
plan de salario de incentivo
(Mex) programa de primas por producción
incentive stock option (ISO)
opción de acciones de incentivo
inchoate
comenzado pero no terminado
incidental damages
daños imprevistos, daños incidentales
(Ven) daños indirectos o incidentales
income
ingreso, ingresos, utilidades, entradas, renta
(Mex) ganancia, producto
income accounts
cuentas de ingresos
(Mex) estado de ingresos
income approach
(Ar) (Ch) método de ingresos
(Mex) aproximación de ingresos
(Ven) enfoque según rentas
income averaging
establecimiento de promedio de ingresos
(Ar) determinación de ingresos promedio
income bond
bono sobre ingreso, bono de participación en utilidades, obligación participativa
(Ar) bono de ajuste
(Mex) obligaciones de ganancia
income effect
efecto de ingreso
income group
categoría o grupo de contribuyentes
income in respect of a decedent
ingresos con respecto a un difunto
income property
propiedad de renta
(Ar) inmueble que genera rentas
(Ven) propiedad que genera renta/ingresos
income redistribution
redistribución de ingresos
income replacement
reemplazo de ingresos
income splitting
división de ingresos
income statement
estado de ganancias y pérdidas, cuenta de resultados
(Ch) estado de resultados
income stream
flujo de ingresos
income tax
impuesto sobre la renta, impuesto sobre los ingresos
income tax return
declaración de renta o del impuesto sobre la renta, denuncia del contribuyente
incompetent
incompetente
incontestable clause
cláusula indisputable, cláusula incontestable
inconvertible money
dinero no convertible
incorporate
incorporar, incluir, unir, constituir una sociedad
incorporation
incorporación, unión, constitución en sociedad (por acciones)
(Ven) constitución de una empresa/sociedad
incorporeal property
propiedad incorporal
incremental analysis
análisis incremental
incremental cash flow
flujo de fondos incremental
(Ar) flujo de fondos atribuible a un proyecto de inversión empresarial
(Ven) flujo incremental

de circulante
incremental spending
gastos incrementales
incurable depreciation
amortización irreparable
(Ven) depreciación irreparable
indemnify
indemnizar, compensar, resarcir
indemnity
indemnidad
(Es) indemnización
indenture
instrumento formal,
contrato bilateral
(Ar) documento de emisión de
bonos
(Mex) escritura, partida
v. ligar por medio de un
contrato
independence
independencia
independent adjuster
ajustador externo, ajustador
independiente
(Ch) tasador independiente
independent contractor
contratista externo, contratista
independiente
independent store
almacén o negocio
independiente
(Mex) tienda independiente
independent union
sindicato independiente
independent variables
variables independientes
indeterminate premium life insurance
seguro de vida de prima
indeterminado
index
índice, tabla o cuadro
coeficiente
v. proporcionar un índice,
clasificar
indexation
indexación
(Ch) reajuste
index basis
base de índice
indexed life insurance
seguro de vida indexado
indexed loan
préstamo reajustable
index fund
fondo índice
(Ar) fondo común de inversión
indexing
ordenar o clasificar
basándose en un índice,
indexación
index lease
arrendamiento según un índice
index options
opciones de índice
indirect cost
costo indirecto
indirect labor
mano de obra indirecta
indirect overhead
gastos generales indirectos
indirect production
producción indirecta
individual bargaining
negociación individual
individual life insurance
seguro de vida individual
Individual Retirement Account (IRA)
cuenta de jubilación individual
inductive reasoning
razonamiento inductivo
industrial
industrial
industrial advertising
publicidad industrial
industrial consumer
consumidor industrial
industrial engineer
ingeniero industrial
industrial fatigue
agotamiento industrial
industrial goods
bienes industriales
industrialist
industrial
industrial park
parque industrial
industrial production
producción industrial

industrial property
propiedad industrial
industrial psychology
psicología industrial
industrial relations
relaciones industriales
industrial revolution
revolución industrial
industrial union
sindicato industrial
industry
industria
industry standard
norma industrial
inefficiency in the market
ineficacia en el mercado
infant industry agreement
convenio de industria naciente
inferential statistics
estadística deductiva
inferior good
producto o bien inferior
(Mex) producto o bien de menor calidad
inferred authority
autoridad inferida
inflation
inflación, aumento, crecimiento
inflation accounting
contabilidad que incluye los efectos de la inflación
inflation endorsement
endoso inflacionario
inflation rate
tasa de inflación, índice de precios al consumo
(Ar) índice de inflación
(Mex) índice de precios al consumidor
inflationary gap
vacío inflacionario
(Ven) brecha inflacionaria
inflationary spiral
aumento rápido inflacionario
(Mex) (Ven) espiral inflacionaria
informal leader
líder extraoficial
information return
formulario de información
(Ch) declaración informativa
(Mex) forma de información
infrastructure
infraestructura
infringement
infracción, violación, transgresión
ingress and egress
entradas y salidas
inherit
heredar
inheritance
herencia, sucesión, patrimonio
inheritance tax
impuesto a la herencia
in-house
en el interior de la empresa, internamente
initial public offering (IPO)
oferta pública inicial
(Ch) oferta pública de acciones (OPA)
initiative
iniciativa
injunction
mandato, entredicho, interdicto, embargo
(Mex) amparo, precepto
injunction bond
fianza de entredicho
injury independent of all other means
lesiones o daños independientes de todos los otros medios
inland carrier
transportista terrestre, transportista interior
inner city
ciudad interior, ciudad del interior
(Ven) casco de la ciudad
innovation
innovación
in perpetuity
en perpetuidad
(Mex) a perpetuidad
inside information
información confidencial
inside lot
lote interno

insider
persona informada
insolvency
insolvencia
insolvency clause
cláusula de insolvencia
inspection
inspección, auditoría, registro, verificación
installment
pago parcial, pago a cuenta, plazo
(Ch) cuota
(Mex) abono
installment contract
contrato de venta a plazos
(Mex) contrato de compraventa a plazos o en abonos
installment sale
venta a plazos
(Mex) venta en abonos
institutional investor
inversionista institucional
institutional lender
prestamista institucional
instrument
instrumento, documento
instrumentalities of transportation
documentación de transporte
(Ven) agencia, medio de transporte
instrumentality
documentación
(Ven) agencia, medio
insurability
asegurabilidad, susceptible de ser asegurado
insurable interest
interés asegurable
insurable title
título asegurable
insurance
seguro
insurance company (insurer)
compañía de seguros, aseguradora
insurance contract
contrato de seguro
insurance coverage
cobertura de un seguro
insurance settlement
ajuste o liquidación de seguro
insured
asegurado
insured account
cuenta asegurada
insurgent
insurgente, insurrecto
intangible asset
activo intangible
(Ar) bienes intangibles
intangible reward
recompensa intangible
intangible value
valor intangible
integrated circuit
circuito integrado
integration, backward
(Ar) integración retroactiva
(Ven) integración regresiva
integration, forward
(Ar) integración a futuro
(Mex) integración vertical hacia abajo
(Ven) integración progresiva
integration, horizontal
integración horizontal
integration, vertical
integración vertical
integrity
integridad, honradez
interactive system
sistema interactivo
interest
interés
interest group
(Ar) (Mex) (Ven) grupo de interés
(Ch) grupo interesado
intersest-only loan
préstamo con interés
interest rate
tasa de interés, tipo de interés
interest-sensitive policies
pólizas susceptibles a intereses
interface
acoplamiento mutuo, interfaz
(Mex) interfase
interim audit
auditoría preliminar, auditoría

interina

interim financing
financiamiento provisional

interim statement
estado interino, informes preparados a fechas intermedias
(Ch) estado financiero interino
(Mex) estados a fechas intermedias
(Ven) estado provisional

interindustry competition
competencia entre industrias

interlocking directorate
junta directiva vinculada
(Mex) junta interina vinculada
(Ven) junta directiva vinculada (común a varias empresas interrelacionadas)

interlocutory decree
interlocutoria, auto interlocutorio

intermediary
intermediario, intermedio

intermediate goods
bienes intermedios

intermediate term
plazo intermediario
(Ven) plazo intermedio

intermediation
intermediación

intermittent production
producción intermitente, producción discontinua

internal audit
auditoría interna, auditoría privada

internal check
cheque interno, verificación interna

internal control
control interno

internal expansion
expansión o ampliación interna

internal financing
financiamiento interno, financiación interna
(Ven) autofinanciación

internal rate of return (IRR)
tasa de rentabilidad interna, tasa de rendimiento interno
(Ar) (Ch) tasa interna de retorno (TIR)

Internal Revenue Service (IRS)
Servicio de Rentas Internas
(Ch) Servicio de Impuestos Internos
(Mex) Servicio de Administración Tributaria

International Bank for Reconstruction and Development
Banco Internacional para la Reconstrucción y el Desarrollo (BIRD)

international cartel
cartel internacional

international law
derecho internacional

International Monetary Fund (IMF)
Fondo Monetario Internacional

International Monetary Market
Mercado Monetario Internacional

international union
sindicato internacional

Internet
Internet

internet protocol (IP) address
dirección de protocolo de Internet

internet service provider
proveedor de servicios de acceso a Internet

interperiod income tax allocation
asignación de impuestos sobre la renta entre períodos

interpleader
(Ven) tercería
(acción por la cual el tenedor de una propiedad compele a dos o más reclamantes de la misma litigar entre sí el derecho a la misma)

interpolation
interpolación

interpreter
intérprete
(Mex) interpretador

interrogatories
interrogatorios

interval scale
escala de intervalo
interview
entrevista
v. entrevistar
interview, structured
entrevista estructurada
interview, unstructured
entrevista no estructurada
interviewer bias
prejuicio del entrevistador
intestate
intestado
in the money
(Ar) a la par
(Ch) con el dinero
asegurado, adinerado, involucrado en una actividad lucrativa
(Mex) "in the money"
in the tank
falta de objetividad, la tendencia de analizar algo de acuerdo con la experiencia personal
intraperiod tax allocation
asignación de impuestos dentro del estado financiero
intrinsic value
valor intrínseco
insure
asegurar, certificar, garantizar
inventory
inventario, existencias de mercancías, existencias de almacén
inventory certificate
certificado de inventario
inventory control
control de inventario
inventory financing
financiamiento de inventario
inventory planning
planificación de inventario
inventory shortage (shrinkage)
escasez de inventario (disminución)
(Ch) mermas
(Mex) faltantes de inventario
inventory turnover
rotación de inventario
(Ar) rotación de existencias
inverse condemnation
pleito contra el gobierno
inverted yield curve
curva de rendimiento inverso
invest
invertir, colocar
investment
inversión, colocación
investment advisory service
servicio de asesoría de inversiones
investment banker
banquero de inversiones, banquero de colocaciones
investment club
club de inversiones
investment company
compañía o empresa de inversiones, sociedad de cartera
investment counsel
asesor o consejero de inversiones
investment grade
grado o clase de inversiones
investment interest expense
gastos de intereses por inversión
investment life cycle
ciclo de vida de inversión
investment strategy
estrategia de inversión
investment trust
fideicomiso de inversión
investor relations department
departamento de relaciones de inversionistas
invoice
factura
involuntary conversion
conversión involuntaria
involuntary lien
gravamen involuntario
involuntary trust
fideicomiso implícito o sobrentendido
involuntary unemployment
desempleo involuntario
(Ven) paro forzoso

Inwood annuity factor
factor de anualidad Inwood

iota
pizca, ápice (una cantidad muy pequeña)

irregulars
mercancía irregular

irreparable harm, irreparable damage
perjuicio irreparable, daño irreparable

irrevocable
irrevocable

irrevocable trust
fideicomiso irrevocable

issue
emitir, publicar, lanzar, poner en circulación
(Ch) tema, asunto, problema
(Mex) expedir

issued and outstanding
emitido y en circulación

issuer
emisor, distribuidor

itemized deductions
deducciones detalladas
(Ch) gastos de renta

iteration
iteración, repetición

itinerant worker
trabajador ambulante
(Ven) trabajador temporal/itinerante

J

jawboning
(Ch) hablar o charlar, para impresionar o para llamar la atención
(Ven) intento de persuadir usando el cargo/puesto para presionar

J-curve
curva en J

job
trabajo, empleo, ocupación
(Ch) faena

job bank
banco de trabajos
(Ar) banco de empleo

jobber
corredor, corredor de bolsa, intermediario
(Es) especulador, agiotista, especulador por cuenta propia
(Ven) trabajador a destajo

job classification
(Ar) (Mex) clasificación de puestos
(Ch) (Mex) clasificación del trabajo
(Ven) clasificación de empleo

job cost sheet
(Ar) hoja de costos de empleos
(Ch) hoja del costo del trabajo o faena
(Ven) hoja de costos de trabajo

job depth
profundidad o alcance del trabajo

job description
descripción de trabajo
(Ch) (Ven) descripción de cargo
(Mex) descripción de puestos

job evaluation
evaluación de trabajo

job jumper
persona que cambia frecuentemente de un trabajo a otro

job lot
lote
(Es) lote de artículos de ocasión
(Mex) órdenes de trabajo
(Ven) lote irregular (cantidad de una mercadería menor a la especificada en el contrato estándar)

job order
orden de trabajo

job placement
colocación de trabajo

job rotation
rotación de trabajo

job satisfaction
satisfacción en el trabajo
(Ven) satisfacción laboral

job security
seguridad de trabajo

job sharing
(Ar) compartir responsabilidades
(Ch) compartimiento del trabajo
(Mex) (Ven) trabajo compartido

job specification
especificación de trabajo

job ticket
(Ar) ticket de trabajo
(Ch) ficha de trabajo
(Mex) tarjeta, tarjeta laboral, tarjeta de horas trabajadas

joint account
cuenta conjunta, cuenta mancomunada
(Es) (Ven) cuenta indistinta

joint and several liability
responsabilidad solidaria
(Ar) obligación solidaria

joint and survivorship annuity
anualidad que sigue pagando a los beneficiarios tras la muerte del rentista original, anualidad mancomunada y de supervivencia

joint fare, joint rate
tarifa conjunta

joint liability
responsabilidad mancomunada
(Es) obligación mancomunada

jointly and severally
mancomunada y solidariamente
joint product cost
(Ar) costo del coproducto
(Ch) costo en conjunto del producto
(Ven) costo común a dos o más productos
joint return
planilla conjunta, declaración de impuestos conjunta, declaración conjunta del impuesto sobre la renta
joint-stock company
empresa sin incorporar pero con acciones
(Ar) sociedad por acciones
(Es) sociedad en comandita por acciones, sociedad anónima
joint tenancy
tenencia conjunta, tenencia mancomunada, posesión conjunta, condominio, copropiedad sobre un inmueble
joint venture
empresa conjunta
(Es) riesgo colectivo, empresa colectiva, sociedad en participación, especulación en participación con otros, negocio conjunto
journal
diario, libro diario
(Mex) libro auxiliar
journal entry
asiento de diario
journalize
asentar en el diario
(Es) pasar al diario
(Mex) contabilizar
journal voucher
comprobante de diario
journeyman
obrero especializado
judgment
sentencia, fallo, decisión, juicio, opinión
(Es) criterio
judgment creditor
acreedor que ha obtenido un fallo contra el deudor
(Ven) acreedor judicial
judgment debtor
deudor(a) judicial
(Ar) deudor determinado por sentencia
judgment lien
(Ar) gravamen determinado por sentencia
(Ch) gravamen por falla o por juicio
(Mex) fallo de embargo preventivo, gravamen por fallo judicial
(Ven) privilegio judicial, embargo judicial
judgment proof
(Ar) evidencia del juicio
(Ch) comprobación del fallo
(Ven) a prueba de sentencias para cobro
judgment sample
(Ar) muestra dirigida
(Ch) muestra del fallo
(Mex) muestreo de opinión, razonado o de criterio
judicial bond
fianza judicial
judicial foreclosure or judicial sale
venta judicial
jumbo certificate of deposit
certificado de depósito de no menos de 100.000 dólares
(Ar) certificado de depósito jumbo
junior issue
(Ar) emisión subordinada
(Ch) (Ven) emisión menor (de acciones o bonos)
junior lien
privilegio subordinado
junior mortgage
hipoteca subordinada, hipoteca secundaria
junior partner
socio menor
(Es) socio moderno, socio de reciente incorporación
junior securities
valores subordinados

junk bond
bono de calidad inferior
(Es) bono especulativo, bono-basura, obligaciones a riesgo
jurisdiction of a court
jurisdicción de un tribunal
jurisprudence
jurisprudencia
jury
jurado
just compensation
indemnización justa por expropiación, remuneración razonable o equitativa
justifiable
(Ar) con causa de justificación
(Ch) (Ven) justificable
justified price
precio justificado, precio razonable

K

Keogh plan
plan de retiro para empleados autónomos
key-area evaluation
evaluación de un área clave
key person life and health insurance
seguro contra muerte o incapacidad de empleado clave
kickback
actividad deshonesta de pagar una porción del precio de venta de mercancías para promover compras futuras
(Ar) comisión clandestina
(Ven) soborno
kicker
característica adicional de valores para realzar su comerciabilidad
kiddie tax
impuesto usando la tasa del padre sobre los ingresos de sus hijos no devengados del trabajo personal
killing
gran jugada, gran golpe, buena operación
kiting
libramiento de letras cruzadas, circulación de cheques sin fondos, peloteo
(girar un cheque sin fondos con la expectativa de que se depositarán los fondos necesarios antes de cobrarse dicho cheque)
know-how
conocimientos técnicos
knowledge intensive
(Ch) intensivo en el conocimiento
(Mex) (Ven) alto nivel de conocimientos
know-your-customer rule
reglas de conocer ciertos datos de clientes
kudos
felicitaciones

L

labeling laws
leyes de etiquetado
labor
trabajo
(Ar) (Ch) mano de obra
v. trabajar
labor agreement
acuerdo laboral, convenio colectivo laboral
(Mex) contrato colectivo de trabajo, contrato laboral
labor dispute
conflicto laboral, conflicto colectivo
labor force
fuerza laboral
(Ar) mano de obra
labor intensive
de mano de obra intensa
(Ar) con gran intensidad de mano de obra
(Ven) con alta concentración de mano de obra
labor mobility
movilidad laboral
(Ar) movilidad de la mano de obra
labor piracy
piratería laboral
labor pool
(Ch) mano de obra disponible
(Ven) fondo laboral
labor union
gremio laboral, sindicato obrero
(Ar) sindicato gremial
(Ch) sindicato
(Mex) gremio obrero
laches
inactividad en ejercer ciertos derechos que produce la pérdida de dichos derechos
lading
carga, cargamento
(Mex) embarque
lagging indicators
indicadores atrasados
land
tierra vendible
(Ar) inversión en bienes inmuebles
(Es) terrenos
land bank
banco federal para préstamos agrícolas con términos favorables, banco de préstamos hipotecarios
(Ar) banco agrario
(Es) banco de crédito hipotecario
(Ven) banco agropecuario
land contract
contrato concerniente a un inmueble, contrato de compraventa de un inmueble
land development
urbanización, edificación de terrenos
landlocked
terreno completamente rodeado de terrenos de otras personas
landlord
arrendador, dueño, locador, propietario, terrateniente
(Ven) propietario
landmark
mojón, hito
land trust
fideicomiso de tierras
land-use intensity
intensidad de utilización de tierras
land-use planning
normas para planificar la utilización de tierras
land-use regulation
reglamentos sobre la utilización de tierras
land-use succession
sucesión en la utilización de tierras
lapping
ocultación de escasez mediante la manipulación de cuentas

(Mex) encubrimiento
v. jinetear
lapse
lapso, caducidad, prescripción
v. caducar, prescribir
lapsing schedule
(Ar) programa caducado
(Ch) análisis de caducidad
(Ven) programa de vencimientos
last in, first out (LIFO)
salida en orden inverso al de entrada
(Es) última entrada-primera salida
last sale
venta más reciente
latent defect
defecto oculto, vicio oculto
latitude
latitud
law
ley
(Ch) derecho
law of diminishing returns
ley de los rendimientos decrecientes
law of increasing costs
ley de los costos crecientes
law of large numbers
ley de los números grandes
law of supply and demand
ley de oferta y demanda
lay off
suspender a un empleado, despedir a un empleado
(Ch) despedida de trabajadores
(Mex) despido del trabajo
leader
dirigente
(Ch) líder
leader pricing
líder en pérdida
(artículo vendido bajo costo para atraer clientes en espera que se hagan otras compras lucrativas para el negocio)
leading indicators
indicadores anticipados
(Ar) indicadores de coyuntura anticipada
lead time
tiempo de espera de entrega tras la orden
(Ar) tiempo de ejecución
lease
arrendamiento, contrato de arrendamiento, locación
(Es) alquiler-compra
v. arrendar
leasehold
derechos sobre la propiedad que tiene el arrendatario, arrendamiento
leasehold improvements
mejoras hechas por el arrendatario
(Ven) mejoras a propiedades arrendadas
leasehold insurance
(Ar) seguro contraído por el arrendatario
(Ch) seguro sobre el arrendamiento
(Mex) seguro de arrendamiento
(Ven) seguro de amortización
leasehold mortgage
hipoteca de inquilinato, hipoteca garantizada con el interés del arrendatario en la propiedad
leasehold value
valor del interés que tiene el arrendatario en la propiedad
lease with option to purchase
arrendamiento con opción de compra
least-effort principle
principio del esfuerzo mínimo
leave of absence
permiso para ausentarse
(Ar) (Ch) licencia
(Es) (Ven) faltas con permiso justificado
ledger
libro mayor
legal entity
entidad legal
(Es) persona jurídica, ente

jurídico
legal investments
inversiones permitidas para ciertos inversionistas
legal list
lista legal, lista de inversiones permitidas para ciertos inversionistas
legal monopoly
monopolio legal
legal name
nombre legal
(Ch) razón social
legal notice
notificación legal
(Ch) aviso legal
legal opinion
opinión legal
(Ven) dictamen jurídico
legal right
derecho legal
(Ven) derecho subjetivo
legal tender
moneda de curso legal
(Mex) valor legal
legal wrong
defecto legal
legatee
legatario
(Es) asignatario
lender
prestador, prestamista
lessee
arrendatario, locatario
(Mex) inquilino
lessor
arrendador, locador
less than carload (L/C)
menos de vagón
letter of intent
carta de intención
letter stock
acciones que no se puede vender al público
level debt service
servicio de la deuda parejo
level out
nivelarse, estabilizarse
level-payment income stream
(Ar) flujo de ingresos a plazo fijo
(Ch) (Ven) flujo de ingresos con pagos parejos
level-payment mortgage
hipoteca de pagos parejos
(Ar) préstamo a plazo fijo
level premiums
primas parejas
leverage
apalancamiento, peso
(Mex) ventaja, influencia, poder (poder de adquirir algo por un pago inicial pequeño comparado con el valor total, nivel de endeudamiento relativo al capital)
leveraged buyout (LBO)
compra apalancada (compra de la mayoría de las acciones de una compañía usando principalmente fondos prestados)
leveraged company
compañía apalancada
(Ar) compañía que usa dinero prestado para financiar parte de su activo
leveraged lease
arrendamiento apalancado
levy
embargo, impuesto
v. embargar, imponer
(Mex) impuesto de cooperación, imposición de contribuciones, recaudación de impuestos
(Es) v. recaudar impuestos
liability
responsabilidad, obligación, deuda, pasivo
(Es) compromiso
liability, business exposures
(Ar) (Ven) responsabilidad, riesgos comerciales
(Ch) responsabilidad por el riesgo del negocio
(Mex) responsabilidad laboral
liability, civil
responsabilidad civil
liability, criminal
responsabilidad criminal o penal
liability dividend
(Ar) dividendo que se paga con

un tipo de deuda
(Mex) vale de dividendos
(Ven) dividendo de pasivo

liability insurance
seguro contra
responsabilidad civil

liability, legal
responsabilidad legal

liability, professional
responsabilidad profesional

liable
responsable, obligado

libel
libelo, escrito, difamatorio,
calumnia escrita

license
licencia, permiso, concesión,
autorización
v. licenciar, permitir, autorizar

license bond
fianza de licencia

licensee
licenciatario, concesionario
(Mex) permisionario

license laws
leyes sobre actividades
que requieren licencias

licensing examination
(Ar) examen de acreditación
(Ch) (Ven) examen de licencia

lien
gravamen, carga, derecho de
retención
(Mex) obligación
(Es) embargo preventivo,
derecho prendario, hipoteca

life cycle
ciclo de vida

life estate
propiedad vitalicia

life expectancy
expectativa de vida
(Es) esperanza de vida

life tenant
usufructuario vitalicio
(Es) propietario vitalicio

lighterage
transporte por medio de barcazas

like-kind property
propiedad similar

limited audit
auditoría limitada

limited company
compañía de responsabilidad
limitada
(Es) sociedad de responsabilidad
limitada (SL)
(Mex) sociedad anónima

limited distribution
distribución limitada

limited liability
responsabilidad limitada
(Es) capital comanditario

limited occupancy agreement
acuerdo de ocupación limitada

limited or special partner
socio comanditario o limitado

limited partnership
sociedad comanditaria

limited payment life insurance
seguro de vida de pagos limitados

limit order
orden con precio límite, orden
para transacción a un precio
específico o uno más favorable

limit up, limit down
(Ar) límite superior, límite
inferior
(Ch) subida máxima permitida de
un valor en una sesión, caída
hasta el mínimo permitido de un
valor en una sesión
(Ven) límite al alza/a la baja

line
línea

line and staff organization
(Ar) organización de línea y
asesoría
(Ch) organización con líneas de
responsabilidad (por operaciones)
y grupos o personas de servicio o
apoyo
(Mex) organización lineal y
funcional
(Ven) organigrama de mandos
intermedios

line of authority
(Ar) orden jerárquico
(Ch) autoridad de línea
(Mex) poder jerárquico

(Ven) autoridad de gestión
line control
(Ar) producción
(Ch) control de línea
(Ven) control de gestión
line extension
extensión de línea
(Ar) producción
line function
(Ar) función de la producción
(Ch) función de línea
(Mex) función lineal
(Ven) función de gestión
line management
administración de línea
(Ar) administración de la producción
line of credit
línea de crédito
line organization
organización lineal
(Ar) organización jerárquica
line printer
impresora por renglones
liquid asset
activo líquido, activo corriente
(Es) activo realizable, activo disponible, activo de fácil realización
liquidate
liquidar
(Es) cancelar, saldar
liquidated damages
daños fijados por contrato
(Ar) liquidación de daños y perjuicios
liquidated debt
deuda no disputada
liquidating value
valor de liquidación
liquidation
liquidación
liquidation dividend
dividendo de liquidación
liquidity
liquidez
(Es) disponibilidad
liquidity preference
preferencia de liquidez
liquidity ratio
razón de liquidez
(Ar) (Ven) coeficiente de liquidez
(Es) coeficiente de caja
list
lista, nómina, registro
(Es) nómina de empleados
v. alistar, inscribir, cotizar
listed option
opción cotizada
listed securities
valores cotizados
(Es) valores bursátiles, valores inscritos en bolsa, valores cotizables
listing
lista, listado, admisión a cotización, alistamiento, ítem, cotización en una bolsa de valores, contrato para la venta de un inmueble con un corredor de bienes raíces
listing agent/listing broker
agente/corredor quien obtiene un contrato para una transacción de un inmueble
listing requirements
requisitos para admisión de valores en bolsa
(Ar) requisitos para cotizar en bolsa
list price
precio de lista, precio de catálogo
litigant
litigante
litigation
litigio, pleito
living trust
fideicomiso durante la vida de quien lo estableció
(Es) fideicomiso activo
load
carga, deberes, comisión, peso
(Es) cargar en memoria
(Es) v. cargar, adulterar
load fund
fondo mutuo con comisión

(Ven) fondo de inversión

loan
préstamo
(Es) empréstito
(Es) v. prestar

loan application
solicitud de préstamo

loan committee
comité de préstamos

loan-to-value ratio (LTV)
razón del préstamo al valor total
(Ven) índice de préstamo al valor

loan value
valor del préstamo

lobbyist
cabildero

lock box
(Ch) caja de seguridad
(Ven) banca

locked in
(Ar) tasa de retorno asegurada
(Ch) determinado, fijado, acordado (como un precio)
(Mex) bloqueado
(Ven) sin salida para comprar o vender, encerrado

lockout
huelga patronal
(Es) paro forzoso, cierre patronal

lock-up option
(Ar) opción inmovilizada

logo
marca figurative, logotipo
(Ven) logo

long bond
bono a largo plazo,
bono del Tesoro a 30 años

long coupon
primer pago de intereses de un bono cuando abarca un período mayor que los demás
(Ven) cupón a largo plazo

longevity pay
compensación por longevidad

long position
posesión, posición larga

long-range planning
planificación a largo plazo

long-term debt or long-term liability
responsabilidad a largo plazo, obligación a largo plazo
(Mex) deuda a largo plazo

long-term gain (loss)
ganancia (pérdida) a largo plazo

long-term trend
tendencia a largo plazo

long-wave cycle
(Mex) ciclo de Kondratieff
(Ven) ciclo de onda larga

loop
bucle
(Mex) circuito cerrado

loophole
laguna legal
(Es) vacío legal

loose rein
poco control

loss
pérdida, daño
(Es) quebranto

loss adjustment expense
gasto de ajuste de pérdidas

loss carry back
pérdidas netas que se incluyen al volver a computar los impuestos de años anteriores
(Ar) traslado de pérdidas a ejercicios anteriores
(Ven) pérdidas con efecto retroactivo

loss carry forward
pérdidas que pueden incluirse en la planilla tributaria para años subsiguientes
(Ar) traslados de pérdidas a ejercicios futuros
(Ven) pérdidas trasladables a años siguientes

loss contingency
contingencia de pérdidas

loss leader
líder en pérdida, artículo vendido bajo costo para atraer clientes en espera que se hagan otras compras lucrativas para el

negocio
(Ar) artículos de cebo, artículos de propaganda
(Ven) artículo vendido a pérdida

loss of income insurance
seguro contra pérdida de ingresos

loss ratio
razón de pérdidas
(Ar) relación entre las pérdidas pagadas y las primas ganadas
(Ven) índice de pérdida

lot line
línea de lote

lottery
lotería

low
bajo
(Es) cotización mínima

lower-involvement model
modelo de participación menor/inferior

lower of cost or market
(Ch) (Ven) el menor entre el costo o el valor del mercado

low-grade
de baja calidad
(Ch) de baja ley (minería)

low-tech
(Ar) (Ven) de baja tecnología
(Ch) de poca tecnología

lump sum
suma global
(Ch) suma alzada
(Es) suma redondeada, cifra redonda, tanto alzado, cantidad global

lump-sum distribution
distribución global
(Ch) distribución de suma alzada

lump-sum purchase
compra global
(Ch) compra a suma alzada

luxury tax
impuesto de lujo, impuesto suntuario

M

macroeconomics
macroeconomía
macroenvironment
macroambiente
mail fraud
fraude cometido
usando el servicio postal
mailing list
lista de direcciones para enviar
material comercial
(Ven) lista para envío de correo
maintenance
mantenimiento
(Es) mantenimiento,
conservación, actualización
maintenance bond
bono de mantenimiento,
caución de mantenimiento
maintenance fee
cargo de mantenimiento
(Ar) comisión por mantenimiento
(Ven) gastos de mantenimiento,
cargos por conservación
maintenance method
método de mantenimiento
majority
mayoría, mayoría de edad,
pluralidad
(Mex) mayoritario
majority shareholder
accionista mayoritario
(Ven) accionista principal
maker
fabricante, librador, firmante
(Es) librador de un pagaré,
otorgante, girador
make-work
inventar trabajo para mantener
ocupado a alguien
malicious mischief
agravio malicioso
(Ven) daño doloso contra bienes
muebles
malingerer
quien finge un impedimento o
enfermedad
malingering
fingir un impedimento
o enfermedad
mall
centro comercial
malpractice
negligencia profesional
manage
administrar, manejar
(Es) dirigir
managed account
cuenta administrada
managed currency
moneda controlada
managed economy
economía planificada,
economía dirigida
management
administración, manejo,
cuerpo directivo
(Ch) gestión
(Es) dirección
(Ven) gerencia
management agreement
acuerdo administrativo
management audit
auditoría administrativa
management by crisis
administración de crisis en crisis
management by exception
administración/gerencia por
excepción
management by objective (MBO)
administración/gerencia por
objetivos
management by walking around (MBWA)
dirección por contacto
management consultant
consultor administrativo
(Ven) asesor/consultor
administrativo
management cycle
ciclo administrativo

management fee
cargo administrativo, cargo por administración
(Es) comisión de gestión, gastos de gestión
management game
(Ar) simulación de gestión
(Mex) juego de empresa
(Ven) juego de gestión
management guide
guía administrativa
management information system (MIS)
(Es) administración y gestión de la cartera de valores
(Ven) sistema de información gerencial
management prerogative
prerrogativas administrativas
management ratio
razón de administradores
(Ven) índice/coeficiente administrativo
management science
(Ar) (Ven) ciencia administrativa
(Ch) (Mex) ciencia de la administración
management style
(Ar) estilo administrativo
(Ch) (Ven) estilo de administración
(Mex) estilo directivo
management system
sistema administrativo
manager
administrador, gerente
(Es) director, gestor de emisión
(Mex) empresario, administrador de empresa
managerial accounting
contabilidad ejecutiva
managerial grid
(Ar) sistema administrativo
(Mex) parrilla de gestión
(Ven) patrón gerencial
mandate
mandato
mandatory copy
texto obligatorio
man-hour
horas-persona
manifest
manifiesto de carga, lista de pasajeros
v. manifestar, registrar en un manifiesto de carga
manipulation
manipulación
manual
manual
manual skill
(Ar) (Mex) habilidad manual
(Ch) (Ven) destreza manual
manufacture
manufactura, elaboración, fabricación
v. manufacturar, elaborar, fabricar
manufacturing cost
costo de manufactura, costo de fabricación
(Es) costo de producción
manufacturing inventory
inventario de manufactura
manufacturing order
orden de manufactura
(Mex) orden de fabricación, orden de trabajo
map
mapa
v. mapear
margin
margen, ganancia, reserva
margin account
cuenta de margen, cuenta con una firma bursátil para la compra de valores a crédito
(Es) cuenta para operaciones de bolsa a crédito
margin call
demanda de cobertura complementaria
(aviso de la casa de corretaje de que hay que aumentar el depósito en una cuenta de margen por ésta estar debajo del mínimo de mantenimiento)

marginal cost
costo marginal
(Es) coste marginal
marginal cost curve
curva de costo marginal
marginal efficiency of capital
eficiencia marginal de capital
(Ven) productividad marginal del capital
marginal producer
productor marginal
marginal propensity to consume (MPC)
propensión marginal a consumir
(Es) propensión marginal al consumo
marginal propensity to invest
propensión marginal a la inversión
marginal propensity to save (MPS)
propensión marginal al ahorro
marginal property
propiedad marginal
marginal revenue
ingresos marginales
marginal tax rate
tasa impositiva marginal
marginal utility
utilidad marginal
margin of profit
margen de beneficio
(Es) margen de utilidad
margin of safety
margen de seguridad
margins
márgenes
marital deduction
deducción impositiva matrimonial
markdown
reducción, descuento, reducción de precio
(Mex) (Ven) rebaja
market
mercado, bolso
(Es) plaza, bolsa
v. mercadear, comerciar, vender
marketability
comerciabilidad, negociabilidad
marketable securities
valores negociables
(Mex) valores cotizados
marketable title
título de propiedad transferible sin gravámenes u otras restricciones
(Ven) título limpio/seguro/válido
market aggregation
agregación/canasta de mercado
market analysis
análisis de mercado
market area
área de mercado
market basket
(Ar) canasta comercial
(Ch) canasta de mercado
(Mex) canasta básica
(Ven) bolsa de la compra
market comparison approach
método de comparación de mercado
market demand
demanda de mercado
market development index
índice del desarrollo de mercado
market economy
economía de mercado
market equilibrium
equilibrio de mercado
market index
índice de mercado
marketing
comercialización, mercadeo, mercadotecnia
marketing concept
concepto de mercadeo
(Mex) concepto de mercadotecnia
marketing director
director de comercialización
(Mex) director de mercadotecnia
marketing information system
sistema de información de mercadeo
marketing mix
(Es) actividades enfocadas hacia la venta
(Ven) síntesis de los elementos

básicos del mercado (producto, precio, distribución, promoción)
marketing plan
plan de comercialización
(Mex) plan de mercadotecnia
(Ven) plan de mercadeo
marketing research
investigación de mercadeo
(Mex) investigación de mercadotecnia
market letter
(Ar) boletín de noticias
(Mex) circular informativa sobre valores
market order
(Ar) orden de compra o venta por parte de un cliente a su bursátil
(Mex) orden ordinaria
market penetration
penetración en el mercado
market price
precio de mercado, valor justo en el mercado
(Es) valor de cotización, valor en el mercado, precio corriente
market rent
renta justa de mercado
market research
investigación de mercado
market segmentation
segmentación de mercado
market share
porcentaje del mercado
(Es) participación en el mercado, cuota de mercado
market system
(Ar) (Mex) sistema de mercado
(Ch) sistema económico basado en el mercado
market test
prueba de mercado
market timing
(Mex) "market timing", sincronización del mercado
(Ven) sensibilidad inversora, sentido de la oportunidad comercial
market value
valor de mercado, valor justo en el mercado
(Es) cotización en el mercado, valor comercial
market value clause
cláusula de valor en el mercado
mark to the market
(Ven) ajustar al valor del mercado
(evaluar el valor de valores para asegurarse de que la cuenta cumple con los mínimos de mantenimiento)
markup
margen de ganancia
marriage penalty
(Ch) carga impositiva que perjudica a personas casadas
(Mex) recargo por matrimonio
Marxism
marxismo
mass appeal
atracción general
mass communication
(Ar) comunicación colectiva
(Mex) comunicación de masas
(Ven) comunicación a gran escala
mass media
medios de comunicación
mass production
producción en masa
(Es) producción masiva
master lease
arrendamiento principal
master limited partnership
inversión en que se combinan sociedades en comandita para formar unidades de mayor liquidez
master plan
plan maestro, plan principal para el desarrollo urbano de una localidad
master policy
póliza principal
master-servant rule
(Ven) norma mediante la cual el empleador es responsable por la conducta del empleado mientras que exista una relación de trabajo

masthead
(Ven) membrete, rótulo, cabecera
matching principle
(Ar) principio de las aportaciones paralelas
(Mex) principio de la correspondencia, principio de periodificación
(Ven) principio de equiparación
material
material, pertinente, esencial
material fact
(Ar) hecho material
(Ch) (Ven) hecho pertinente
(Mex) hecho substancial
materiality
materialidad
(Mex) importancia relativa
material man
(Mex) responsable de materiales
materials handling
movimiento o manejo de materiales
materials management
administración de materiales
matrix
matriz
matrix organization
organización matriz
matured endowment
(Ar) donación vencida
(Ven) aportes o donaciones vencidos o exigibles
mature economy
economía madura
maturity
vencimiento, madurez
maturity date
fecha de vencimiento
maximum capacity
capacidad máxima
mean, arithmetic
(Ar) aritmética media
(Ch) medio aritmético
(Mex) (Ven) media aritmética
mean, geometric
(Ar) geometría media
(Ch) medio geométrico
(Mex) (Ven) media geométrica
mean return
rendimiento medio
mechanic's lien
gravamen del constructor, gravamen de aquellos envueltos en la construcción o reparación de estructuras
mechanization
mecanización
media
medios publicitarios, medios de comunicación
media buy
(Ar) (Ven) compra de medios
media buyer
(Ar) comprador de medios
(Mex) (Ven) comprador de medios de comunicación
media option
opción de medios
media plan
plan para medios publicitarios
media planner
planificador de medios
mediation
mediación, arbitraje, intervención
media weight
(Mex) ponderación de los medios de comunicación
(Ven) peso o influencia de los medios
medical examination
examen médico
medium
medio
(Es) soporte
medium of change
medio de intercambio
medium-term bond
bono a medio plazo
meeting of the minds
acuerdo de voluntades
megabucks
(Ch) mucho dinero
(Ven) mega cantidad de dinero obtenida rápido
megatype
megatipo

member bank
banco miembro
(Es) banco asociado
member firm or member corporation
corporación miembro
memorandum
memorándum, informe
(Es) comunicado
memory
memoria
menial
(Ch) (Ven) servil, bajo
mercantile
mercantil, comercial
mercantile agent
agente mercantil
mercantile law
derecho mercantil
mercantilism
mercantilismo
merchandise
mercancía, mercadería
v. comercializar, comerciar, vender
merchandise allowance
concesión por mercancías
merchandise broker
corredor de mercancías
merchandise control
control de mercancías
merchandising
comercialización, técnicas mercantiles
(Es) mercadeo
(Mex) mercadotecnia
merchandising director
(Ar) (Ven) director de comercialización
(Ch) director de mercadeo
(Mex) director de mercadotecnia
merchandising service
(Ar) (Ven) servicio de comercialización
(Ch) servicio de mercadeo
(Mex) servicio de mercadotecnia
merchantable
vendible, comerciable
merchant bank
banco mercantil
merge
unir, fusionar
(Es) incorporar, intercalar
merger
fusión, consolidación, confusión
(Es) consolidación de empresas, absorción, fusión por absorbción
merit increase
aumento salarial por mérito
merit rating
calificación por mérito
(Mex) clasificación de méritos
meter rate
tasa por unidad de consumo, tasa según contador
(Ven) tarifa según contador
metes and bounds
límites de un inmueble, linderos de un inmueble, rumbos y distancias
methods-time measurement (MTN)
(Mex) medición de tiempos de movimiento
metrication
(Mex) (Ven) adopción del sistema métrico decimal
metric system
sistema métrico
metropolitan area
área metropolitana
microeconomics
microeconomía
micromotion study
(Mex) (Ven) estudios sobre micromovimientos
midcareer plateau
(Mex) (Ven) meseta de mitad de carrera
(un período en el medio de la carrera de una persona cuando no avanza, y se queda en el mismo nivel)
middle management
administración intermedia
(Es) mandos intermedios
(Ven) gerencia media
midnight deadline
vencimiento a medianoche
migrant worker
trabajador migratorio

military-industrial complex
complejo industrial militar
milking
(Ar) lactación
(Ch) sacar provecho o beneficio de algo
(Mex) ordeño
(Ven) explotación
milking strategy
(Ch) estrategia para sacar provecho o beneficio de algo
(Mex) estrategia de captación
(Ven) estrategia de obtención de beneficios excesivos por situación óptima
mileage rate
tarifa por distancia
millionaire
millonario
millionaire on paper
millonario en acciones
mineral rights
derecho de explotar minas
minimax principle
(Mex) (Ven) principio minimax
minimum lease payment
pago de arrendamiento mínimo
minimum lot area
área de solar mínima
(Ven) área de lote de terreno mínima
minimum pension liability
responsabilidad de pensión mínima
minimum premium deposit plan
(Ven) plan de depósito de prima mínima
minimum wage
salario mínimo, paga mínima
minor
secundario, inferior, menor, menor de edad
minority interest or minority investment
participación minoritaria en las acciones, interés minoritario
mintage
acuñación
minutes
minutas, actas
misdemeanor
delito menor
(Mex) falta
mismanagement
mala administración
misrepresentation
declaración falsa, declaración errónea
misstatement of age
(Ar) edad falsa
(Ch) falsa representación de la edad
(Mex) (Ven) declaración de edad falsa
mistake
equivocación, error
v. confundir, malinterpretar, errar
mistake of law
(Ar) error de la ley
(Ch) (Mex) (Ven) error de derecho
mitigation of damages
mitigación de daños y perjuicios
mix
mezcla, conjunto
mixed economy
economía mixta
mixed perils
peligros mixtos
mixed signals
señales mixtas
mode
modo, moda
modeling
modelado
modeling language
idioma modelo
model unit
unidad modelo
modern portfolio theory (MPT)
teoría de cartera de valores moderna
modified accrual
(Ar) (Ven) acumulación modificada
(Ch) devengamiento modificado
modified life insurance
seguro de vida modificado

modified union shop
(Mex) (Ven) empresa que exige sindicarse a los nuevos trabajadores

mom and pop store
(Ch) una tienda o almacén pequeño (de una familia)
(Mex) (Ven) tienda o negocio familiar

momentum
impulso, ímpetus

monetarist
monetarista

monetary
monetario

monetary item
(Ar) artículo monetario
(Ch) ítem monetario
(Ven) rubro/partida monetaria

monetary reserve
reserva monetaria

monetary standard
patrón monetario
(Mex) estándar monetario

money
dinero, moneda
(Es) monetario

money income
ingreso monetario
(Es) ingresos en metálico

money market
mercado monetario
(Es) fondos de dinero

money market fund
fondo de inversión del mercado monetario
(Ven) fondo común de inversiones

money supply
masa monetaria, oferta monetaria
(Es) medio circulante
(Ven) disponibilidades monetarias

monopolist
monopolista
(Es) monopolizador, acaparador

monopoly
monopolio

monopoly price
precio de monopolio

monopsony
monopsonio

monthly compounding of interest
(Ar) incremento mensual de interés
(Ch) calcular el interés compuesto mensualmente
(Mex) ajuste mensual del interés
(Ven) combinación mensual de intereses

monthly investment plan
plan de inversiones mensual, plan de inversiones con depósitos fijos mensuales

month-to-month tenancy
(Ar) alquiler mes a mes
(Ch) (Ven) tenencia mes a mes

moonlighting
pluriempleo (trabajo afuera de las horas del empleo regular)

morale
(Ar) moral, espíritu de trabajo
(Ch) estado de ánimo
(Mex) (Ven) moral

moral hazard
riesgo moral

moral law
ley moral
(Mex) ética

moral obligation bond
bono de obligación moral respaldado por un estado

moral persuasion
persuasión moral

moratorium
moratoria

mortality tables
tablas de mortalidad

mortgage hipoteca
v. hipotecar
(Es) gravar

mortgage assumption
suposición hipotecaria

mortgage-backed certificate
certificado respaldado

por hipotecas
mortgage-backed security
valores respaldados por hipotecas
(Es) títulos con garantía hipotecaria, cédulas hipotecarias
mortgage banker
banquero hipotecario
mortgage bond
bono hipotecario
(Mex) bono con garantía hipotecaria
mortgage broker
corredor hipotecario
mortgage commitment
compromiso hipotecario, compromiso de otorgar una hipoteca
mortgage constant
constante hipotecaria
mortgage correspondent
corresponsal hipotecario
mortgage debt
deuda hipotecaria
mortgage discount
descuento hipotecario
mortgagee
acreedor hipotecario
mortgage insurance
seguro hipotecario
mortgage insurance policy
póliza de seguro hipotecario
mortgage lien
gravamen hipotecario
mortgage out
(Mex) amortizar la hipoteca
mortgage relief
(Ar) (Mex) desgravación hipotecaria
mortgage servicing
servicio hipotecario
mortgagor
deudor hipotecario
motion study
(Ar) (Mex) (Ven) estudio de movimientos
(Ch) estudio de una moción o propuesta
motivation
motivación
motor freight
(Ven) carga motorizada
mover and shaker
(Ch) una persona que desestabiliza el equilibrio para poder lograr el cambio
(Mex) promotor e impulsor
moving average
media móvil
(Ar) promedio variable
muckraker
(Ch) escarbador de vidas ajenas, averiguador y expositor de ruindades
(Mex) husmeador
(Ven) buscador de información sensacionalista para la prensa
multibuyer
comprador múltiple
multicollinearity
multicolinealidad
multiemployer bargaining
negociaciones de patrones múltiples
multimedia
multimedia
multinational corporation (MNC)
compañía multinacional
multiple
múltiple
multiple listing
acuerdo entre corredores para compartir información y comisión de propiedades en sus listas
multiple locations forms
(Ar) formularios de ubicaciones múltiples
(Ven) formatos de ubicaciones múltiples
multiple-management plan
(Ar) plan de distribución de activos de una gran cartera entre varias compañías administradoras
(Ven) plan de administración o gerencia múltiple
multiple-peril insurance
seguro contra peligros múltiples

multiple regression
regresión múltiple
multiple retirement ages
edades de retiro múltiples
multiple shop
(Ar) taller múltiple
(Ven) tienda múltiple
multiplier
multiplicador
municipal bond
bono municipal
(Es) obligación municipal
municipal revenue bond
bono de ingresos municipal
muniment of title
prueba documental de título de propiedad, documento de título, título de propiedad
mutual association
asociación mutua
mutual company
compañía mutual
mutual fund
fondo mutuo
(Ar) fondo común de inversión
mutual insurance company
compañía mutual de seguros
(Es) compañía de seguros mutuos
mutuality of contract
requisito de que las obligaciones contractuales sean recíprocas para que el contrato sea válido
(Ven) reciprocidad o interdependencia de las obligaciones contractuales

N

naked option
opción no cubierta
(Ven) opción al descubierto, opción abierta, opción sin el respaldo del activo correspondiente

naked position
posición no cubierta
(Ar) posición corta o larga que no está protegida mediante estrategias de cobertura
(Ven) posición abierta/descubierta o no respaldada por activos

named peril policy
póliza de peligros enumerados

name position bond
(Ven) fianza por el nombre de la persona y no por el cargo

nationalization
nacionalización

national wealth
(Ar) tesoro nacional
(Ch) (Mex) (Ven) riqueza nacional, patrimonio nacional

natural business year
año comercial natural, año fiscal

natural monopoly
monopolio natural

natural resources
recursos naturales

near money
activo fácilmente convertible en efectivo, casi dinero
(Mex) convertibles en dinero

need satisfaction
(Mex) (Ch) (Ven) satisfacción de necesidades

negative amortization
amortización negativa

negative carry
rendimiento menor que el costo de posesión
(Ven) financiación negativa, inversión negativa

negative cash flow
flujo de fondos negativo
(Ven) flujo de caja negativo

negative correlation
correlación negativa

negative income tax
impuesto sobre ingresos negativo

negative working capital
capital circulante negativo
(Ven) capital de trabajo negativo

negligence
negligencia

negotiable
negociable

negotiable certificate of deposit
certificado de depósito negociable

negotiable instruments
instrumentos negociables
(Es) documentos negociables, efectos de comercio, títulos negociables

negotiable order of withdrawal (NOW)
cuenta de cheques con intereses
(Ven) cuenta de ahorro a la vista con interés, cuenta corriente o hipotecaria especial

negotiated market price
precio de mercado negociado

negotiated price
precio negociado

negotiation
negociación

neighborhood store
(Ar) negocio vecino
(Mex) (Ch) tienda de barrio (Ven) bodega de vecindario

neoclassical economics
economía neoclásica

nepotism
nepotismo

nest egg
(Ar) reserva para casos de necesidad
(Mex) (Ch) ahorros
(Ven) ahorrillos

net
neto
(Es) líquido

net assets
activo neto
(Es) activo líquido, activo aprobado, activo confirmado, capital contable

net asset value (NAV)
valor activo neto

net book value
(Es) valor contable neto
(Mex) (Ven) valor neto en libros

net contribution
contribución neta

net cost
costo neto

net current assets
activo corriente neto
(Es) (Ven) activo circulante neto

net income
ingreso neto, beneficio neto, renta neta
(Es) productos netos, utilidad neta, ingresos líquidos, renta líquida, entradas netas

net income per share of common stock
(Ar) utilidad por acción ordinaria
(Ch) (Ven) ingreso neto por acción común

net leasable area
área arrendable neta

net lease
arrendamiento neto (arrendamiento en que el arrendatario tiene que pagar otros gastos en adición al pago del alquiler)

net listing
contrato para la venta de un inmueble en que la comisión es lo que exceda de una cantidad fija que le corresponde al vendedor

net loss
pérdida neta

net national product
producto nacional neto

net operating income (NOT)
ingreso operativo neto
(Es) productos netos de la explotación, renta neta generada

net operating loss (NOL)
pérdida operativa neta

net present value (NPV)
valor actual neto

net proceeds
producto neto
(Ar) ingreso neto
(Mex) valor neto de realización

net profit
ganancias netas
(Es) beneficio líquido beneficio neto ganancia líquida
(Mex) utilidad neta

net profit margin
margen de ganancias netas
(Mex) margen de utilidad neta

net purchases
compras netas

net quick assets
activo neto realizable

net rate
tasa neta

net realizable value
valor realizable neto

net sales
ventas netas

net transaction
transacción neta

networking
(Ar) concatenación, eslabonamiento
(Ch) (Ven) comunicarse a través de una red de contactos
(Mex) conexión en red

net yield
rendimiento neto

new issue
nueva emisión

new money
(Ch) dinero nuevo
(Mex) (Ven) dinero fresco (monto por el cual el valor

nominal de los títulos valores nuevos supera el valor nominal de los títulos que se refinancian)

newspaper syndicate
(Ar) consorcio periodístico
(Ch) sindicato de un diario
(Mex) sindicato periodístico
(Ven) sindicato de prensa escrita

new town
pueblo nuevo

niche
nicho

night letter
(Ar) telegrama diferido
(Ven) carta nocturna

no-growth
(Ar) (Ch) sin crecimiento
(Mex) crecimiento cero, crecimiento nulo
(Ven) crecimiento cero

no-load fund
fondo mutuo sin comisión

nominal account
cuenta nominal

nominal damages
daños nominales

nominal interest rate
tasa de interés nominal
(Es) tipo de interés nominal

nominal scale
escala nominal

nominal wage
salario nominal

nominal yield
rendimiento nominal
(Es) rentabilidad nominal

nominee
persona nombrada, nómino, representante, fideicomisario
(Ven) candidato propuesto/designado, nominatario

noncallable
no retirable
(Ar) (Ven) no rescatable
(Es) no redimible durante cierto tiempo

noncompetitive bid
oferta no competitiva

nonconforming use
uso no conforme a la zonificación

noncontestability clause
cláusula de incontestabilidad

noncumulative preferred stock
acciones preferidas no acumulativas

noncurrent asset
activo no circulante

nondeductibility of employer contributions
(Ar) no deducible de los aportes patronales
(Mex) indeductibilidad de las contribuciones del empleador
(Ven) no deducibilidad de las contribuciones patronales (situación en que los aportes patronales no se pueden deducir de los ingresos para efectos de determinar la renta tributable)

nondiscretionary trust
fideicomiso no discrecional

nondisturbance clause
(Mex) cláusula de inalterabilidad

nondurable goods
mercancías no duraderas, mercancías perecederas

nonmember bank
banco no miembro

nonmember firm
empresa no miembro

nonmonetary item
(Ar) artículo no monetario
(Ch) ítem no monetario
(Ven) partida no monetaria

nonnegotiable instrument
instrumento no negociable

nonoperating expense (revenue)
(Ar) gastos no operativos (utilidades)
(Ch) gasto (ingreso) no relacionado con la operación o explotación
(Mex) ingresos y gastos directos
(Ven) gastos atípicos

nonparametric statistics
estadística no paramétrica

nonperformance
incumplimiento
nonproductive
improductivo
nonproductive loan
préstamo improductivo
nonprofit accounting
contabilidad de organización sin fines de lucro
nonprofit corporation
corporación sin fines de lucro
(Ven) sociedad sin fines de lucro
nonpublic information
información no pública
nonrecourse
sin recursos
nonrecurring charge
cargo no recurrente
(Es) cargo extraordinario
(Mex) gastos imprevistos, gastos no periódicos
nonrefundable
no reembolsable
nonrefundable fee or nonrefundable deposit
cargo/depósito no reembolsable
nonrenewable natural resources
recursos naturales no renovables
nonstock corporation
corporación sin acciones
(Ven) sociedad sin acciones
nonstore retailing
(Ch) ventas al detalle sin tienda
(Mex) venta directa al menudeo
nonvoting stock
acciones sin derecho a voto
(Es) participación accionaria no votante
no-par stock
acciones sin valor nominal, acciones sin valor a la par
norm
norma
normal price
precio normal
normal profit
ganancia normal
normal retirement age
(Ar) edad normal de retiro
(Ch) (Mex) (Ven) edad normal de jubilación
normal wear and tear
deterioro normal
(Ven) desgaste normal o por uso normal
normative economics
economía normativa
no-strike clause
cláusula de no declarar huelga
notarize
notarizar
(Mex) notariar
(Ven) autenticar por notario
note
pagaré, nota, billete
(Es) vale, apunte
(Ch) letra
note payable
documento por pagar
(Ven) efecto(s) por pagar
note receivable
documento por cobrar
(Ven) efecto(s) por cobrar
not for profit
(Ar) no para ganancias
(Ch) (Mex) (Ven) sin fines de lucro
notice
aviso, notificación, aviso de despido
notice of cancelation clause
cláusula de aviso de cancelación
(Ven) cláusula de aviso de rescisión/cancelación
notice of default
aviso de incumplimiento
notice to quit
aviso de dejar vacante
(Ven) notificación de desalojo
not rated (NR)
no calificado
novation
novación
NSF
(Ch) sin fondos suficientes
(Mex) falta de fondos, fondos insuficientes
(cheque que no puede ser pagado

porque el saldo de cuenta del librador es inferior al monto escrito en el cheque)

nuisance
estorbo

null and void
nulo, sin efecto ni valor
(Es) nulo y sin valor

O

objective
objetivo
objective value
valor objetivo ,valor establecido por el mercado
obligation bond
(Ar) bono de compromiso
(Mex) bono con obligación
obligee
obligante, acreedor
obligor
obligado, deudor
observation test
prueba por observación
obsolescence
obsolescencia
(Es) desuso, en desuso
occupancy level
nivel de ocupación
occupancy
ocupación, tenencia
(Ar) distribución
occupant
ocupante, tenedor
(Ven) inquilino
occupation
ocupación, tenencia
(Ar) profesión, oficio, empleo
(Ch) oficio
occupational analysis
análisis ocupacional
occupational disease
enfermedad ocupacional, enfermedad de trabajo
(Es) enfermedad profesional
(Ven) enfermedad laboral
occupational group
(Ar) grupo ocupacional
(Ch) grupo de oficio
(Mex) grupo profesional
occupational hazard
riesgo de trabajo, riesgo ocupacional
(Es) riesgo profesional
(Ven) riesgo laboral
odd lot
unidad incompleta de transacción, transacción bursátil de menos de cien acciones
(Ar) lote impar
(Es) unidad de contratación (menos de 10.000 dólares), lote inferior a 100 acciones
(Ven) orden de pico, lote de acciones suelto o incompleto, lote de artículos variados
offer
oferta, propuesta
(Mex) postura, ofrecimiento
v. ofrecer, proponer
(Es) ofertar
offer and acceptance
oferta y aceptación
offeree
receptor de oferta
offerer
oferente
offering date
fecha de ofrecimiento
(Ven) fecha de la oferta
offering price
precio de oferta, precio de ofrecimiento
office management
administración de oficina
official exchange rate
tasa oficial de cambio
off peak
no en las horas de máximo consumo, no en las horas de máximo precio
(Ar) horas de menos cargas o de menos consumo, período de volumen normal de trabajo
(Ven) en horas de poca demanda
off-price
precio en almacén, rebajado
offset
compensación

(Es) cancelación, contrapartida, compensado
v. compensar, cancelar, contrarrestar

offshore
en el exterior, de mar adentro
(Ven) de costa afuera

off-site cost
costo fuera del lugar de trabajo

off the balance sheet
fuera de balance
(Ch) extracontable

off the books
no en los libros
(Ch) extracontable

off time
(Ch) (Mex) tiempo libre
(Ven) tiempo de descanso

oil and gas lease
(Ar) contrato de arrendamiento sobre gas y petróleo
(Ch) arrendamiento con el derecho para explotar petróleo y gas
(Mex) contrato de gas y petróleo
(Ven) arrendamiento de una explotación de gas y petróleo

oligopoly
oligopolio

ombudsman
ombudsman
(Ar) (Ven) defensor del pueblo

omitted dividend
dividendo omitido

on account
a cuenta, pago a cuenta
(Mex) a favor

on demand
a solicitud
(Es) (Mex) a la presentación

one-hundred-percent location
lugar comercial que rinde el máximo

one-minute manager
(Ch) un gerente eficiente

one-time buyer
comprador de una sola vez

one-time rate
tasa de una sola vez

on-line data base
base de datos en línea

on order
pedido pero no recibido

on-sale date
(Ven) fecha en que se pone en venta

on speculation (on spec)
(Mex) por especulación
(Ven) para probar suerte

on-the-job training (OJT)
entrenamiento en el trabajo
(Es) formación práctica
entrenamiento sobre la marcha
(Mex) aprendizaje por rutina, adiestramiento en el puesto

open
abierto

open account
cuenta corriente, cuenta abierta

open bid
propuesta con derecho de reducción, oferta abierta

open dating
colocación de fecha de expiración en un lugar fácil de ver

open distribution
distribución abierta

open-door policy
política de puerta abierta, política de puertas abiertas

open economy
economía abierta

open-end
(Ar) (Ven) abierto, flexible
(Ch) sin tope o restricción
(Mex) ilimitado

open-end lease
arrendamiento abierto

open-end management company
compañía administradora de fondo mutuo de acciones ilimitadas

open-end mortgage
hipoteca renovable, hipoteca ampliable
(Es) hipoteca ilimitada

open house
casa abierta a inspección para comprar
open housing
alojamiento sin discriminación
opening
apertura
open interest
opciones en circulación
open listing
contrato no exclusivo para vender un inmueble
open-market rates
(Ar) tasas fijadas por el mercado libre
(Mex) cotización del mercado libre
(Ven) tasas de mercado libre
open mortgage
hipoteca abierta
open order
orden abierta
(Es) orden de compraventa de títulos pendiente de ejecución
open outcry
(Es) viva voz
open shop
empresa la cual emplea sin considerar si el solicitante es miembro de un gremio
open space
(Ar) lugar abierto
(Mex) espacio abierto
open stock
inventario abierto
open-to-buy
(Ar) abierto para la compra
(Ven) expuesto a comprar
open union
unión abierta
operand
(Ch) cantidad sometida a una operación
(Mex) (Ven) operando
operating cycle
ciclo operativo
operating expenses
gastos operativos, gastos de explotación
(Mex) gastos de operación
operating lease
arrendamiento de explotación
operating losses
pérdidas operativas, pérdidas de explotación
operating profit
ganancias operativas, utilidad de explotación
(Mex) utilidad de operación
operating ratio
razón operativa, razón de explotación
(Es) radio de explotación
(Ven) índice/coeficiente operativo
operating system
(Es) sistema operativo
operational audit
auditoría operacional
(Ar) auditoría operativa
operational control
control operacional
(Ar) control operativo
operations research (OR)
investigación de operaciones
(Es) investigación
opinion
opinión
opinion leader
líder de opiniones
opinion of title
opinión de título
opportunity cost
costo de oportunidad
optimum capacity
capacidad óptima
option
opción, opción de compra, opción de venta
optional modes of settlement
(Ar) modos opcionales de acuerdo
(Ch) modos opcionales de liquidación

(Ven) modalidades de finiquito o liquidación opcionales
option holder
tenedor de opciones
oral contract
contrato oral, contrato verbal
or better
o a mejor precio
order
orden, clase
(Es) pedido, encargo, decreto
v. ordenar, dirigir, encargar
order bill of lading
conocimiento de embarque a la orden
(Es) conocimiento de embarque a la orden, conocimiento de embarque negociable, carta de porte negociable, albarán al portador
order card
tarjeta de pedidos
order entry
(Ch) ingreso de pedidos
(Mex) pedido
order flow pattern
(Ar) (Mex) patrón de flujo de pedidos
(Ch) tendencia en el flujo de pedidos
(Ven) esquema de flujo de pedidos
order form
formulario de orden
(Ven) formulario/hoja de pedidos
order number
número de orden
(Ven) número de pedido
order paper
instrumento negociable pagadero a persona específica
order-point system
sistema de inventario en el cual al llegar a un nivel dado se genera otro pedido
order regulation
(Ar) regulación de pedidos
(Ven) reglamentación de pedidos
ordinal scale
escala ordinal
ordinance
(Ar) (Ven) orden, ordenanza
(Ch) (Mex) estatuto
ordinary and necessary business expense
gastos de negocios ordinarios y necesarios
ordinary annuity
anualidad ordinaria
(Mex) anualidad vencida
ordinary course of business
curso ordinario de los negocios
(Ven) giro normal de operaciones (de una compañía)
ordinary gain or ordinary income
ganancia ordinaria o ingreso ordinario
ordinary interest
intereses ordinarios
(Es) interés calculado sobre año comercial (360 días)
ordinary loss
pérdida ordinaria
ordinary payroll exclusion endorsement
(Ch) endoso de una exclusión de la planilla de remuneraciones ordinarias
organization
organización, persona jurídica
(Es) estructura de administración y gobierno
organizational behavior
(Ar) (Ven) comportamiento institucional
(Ch) comportamiento de una organización
organizational chart
organigrama
organization cost
(Ar) costo institucional
(Ch) (Ven) costo de organización
organization development
desarrollo organizativo
(Ar) desarrollo institucional
organization planning
planificación organizativa
(Ar) planificación institucional
organization structure
estructura organizativa

(Ar) estructura institucional
organized labor
trabajadores agremiados, trabajadores sindicados
orientation
orientación
original cost
costo original
(Es) precio de fábrica
original entry
asiento original
original issue discount (OID)
descuento de emisión original
original maturity
vencimiento original
original order
orden original
origination fee
cargo por originación
originator
originador
other income
otros ingresos
(Es) otros productos
other insurance clause
cláusula de seguro
other people's money
(Ch) (Mex) dinero ajeno
outbid
presentar una mejor oferta
(Es) sobrepujar
(Mex) mayor postura, puja
outcry market
(Mex) mercado de subastas
out of the money
(Es) no interesa, precio de ejercicio mayor al del activo subyacente, precio de ejercicio menor al del activo subyacente
outlet store
tienda de ventas de mercancía a descuento
outside director
(Ven) director externo (miembro de una junta directiva cuyo vínculo único es ese cargo, consejero externo)
outsourcing
contratación de terceros para servicios o manufactura
(Ar) tercerización
outstanding
pendiente de pago, pendiente, en circulación
(Es) vigente
(Ven) en mora, devengado y no pagado, atrasado
outstanding balance
saldo pendiente
(Es) saldo vivo
outstanding capital stock
acciones en circulación
overage
exceso, cantidad adicional al alquiler a pagar basado en ventas brutas
(Mex) sobrante de dinero
overall expenses method
método de gastos globales
overall rate of return
tasa de rendimiento global
over-and-short
sobrantes y faltantes
overbooked
con reservaciones más allá de lo que se puede acomodar
(Ven) sobrevendido
overbought
sobrevalorado, sobrecomprado
overcharge
cargo excesivo, recargo
v. sobrecargar
(Es) recargar, cargar de más
overflow
desbordamiento
(Es) capacidad excedida
overhang
bloque grande que de venderse crearía presión bajista
overhead
gastos generales, gastos fijos
(Mex) gastos indirectos, gastos de fabricación
overheating
(Ar) (Ch) (Mex) sobrecalentamiento
(Ven) recalentamiento
overimprovement
sobremejoramiento

overissue
emisión mas allá de lo permitido, sobreemisión
overkill
(Ch) hacer algo en demasía
(Mex) sobredestrucción
(Ven) capacidad excesiva de destrucción
overpayment
pago en exceso
(Mex) sobrepago, pago excesivo
overproduction
sobreproducción
override
compensación adicional a uno de puesto superior, compensación más allá de cierta cantidad
overrun
sobreproducción, sobrecostos
over (short)
(Ch) sobrante (faltante)
(Ven) cuenta puente, cuenta de faltas y sobrantes
over the counter (OTC)
valor no cotizado en una bolsa (mercado de valores en que las transacciones se llevan a cabo mediante una red electrónica)
over-the-counter retailing
(Ven) ventas en el mercado paralelo
overtime
horas extras, sobretiempo, tiempo suplementario
(Es) horas extraordinarias
(Mex) tiempo extra
overtrading
expansión de ventas más allá de lo financiable por el capital circulante
overvalued
sobrevalorado
owner-operator
dueño-operador
ownership
propiedad, titularidad
(Mex) patrimonio
ownership form
forma de propiedad

P

***p* value**
valor de *p*
pacesetter
(Ch) quien establece el ritmo
(Mex) trabajador modelo
(Ven) persona que da la pauta
package
paquete
package band
banda de paquete
package code
código de paquete
package design
diseño de paquete
packaged goods
mercancías empaquetadas
package mortgage
hipoteca que incluye mobiliario
packing list
lista de empaque
(Es) lista de bultos
padding
(Ch) relleno
(Mex) relleno, acolchado
(Ven) falsificación, relleno ficticio de documentos contables (agregando un monto adicional, como en un presupuesto o cotización, para cubrir cualquier imprevisto)
paid in advance
(Ar) (Mex) pago adelantado
(Ch) anticipo pagado
(Ven) pagado por adelantado
paid-in capital
capital pagado,
capital desembolsado
paid-in surplus
superávit pagado
(Ch) sobreprecio en venta de acciones propias
paid status
estado de pagado
painting the tape
(Mex) manipulación ilegal de un valor (manipulación de las cotizaciones a fin de atraer el interés de legítimos compradores)
paper
papel, documento negociable, documento periódico
(Es) de papel, posición papel
(Ven) efectos, instrumentos de crédito
paper gold
oro papel
paper money
papel moneda
(Mex) billete de banco
paper profit (loss)
ganancias (pérdidas) sin realizar, ganancias (pérdidas) sobre el papel
(Es) utilidades no realizadas
(Ven) ganancia (pérdida) ficticia
par
paridad, valor nominal, igualdad
(Es) par a la par
(Mex) ciento por ciento
paralegal
(Mex) paralegal
(Ven) empleado paralegal
parallel processing
procesar en paralelo
parameter
parámetro
par bond
bono a la par
parcel
parcela, lote, paquete
v. dividir
parent company
compañía controladora
(Es) sociedad matriz
(Mex) casa matriz
(Ven) compañía matriz
parity
paridad
parity check
(Es) verificación de paridad

parity price
precio de paridad
parking
(Ch) (Mex) estacionamiento
(Ven) aparcamiento de valores (colocación de fondos improductivos en una inversión segura y a corto plazo mientras se espera la aparición de otras oportunidades de inversión)
parliamentary procedure
(Ar) (Mex) (Ven) procedimiento parlamentario
(Ch) práctica parlamentaria
partial delivery
entrega parcial
partial-equilibrium analysis
análisis de equilibrio parcial
partial release
liberación parcial
partial taking
expropiación parcial
participating insurance
seguro con participación, póliza de seguros con participación
participating policy
póliza con participación
participating preferred stock
acciones preferidas con participación
(Es) acciones participantes preferentes
participation certificate
certificado de participación
participation loan
préstamo con participación
participative budgeting
presupuestación con participación
participative leadership
liderazgo con participación
partition
partición, reparación, separación
partner
socio, asociado, compañero
partnership
sociedad, asociación
(Es) sociedad colectiva, sociedad comanditaria
(Mex) sociedad en nombre colectivo
part-time
a tiempo parcial, empleo de media jornada
(Ven) de medio tiempo
par value
valor nominal, valor a la par
passed dividend
dividendo omitido, dividendo no pagado
passenger mile
millas de pasajero
passive activity
actividad pasiva
passive income (loss)
ingreso (pérdida) pasivo(a)
passive investor
inversionista pasivo
passport
pasaporte
pass-through securities
valores cuyas contribuciones pasan sin cobrar hasta llegar a los inversionistas
password
contraseña
(Es) clave de acceso
past service benefit
beneficio por servicio previo
patent
patente, patentado
v. patentar
patent infringement
infracción de patente
(Ven) violación de patente
patent monopoly
(Ar) (Ven) monopolio de patente
(Mex) monopolio legal
patent of invention
(Ar) (Ch) patente de invención
(Mex) (Ven) patente de un invento
patent pending
patente pendiente
(Ar) (Es) patente en tramitación
patent warfare
(Ar) (Mex) guerra de patentes
(Ven) pugna en cuanto a patentes
paternalism
paternalismo

patronage dividend and rebate
(Ven) dividendo y rebaja otorgados por una cooperativa en función de las compras realizadas a la misma

pauper
pobre, indigente

pay
paga, sueldo, honorarios
v. pagar, remunerar, saldar
(Es) salario, jornal
v. abonar, producir, rentar
(Mex) gastar, desembolsar

payable
pagadero, vencido
(Ch) por pagar

pay as you go
pague a la vista

payback period
período de recuperación de inversión, período de amortización
(Es) plazo de amortización de una emisión
(Ven) plazo de reembolso, recuperación, amortización de una inversión

paycheck
cheque de salario,
cheque de paga, salario

payday
día de pago

payee
beneficiario de pago,
tenedor, portador
(Es) tomador

payer
pagador
(Es) cajero pagador, ayudante de caja habilitado

paying agent
agente pagador

payload
carga útil

payment bond
fianza de pago

payment date
fecha de pago

payment in due course
(Ar) pago a término
(Ch) pago a su debido tiempo
(Mex) pago por procedimiento legal
(Ven) abono en su momento debido

payment method
método de pago

payola
(Mex) chanchullo
(Ven) soborno

payout
pago, rendimiento,
rendimiento necesario para recuperación de inversión
(Es) parte del beneficio destinado a dividendos

payout ratio
razón de dividendos a ganancias
(Es) porcentaje del beneficio destinado a dividendo

pay period
período de pago
(Ch) plazo para el pago

payroll
nómina, planilla de sueldos,
(Ch) planilla de remuneraciones
(Es) planilla activa
(Mex) lista de raya

payroll deductions
deducciones de nómina,
deducciones del cheque de salario
(Ch) descuentos de la planilla de remuneraciones

payroll savings plan
(Ar) plan de ahorros de planilla
(Ch) plan de ahorros por descuentos de la planilla de remuneraciones
(Mex) plan de ahorros en nómina
(Ven) plan de ahorros con retenciones de la nómina

payroll tax
impuesto sobre la nómina
(Ar) impuesto sobre planilla de sueldos
(Mex) impuestos sobre sueldos y salarios, impuesto sobre nóminas

peak
pico, punta, máximo

(Es) cresta de una gráfica, nivel máximo
v. alcanzar un nivel máximo

peak period
período de utilización máxima

peculation
peculado, desfalco
(Ven) distracción de fondos

pecuniary
pecuniario

peg
estabilización de precios mediante intervención, apoyo de precios mediante estabilización, ajuste del tipo de cambio de una moneda basado en otra

penalty
penalidad, multa
(Es) recargo por demora o incumplimiento
(Mex) sanción
(Ven) penalización

penny stocks
acciones que se venden típicamente por menos de un dólar

pension fund
fondo jubilatorio, fondo de pensiones
(Es) caja de pensiones, fondo de previsiones, caja de jubilación
(Ven) fondo de jubilación

peon
peón

people intensive
que requiere muchas personas

per capita
por cabeza, per cápita

per-capita debt
deuda per cápita

percentage lease
arrendamiento porcentual sobre las ventas, arrendamiento con participación

percentage-of-completion method
método de porcentaje de terminación

percentage-of-sales method
método de porcentaje de ventas

percent, percentage
por ciento, porcentaje
(Es) tanto por ciento

percolation test
(Ar) prueba de coladura
(Ven) prueba de filtración

per diem
por día
(Ch) (Ven) viáticos

perfect competition
competencia perfecta

perfect (pure) monopoly
monopolio perfecto

perfected
perfeccionado

performance
cumplimiento, ejecución, rendimiento
(Es) resultado de la gestión, desempeño

performance bond
fianza de cumplimiento, garantía de cumplimiento
(Es) garantía de buena ejecución
(Ven) fianza de fiel cumplimiento

performance fund
fondo mutuo con metas de apreciación

performance stock
acciones que se compran con expectativas de apreciación

period
período
(Ch) ejercicio

period expense, period cost
gasto/costo periódico
(Ch) gasto/costo del ejercicio

periodic inventory method
método de inventario periódico

perishable perjury
perjurio perecedero

permanent difference
diferencia permanente

permanent financing
financiamiento permanente

permit
permiso, licencia
v. permitir, autorizar

permit bond
fianza de licencia
permutation
permutación
(Ven) trueque, cambio
perpetual inventory
inventario perpetuo
(Ch) inventario permanente
(Es) inventario continuo, inventario constante
perpetuity
perpetuidad
perquisites (perk)
beneficios adicionales, pequeños beneficios, gratificaciones
(Es) beneficios complementarios al sueldo
person
persona
personal data sheet
(Ar) hoja de datos personales
(Ch) ficha personal
(Ven) hoja de vida
personal financial statement
estado financiero personal
personal holding company (PHC)
compañía tenedora controlada por pocas personas
personal income
ingreso personal
personal influence
influencia personal
personal injury
lesión personal
personal liability
responsabilidad personal
(Es) obligación personal, compromiso personal
personal property
propiedad personal, bienes muebles, bienes muebles e intangibles
personal property floater
cobertura de propiedad personal sin importar la ubicación
personal selling
venta personal
personnel
personal
(Es) empleados
personnel department
departamento de personal
(Ven) departamento de recursos humanos
petition
petición, pedido
v. solicitar, pedir
(Es) solicitud, instancia
(Mex) demanda
petty cash fund
caja chica
(Ar) (Mex) fondo de caja chica
Phillip's curve
curva de Phillip
physical commodity
productos entregados
physical depreciation
depreciación física
(Es) depreciación material
physical examination
(Ar) (Ch) examen físico
(Mex) (Ven) examen médico
physical inventory
inventario físico
(Es) inventario extracontable, inventario real
picketing
huelga demonstrativa
piece rate
tarifa a destajo, salario por parte
(Mex) precio unitario, precio por pieza
piece work
trabajo a destajo, destajo
(Mex) trabajo por pieza
pie chart
gráfico circular, gráfico sectorial
pier to house
(Ar) embarcadero a casa
(Ven) del muelle al sitio de entrega
piggyback loan
(Ar) (Mex) (Ven) préstamo concatenado
(Ch) un préstamo encima de otro
pilot plant
planta experimental

pin money
pequeñas cantidades de dinero para gastos personales
pipeline
(Ar) inventario (proyectos)
(Ch) algo en trámite
placement test
prueba para colocación
plaintiff
demandante, querellante
(Es) reclamante
plan
plan
plan B
plan B
planned economy
economía planificada
plant
planta, fábrica
plat
plano, diseño, parcela
plat book
(Mex) (Ven) libro de planos
pleading
(Es) pleito, litigio, alegaciones
(Ven) alegato, defensa
pledge
prenda, pignoración, garantía, empeño
(Mex) gravamen
(Es) caución
(Es) v. dar en prenda, caucionar
plot
lote, plano
plot plan
(Ar) plan de lotes
(Mex) planimetría
(Ven) diagrama de lotes o terrenos
plottage value
valor adicional que tienen los lotes urbanos al ser parte de una serie contigua
plotter
(Mex) trazador
(Ven) máquina trazadora
plow back
(Ch) reinvertir
(reinvertir utilidades en bienes que producen ganancias adicionales en vez de, por ejemplo, pagar dichas utilidades en dividendos)
plus tick
venta a precio mayor que la anterior
point
punto, un por ciento, un dólar en el valor de acciones
(Es) entero
(Es) v. señalar
poison pill
(Es) píldora envenenada, píldora venenosa
(tácticas para que una compañía sea menos atractiva a un adquiridor)
police power
(Ar) fuerza pública
(Mex) (Ven) poder policial
policy holder
tenedor de póliza, asegurado
policy loan
préstamo garantizado con una póliza de seguros
(Mex) préstamo sobre póliza
pollution
contaminación
pool
fondo común, fondo, agrupación
(Es) mancomunidad, grupo consorcio, comisión residual
pooling of interests
agrupamiento de intereses
(Es) combinación de intereses
portal-to-portal pay
pago de todos los gastos de viaje
portfolio
cartera de valores, valores en cartera
portfolio beta score
puntuación beta de cartera de valores
portfolio income
ingresos de la cartera de valores
portfolio manager
administrador de cartera de valores
portfolio reinsurance
reaseguro de cartera de valores

portfolio theory
teoría de cartera de valores
port of entry
puerto de entrada
position
posición, posición en el mercado
positioning
posicionamiento
positive confirmation
confirmación positiva
positive leverage
apalancamiento positivo
positive yield curve
curva de rendimiento positiva
possession
(Ar) (Ch) (Ven) posesión
(Mex) patrimonio, propiedades, bienes
post closing trial balance
(Ch) (Ven) balance posterior al cierre
(Mex) balance de situación
posting
asiento, entrada, anuncio
poverty
pobreza
power of attorney
poder
(Es) poder notarial
power of sale
poder de venta
power surge
(Ch) subida de voltaje
(Ven) sobrevoltaje momentáneo
practical capacity
capacidad práctica
pre-bill
(Ch) facturar en adelante
(Ven) factura previa
precautionary motive
(Ar) motivo judicial
(Ch) (Mex) motivo de precaución
(Ven) medida preventiva
preclosing
precierre
precompute
precomputar
prediction
predicción
preemptive rights
derechos de prioridad de compra de nueva emisión de acciones
preexisting use
uso preexistente
prefabricated
prefabricado
preferential rehiring
(Ar) reanderramiento preferencial
(Ch) dando preferencia en la contratación a los trabajadores anteriores
(Mex) recolocación preferente
(Ven) reenganche preferencial
preferred dividend
dividendo preferido
(Es) dividendo preferente
preferred dividend coverage
cobertura de dividendos preferidos
preferred stock
acciones preferidas, acciones preferenciales
(Es) acción preferente
prelease
prearrendamiento, arrendamiento antes de la construcción
preliminary prospectus
prospecto preliminar
premises
premisas, instalaciones, establecimiento
(Ch) dependencias
premium
prima, premio
(Ar) prima de emisión
(Mex) excedente sobre el valor nominal
premium bond
bono con prima
(Es) obligación con prima
premium income
ingresos por primas de opciones vendidas
premium pay
paga adicional por horas o condiciones desfavorables
premium rate
tasa de prima

prenuptial agreement
(Ar) (Mex) acuerdo prenupcial
(Ch) convenio antes de casarse
(Ven) convenio premarital, capitulaciones matrimoniales

prepaid
prepagado, pagado por adelantado
(Es) pagado por anticipado

prepaid expenses
gastos prepagados
(Es) gastos anticipados, cargos diferidos

prepaid-interest
intereses prepagados
(Es) intereses pagados por anticipado

prepayment
prepago, pago adelantado
(Es) pago anticipado

prepayment clause
cláusula de prepago

prepayment penalty
penalidad por prepago
(Mex) sanción por prepago, recargo por prepago

prepayment privilege
privilegio de prepago
(Mex) privilegio por prepago

prerogative
prerrogativa

presale
preventa, venta de inmuebles antes de construirse las edificaciones

prescription
prescripción
(Ar) (Mex) receta

presentation
presentación

present fairly
presentar justamente
(Mex) presentar razonablemente

present value
valor actual

present value of 1
valor actual de 1

present value of annuity
valor actual de anualidad

president
presidente
(Es) director general

presold issue
emisión prevendida

press kit
(Ar) (Ven) "kit" de prensa
(Mex) información para la prensa

prestige advertising
publicidad de prestigio

prestige pricing
(Mex) fijación de precios de prestigio
(Ven) fijación de precios selectos

pretax earnings
ingresos antes de impuestos
(Mex) utilidad antes de impuestos

pretax rate of return
tasa de rendimiento antes de impuestos

preventive maintenance
mantenimiento preventivo

price elasticity
elasticidad de precios

price-fixing
fijación de precios

price index
índice de precios

price lining
líneas de mercancías a precios específicos
(Es) diversificación de precios

price stabilization
estabilización de precios

price supports
apoyo de precios, mantenimiento de precios mínimos

price system
sistema de precios

price war
guerra de precios

pricey
(Ar) costoso
(Ch) (Mex) caro
(Ven) de precio elevado

pricing below market
fijación de precios por debajo de

los precios del mercado
primary boycott
boicot principal
primary demand
demanda primaria
primary distribution
distribución primaria
primary earnings per (common) share
ingresos por acción primarios
(Ch) utilidad por acción ordinaria antes de dilución
primary lease
arrendamiento primario
primary market
mercado primario
(Es) mercado primario para nuevas emisiones
primary market area
área de mercado primario
primary package
envase primario
prime paper
pagaré de empresa a corto plazo con alto grado de confiabilidad
prime rate
tasa de interés preferencial
(Es) tipo de interés preferencial, tasa de interés para préstamos preferenciales, interés al mejor cliente
(Mex) tasa prima
prime tenant
arrendatario principal
principal
principal, capital, mandante, poderdante, director
(Es) cantidad principal de un préstamo, importe, valor nominal neto, ordenante, comitente, mandante, delegante representado, jefe
(Mex) auditor en jefe o socio, ayudante, auditor, supervisor, gerente, administrador, capital
principal amount
cantidad de principal
(Ch) capital
principal and interest payment (P&I)
pago de principal e intereses
(Ch) capital más intereses
principal, interest, taxes, and insurance payment (PITI)
pago de capital, intereses, impuestos y seguro
principal residence
residencia principal
(Ch) domicilio principal
principal stock holder
accionista principal
principal sum
monto principal
prior period adjustment
ajuste de período previo
prior-preferred stock
acciones preferenciales con prioridad sobre otras acciones preferidas
prior service cost
costo de servicio anterior
privacy laws
leyes sobre la privacidad
private cost
costo privado
private limited partnership
sociedad en comandita privada
private mortgage insurance
seguro hipotecario privado
private offering or private placement
ofrecimiento privado
(Es) colocación privada
privatization
privatización
privity
relación contractual, relación jurídica
prize broker
(Ven) corredor galardonado
probate
legalización
probationary employee
empleado probatorio
proceeds
productos, resultados, beneficios,
proceeds from resale

ingresos
(Es) producto, importe neto
proceeds from resale
(Ar) ingreso de la reventa
(Ch) (Mex) (Ven) producto de la reventa
procurement
adquisición, instigación
(Es) compra, aprovisionamiento
procuring cause
causa próxima
produce
productos
v. presentar, producir, fabricar, dar
(Mex) exhibir (documentos)
producer cooperative
cooperativa de productores
producer goods
(Ar) (Mex) bienes de producción
(Ven) bienes de productores
product
producto, resultado
production
producción
production control
control de producción
production-oriented organization
organización orientada a la producción
production-possibility curve
curva de posibilidad de producción
production rate
tasa de producción
production worker
trabajador de producción
productivity
productividad
product liability
responsabilidad por los productos vendidos en el mercado
product liability insurance
seguro de responsabilidad por los productos vendidos en el mercado
product life cycle
ciclo de vida de producto
product line
línea de productos
product mix
surtido de productos
profession
profesión
profit
ganancia, beneficio, utilidad
(Es) provecho
profitability
rentabilidad
profit and loss statement (P&L)
estado de ganancias y pérdidas
(Ch) estado de resultados
(Es) cuenta de pérdidas y ganancias, cuenta de resultados
(Ven) estado de ingresos
profit center
centro de ganancias
(Es) centro de beneficio
profiteer
logrero
(Mex) sobreprecio
profit margin
margen de ganancia, margen de beneficio
(Es) margen de utilidad
profit motive
intención de ganancia
profit and commissions form
(Ar) formulario de ganancias y comisiones
(Ven) formato de ganancias y comisiones
profit-sharing plan
plan de participación en las ganancias, plan mediante el cual los empleados participan en las ganancias
(Mex) plan de participación de utilidades, reparto de utilidades
profit squeeze
reducción en ganancias por costos crecientes
profit system
sistema de ganancias
profit taking
ventas tras alzas significativas a corto plazo de valores
program budgeting
presupuestación de programas

programmer
programador
program trade
transacción programada
progressive tax
impuesto progresivo
progress payments
pagos por progreso en un proyecto
(Es) pago parcial
(Ven) pago escalonado o a cuenta
projected benefit obligation
obligación de beneficios proyectados
projected (pro forma) financial statement
estado financiero proyectado
projection
proyección
promissory note
pagaré, nota promisoria, vale
(Es) abonaré
promotional allowance
descuento por/de promoción
promotion mix
mezcla de tipos de promoción
proof of loss
prueba de la pérdida
property
propiedad, derecho de propiedad, dominio, posesión, bienes
(Es) inmobiliarias
property line
lindero de propiedad
property management
administración de propiedad
property report
(Ar) informe de bienes
(Ven) informe de propiedades
property rights
derechos de propiedad
property tax
impuesto sobre la propiedad
(Ch) (Mex) contribuciones
(Es) derechos reales
proprietary interest
derecho de propiedad
proprietary lease
arrendamiento en una cooperativa
proprietorship
derecho de propiedad, negocio propio
(Es) propiedad, patrimonio activo líquido
(Mex) capital contable
prorate
prorratear
prospect
prospecto, cliente en perspectiva
(Ar) cliente potencial
prospective rating
clasificación prospectiva
prospectus
prospecto, folleto informativo de una emisión
(Es) prospecto de emisión
protectionism
proteccionismo
protocol
protocolo, registro
proviso
condición, restricción
proxy
poder, apoderado
(Es) carta de poder, autorización para ejercitar el voto en representación del titular, delegación de voto
proxy fight
lucha por control mediante mayoría de votos
proxy statement
declaración para accionistas antes de que voten mediante poder
prudence
prudencia
public accounting
contabilidad pública
public domain
dominio público
public employee
empleado público
public record
registro público
public relations (PR)
relaciones públicas
public sale
venta pública

public use
uso público
public works
obras públicas
puffing
exageración por parte de quien vende un producto de sus beneficios, hacer ofertas falsas en subastas con el propósito de elevar las demás ofertas
pump priming
medidas de estimular la economía por el gobierno
punch list
(Ar) lista perforada
(Ven) lista de puntos pendientes
punitive damages
daños punitivos
purchase
compra, adquisición
purchase journal
(Ch) libro de compras
(Es) registro de facturas
purchase money mortgage
hipoteca para hacer cumplir la obligación de la compra de la propiedad
purchase order
orden de compra
purchasing power
poder para compras
(Es) poder adquisitivo
pure capitalism
capitalismo puro
(Ven) capitalismo absoluto
pure competition
competencia pura
pure-market economy
(Ar) economía de libre mercado
(Ven) economía de mercado absoluta
push money (PM)
pagos a vendedores que efectúa un fabricante para que impulsen sus productos
put option
opción de venta
put to seller
(Ven) someter al vendedor (término empleado cuando se insta al vendedor (lanzador) de una opción de venta a comprar acciones al precio estipulado)
pyramiding
(Es) piramidación, efecto cascada

Q

qualified endorsement
endoso condicional
(Es) endoso completo con exclusión de responsabilidad, aval limitado
(Mex) endoso calificado

qualified opinion
opinión condicional
(Ch) opinión con salvedades
(Mex) dictamen con salvedades
(Ven) opinión calificada

qualified plan or qualified trust
plan/fideicomiso calificado

qualitative analysis
análisis cualitativo

qualitative research
investigación cualitativa

quality
calidad, cualidad

quality control
control de calidad

quality engineering
ingeniería de calidad

quantitative analysis
análisis cuantitativo

quantitative research
investigación cuantitativa

quantity discount
descuento sobre cantidad
(Mex) descuento por volumen
(Ven) descuento por grandes cantidades

quarterly
trimestralmente

quasi contract
cuasicontrato

quick asset
activo realizable
(Es) activo disponible, activo de realización inmediata
(Mex) activo de rápida realización
(Ven) activo líquido, disponible o realizable

quick ratio
razón de activo disponible y pasivo corriente
(Ar) prueba ácida, coeficiente de liquidez a corto plazo
(Mex) prueba de ácido o severa, activo rápido, razón rápida
(Es) relación entre activo disponible y pasivo corriente

quiet enjoyment
goce tranquilo, goce pacífico

quiet title suit
acción para resolver reclamaciones opuestas en propiedad inmueble

quitclaim deed
transferencia de propiedad mediante la cual se renuncia a todo derecho sin ofrecer garantías

quorum
quórum

quota
cuota
(Es) cupo, contingente

quota sample
(Ar) ejemplo de cuota
(Mex) (Ven) muestra por el método de cuotas

quotation
cotización, cita

quo warranto
(Ven) orden judicial contra el ejercicio de una autoridad o poder que se ejerce en nombre o representación del estado o de sus órganos

R

racket
negocio ilícito con el propósito de ganar dinero por extorsión, etc.
(Ven) negocio sucio o fraudulento
rag content
(Mex) (Ven) contenido de trapo
raider
(Es) tiburón
(persona o empresa que intenta tomar el control de una compañía comprando una participación)
rain insurance
seguro de pérdidas ocasionadas por lluvia
raised check
cheque al cual se le ha escrito la suma y otra información en forma elevada para protección
rally
recuperación
v. recuperarse
(Es) alza de precios pronunciada
(Ven) recuperación temporal del mercado
random-digit dialing
(Ar) (Ven) discado digital aleatorio
(Ch) marcar números telefónicos al azar
(Mex) marcación aleatoria
random-number generator
generador de números aleatorios
random sample
muestra aleatoria
(Es) muestreo al azar
random walk
(Mex) mercado aleatorio, mercado a la deriva
(Ven) recorrido aleatorio, trayectoria aleatoria
(hipótesis que se basa en que los precios anteriores no deben tenerse en cuenta para pronosticar precios futuros porque los precios actuales, pasados y futuros solo reflejan respuestas del mercado a información que ingresa al mismo en forma aleatoria)
range
margen, intervalo, clase, rango
(Mex) amplitud
(Es) gama, alcance, recorrido de la variable
rank-and file
miembros de sindicato
(Ar) masa (de funcionarios, afiliados, etc.), bases (de un sindicato o partido político), socios ordinarios (de un club)
rateable
proporcional, tasable, imponible
(Ar) valuación fiscal
(Es) evaluable, valuable
rate
tipo, tasa, tarifa, valor
(Mex) cuota, salario diario
(Es) razón, coeficiente, relación, proporción
(Es) v. tasar, evaluar
rate base
base de tasa
(Ar) valuación base
(Es) base tarifada
rate card
(Ven) tarjeta tarifa, tarjeta de anuncios
Rates and Classifications
tasas y clasificaciones (sección del correo de EE.UU.)
rate setting
fijación de tasas
ratification
ratificación

rating
clasificación
(Es) evaluación, calificación de valores, calificación de solvencia financiera

ratio analysis
análisis de razones
(Es) análisis de índices
(Ven) análisis de índices/coeficientes

rationing
racionamiento de productos

ratio scale
escala de razón
(Ven) escala de índices/coeficientes

raw data
datos sin procesar

raw land
terreno sin mejoras

raw materials
materias primas

reading the tape
(Ch) ver las cotizaciones de precios de valores en la bolsa
(Ven) lectura de la cinta magnética/dé la cinta perforada (teletipo), lectura de la tira de papel de suma
(leer con detenimiento los datos que proporcionan los sistemas electrónicos de información bursátil, donde se detallan el precio y volumen de las distintas operaciones efectuadas con valores)

readjustment
reajuste

real
real, verdadero, auténtico, genuino

real account
cuenta del balance
(Ar) cuenta económica

real earnings
ingresos reales

real estate
bienes inmuebles, bienes raíces
(Es) propiedad inmobiliaria

real estate investment trust (REIT)
fideicomiso para la inversión en bienes inmuebles
(Ar) compañía de inversiones inmobiliarias

real estate market
mercado de bienes inmuebles
(Ven) mercado de bienes raíces

real estate owned (REO)
(Ar) con propiedad sobre bienes inmuebles

real income
ingresos reales
(Es) renta real

real interest rate
tasa de interés real
(Es) tipo de interés real

realized gain
ganancia realizada

real property
bienes inmuebles
(Es) bienes raíces

real rate of return
tasa de rendimiento real

realtor
agente de la propiedad inmobiliaria, corredor de fincas
(Ar) (Ch) (Mex) (Ven) corredor de bienes raíces

real value of money
valor real del dinero

real wages
salario real

reappraisal lease
(Ar) reevaluación, nueva estimación
(Ven) arrendamiento posterior a un revalúo

reasonable person
persona razonable

reassessment
reestimación, retasación, reamillaramiento
(Ven) reevaluación

rebate
rebaja, reembolso, descuento
v. rebajar, descontar, bonificar
(Es) retorno, bonificación,

disminución

recall
revocación, retirada (procedimiento por un fabricante para informar sobre defectos en sus productos y para corregirlos)
v. revocar, retirar, cuando un fabricante lleva a cabo el procedimiento de informar sobre defectos en sus productos y corregirlos

recall campaign
(Ch) campaña para retirar productos del mercado debido a defectos detectados
(Ven) campaña de retirada de productos

recall study
(Ar) estudio basado en cuestionarios recordatorios
(Ch) estudio antes de retirar productos del mercado
(Mex) estudio de aciertos
(Ven) estudio o examen de revocación

recapitalization
recapitalización

recapture
recapturar, recobrar, recuperar

recapture rate
(Ar) índice de recuperación
(Ch) tasa de recaptura
(Ven) tasa de rescate

recasting a debt
refundir una deuda

receipt, receipt book
recibo, recepción
(Es) resguardo, carta de pago, talón, guía o libro de recibos

receivables turnover
veces por año que se cobran las cuentas por cobrar
(Ar) movimientos de cobros
(Ch) (Ven) rotación de cuentas por cobrar

receiver
recibidor, administrador judicial, liquidador
(Es) síndico, interventor, tomador, receptor, depositario, síndico de una quiebra

receiver's certificate
certificado del administrador judicial, certificado del liquidador
(Mex) certificado del cíndico

receivership
liquidación judicial, nombramiento del administrador judicial
(Mex) administración judicial, negocio en quiebra, sindicatura de una quiebra, receptoría

receiving clerk
empleado que recibe

receiving record
(Ch) acuse de recibo, informe del recibo
(Ven) registro de recepción de mercancía

recession
recesión
(Mex) depresión económica

reciprocal buying
compras recíprocas

reciprocity
reciprocidad

reckoning
cálculo, cómputo, cuenta

recognition
reconocimiento, ratificación

recognized gain
ganancia realizada
(Ch) ganancia reconocida

recompense
recompensa

reconciliation
reconciliación, conciliación
(Ch) cuadratura
(Es) conformación ajuste

reconditioning property
recondicionamiento de propiedad

reconsign
reconsignar

reconveyance
retraspaso
(Ar) restitución de la propiedad

record
récord, registro, inscripción, expediente, archivo

(Es) acto, antecedentes, historial
v. registrar, inscribir, anotar

recording
registro
(Ar) consignación (de una moción)

records management
administración de registros

recoup
recuperar

recoupment
recuperación, reembolso, deducción

recourse
recurso

recourse loan
préstamo con recursos

recovery
recuperación económica o de deudas

recovery fund
fondo de recuperación

recovery of basis
recuperación de la base

recruitment
reclutamiento, contratación

recruitment bonus
bono por reclutamiento

recycling
reciclaje

redeem
redimir, rescatar

redemption
redención, rescate, amortización

redemption period
período de rescate

redevelop
redesarrollar

rediscount
redescuento
v. redescontar

rediscount rate
tasa de redescuento
(Es) tipo de redescuento
(Mex) expediente

redlining
práctica ilegal de negar préstamo hipotecario en ciertas áreas sin verificar el crédito de los solicitantes de dicha área

red tape
trámites burocráticos excesivos, burocracia, papeleo

reduced rate
tasa reducida

reduction certificate
certificado de reducción de deuda

referee
árbitro, funcionario auxiliar del tribunal
(Es) juez, amigable componedor

referral
referido, referencia

refinance
refinanciar

reformation
reformación

refunding
reembolso, refinanciación
(Es) reintegro

refund
reembolso, reintegro,
v. reembolsar, reintegrar, devolver
(Es) devolución

registered bond
bono registrado
(Es) título nominativo, bono nominativo, obligación nominativa

registered check
cheque certificado

registered company
compañía registrada

registered investment company
compañía de inversiones registrada

registered representative (RR)
persona autorizada a venderle valores al público

registered securities
valores registrados

registrar
registrador
(compañía que actualiza los registros de acciones y bonos a través de la información

que proporciona el agente de transferencias sobre los certificados de acciones)

registration
registro, inscripción

registration statement
declaración del propósito de una emisión de valores

registry of deeds
registro de propiedad, registro de títulos de propiedad

regression analysis
análisis de regresión

regression line
línea de regresión

regressive tax
impuesto regresivo
(Es) tributo regresivo

regular-way delivery (and settlement)
entrega de valores a tiempo

regulated commodities
mercancías reguladas

regulated industry
industria regulada

regulated investment company
compañía de inversiones regulada

regulation
regulación, reglamento, regla

regulatory agency
agencia reguladora
(Es) organismo de control

rehabilitation
rehabilitación

reindustrialization
reindustrialización

reinstatement
reinstalación

reinsurance
reaseguro

reinvestment privilege
privilegio de reinversión

reinvestment rate
tasa de reinversión

related party transaction
transacción entre partes relacionadas

release
liberación, descargo, finiquito, quita
v. liberar, descargar, volver a arrendar
(Ar) certificado de liberación, remisión
(Es) finiquitar
(Mex) exención

release clause
cláusula de liberación

relevance
relevancia, pertinencia

reliability
confiabilidad
(Es) fiabilidad

relocate
reubicar

remainder
remanente, parte residual de una propiedad (en general, se refiere a una propiedad vitalicia)
(Es) resto
(Mex) saldo, sobrante
(Ven) residuo

remainderperson
persona con un interés residual en una propiedad, quien adquiere un derecho sobre un inmueble al terminar el derecho de otro sobre dicho inmueble

remedy
remedio, recurso
(Mex) prevención

remit
remitir, perdonar, anular
(Es) remesa

remit rate
(Ar) tasa de remisión
(Ven) tasa de remesa

remonetization
remonetización

remuneration
remuneración, recompensa

renegotiate
renegociar

renegotiated rate mortgage (RRM)
(Ar) tasa hipotecaria renegociada
(Ch) crédito hipotecario con tasa renegociada
(Ven) hipoteca de tasa renegociada

renewable natural resource
recurso natural renovable

renewal option
opción de renovación

rent
renta, alquiler
v. alquilar, arrendar
(Es) arrendamiento

rentable area
área alquilable

rental rate
tasa de alquiler
(Ven) cánon de arrendamiento

rent control
control de rentas, restricciones sobre lo que se puede cobrar de alquiler
(Ven) control de alquileres

rent-free period
período libre de pagos de alquiler

reopener clause
(Ar) cláusula de reapertura
(Mex) cláusula de reanudación

reorganization
reorganización

repairs
reparaciones

repatriation
repatriación

replacement cost
costo de reemplazo, costo de reposición

replacement cost accounting
contabilidad de costo reposición

replacement reserve
(Ar) (Mex) fondo de reposición
(Ch) (Ven) reserva de reposición

replevin
reivindicación

reporting currency
(Ar) divisa contable
(Ch) moneda en que se emiten los informes
(Mex) moneda en la que se expresa un estado financiero
(Ven) divisa usada en el informe

repressive tax
impuesto represivo

reproduction cost
costo de reproducción

repudiation
repudio, rechazo, no cumplir una obligación contractual

repurchase agreement (REPO, RP)
acuerdo de recompra entre vendedor y comprador
(Es) acuerda de recompra, compromiso de recompra, venta de valores con compromiso de recompra, cesión temporal, compraventa al contado simultánea a una venta-compra a plazo
(Mex) contrato de readquisición

reputation
reputación, fama
(Mex) crédito mercantil

request for proposal (RFP)
(Ar) orden de propuesta
(Ch) (Ven) solicitud de propuesta

required rate of return
tasa de rendimiento requerida

requisition
pedido, solicitud
(Mex) requisición

resale proceeds
(Ar) procedimientos de reventa
(Ch) (Mex) (Ven) producto de la reventa

rescission
rescisión

research
investigación, estudio

research and development (R&D)
investigación y desarrollo

research department
departamento de investigación

research intensive
de investigación intensiva, de mucha investigación

reserve
reserva, restricción

v. reservar, retener
(Es) fondo de previsión
reserve fund
fondo de reserva
reserve requirement
requisito de reservas
(Ar) reserva mínima
(Ch) encaje
reserve-stock control
control de inventario mediante reservas
resident buyer
comprador residente
resident buying office
(Ven) oficina domiciliada autorizada para realizar adquisiciones
residential
residencial
residential broker
corredor residencial
residential district
distrito residencial
residential energy credit
(Ar) (Ven) crédito de energía residencial
(Ch) crédito tributario para ahorros en el uso de energía residencial
(Mex) crédito para energía de uso doméstico
residential service contract
(Ar) (Ch) (Ven) contrato de servicio residencial
(Mex) contrato de prestación de servicios residenciales
residual value
valor residual
(Es) valor de desecho
resolution
resolución, decisión
(Es) acuerdo
resources
recursos
(Es) medios, activos
respondent
(Ar) entrevistado, empadronado
(Ch) (Ven) demandado, apelado
response
respuesta, reacción
response projection
(Ch) proyección de respuestas
(Ven) pronóstico de respuesta, reacción
restitution
restitución, restablecimiento
(Mex) devolución, recuperación
restraint of trade
restricción al comercio, limitación al libre comercio
restraint on alienation
restricción de transferencia
restricted surplus
superávit restringido
restriction
restricción, limitación
restrictive covenant
estipulación restrictiva, pacto restrictivo
retail
venta al por menor
v. vender al por menor
(Es) menudeo, detalle
retail credit
crédito al por menor
retailer's service program
(Ar) programa de servicio al por menor
(Ch) programa de servicio al cliente por parte del vendedor al detalle
(Ven) programa de servicios para minorista, revendedor
retail inventory method
método de inventario al por menor
retail outlet
tienda que vende al por menor
retail rate
(Ar) tasa de menudeo
(Ch) precio al por menor
(Ven) tasa al por menor
retainage
pago al contratista retenido hasta terminar la construcción
retained earnings
ingresos retenidos, utilidades retenidas

(Ar) utilidades incorporadas
(Es) beneficios no distribuidos
(Mex) utilidades acumuladas
(Ven) ganancias retenidas

retained earnings, appropriated
(Ar) utilidades incorporadas, distribuidas
(Ch) reserva de utilidades retenidas
(Ven) ganancias retenidas, apropiadas

retained earnings statement
declaración de ingresos retenidos

retaliatory eviction
evicción como represalia

retire
retirar, retirarse

retirement
retiro
(Ch) jubilación

retirement age
edad de retiro
(Ch) edad de jubilación

retirement fund
fondo de retiro
(Ch) fondo de pensiones
(Es) caja de jubilaciones, caja de pensiones
(Ven) fondo de jubilación

retirement income
ingresos de retiro
(Ch) pensión

retirement plan
plan de retiro
(Ven) plan de jubilación

retroactive
retroactivo

retroactive adjustment
ajuste retroactivo

return
retorno, planilla, rendimiento, beneficio
v. producir, rendir
(Es) devolución, rentabilidad

return of capital
retorno de capital
(Ven) rendimiento del capital o de la inversión

return on equity
rendimiento de la inversión en acciones comunes
(Es) rentabilidad de los recursos propios

return on invested capital
rendimiento del capital invertido

return on pension plan assets
(Ar) (Ven) rendimiento de los activos del plan de retiro
(Ch) retorno sobre los activos del plan de pensiones

return on sales
rendimiento de ventas
(Ven) rendimiento sobre ventas

returns
ganancia, beneficios, productos devueltos al suministrador sin vender
(Mex) devoluciones

revaluation
reevaluación, retasación
(Es) revalorización

revenue
ingreso, renta, entradas,
(Mex) rentas públicas, ingresos del erario
(Es) entradas brutas, rédito

revenue anticipation note (RAN)
nota en anticipación a ingresos
(Ar) obligación municipal a corto plazo cuyo pago proviene de cualquier fuente de ingresos excepto impuestos

revenue bond
bono a pagarse por ingresos de lo construido
(Es) obligación garantizada por otras fuentes de ingresos

revenue ruling
(Ar) legislación fiscal
(Ch) oficio
(Ven) decisión tributaria

reversal
inversión, contratiempo
(Ar) reversión, cambio de dirección
(Es) retrocesión, retroceso

reverse annuity mortgage (RAM)
hipoteca de anualidad invertida
(Ar) renta vitalicia por hipoteca revertida
reverse leverage
apalancamiento inverso
reverse split
reducción en la cantidad de acciones para aumentar el valor
reversing entry
contraasiento
(Ar) asiento inverso
(Es) asiento de retroceso, apunte de anulación
reversion
reversión
reversionary factor
factor reversionario
(Ar) factor de reversión
reversionary interest
interés reversionario
(Ar) interés revertido
reversionary value
valor reversionario
(Ar) valor revertido
review
revisión, examen
v. examinar, estudiar, analizar, revisar
(Es) visión retrospectiva, estudio, análisis
revocable trust
fideicomiso revocable
revocation
revocación, cancelación
revolving charge account
cuenta de crédito rotatorio
revolving credit
crédito rotatorio, crédito renovable
(Es) crédito autorrenovable crédito renovable automáticamente
(Mex) crédito recurrente
revolving fund
fondo rotatorio
(Mex) fondo revolvente
rezoning
rezonificación
rich
rico
rider
cláusula adicional, anexo
(Es) suplemento de una póliza
right of first refusal
oportunidad de igualar las condiciones de un contrato ofrecido antes de su ejecución
right of redemption
derecho de ejecución hipotecaria
(Es) derecho de retracto
(Ven) derecho de rescate/ redención
right of rescission
derecho de rescisión
right of return
derecho de devolución
right of survivorship
derecho de supervivencia
right-of-way
derecho de paso, servidumbre de paso
risk
riesgo, peligro
v. arriesgar
risk-adjusted discount rate
tasa de descuento ajustada por riesgo
risk arbitrage
arbitraje con riesgo
(Ven) arbitraje especulativo
risk aversion
aversión al riesgo
risk management
administración de riesgos
(Es) gestión del riesgo
rolling stock
equipo de transporte
rollover
transferencia
rollover loan
(Es) préstamo con tipo de interés variable
rotating shift
turno rotatorio
(Ar) turno rotativo
roundhouse
taller de ferrocarril

round lot
unidad completa de transacción, transacción bursátil de cien acciones
(Es) unidad de contratación
royalty
derechos
(Es) derecho de patente, canon
royalty trust
(Ar) fideicomiso de explotación
(Ven) fondo de regalía
run
retiro excesivo de los depósitos en un banco a causa del pánico, serie
v. administrar, tener vigencia
(Mex) corrida, ejecución
rundown
(Ar) informe detallado
(Mex) parada, uso
(Ven) reducir gradualmente, descapitalizarse
rural
rural
rurban
(Ar) rurbano (contracción de rural y urbano: designa las relaciones entre el campo y la aldea o pequeña aldea)

S

sabotage
sabotaje
v. sabotear
safe harbor rule
medida en la ley tributaria para proteger negocios con pérdidas
safekeeping
depósito, custodia
safety commission
comisión de seguridad
safety margin
margen de seguridad
salariat
(Ch) clases obreras asalariadas
(Mex) asalariado
salary
salario, paga
(Es) sueldo, remuneración
salary reduction plan
plan de reducción de salario
sale
venta, compraventa
sale and leaseback
venta de propiedad seguida del arrendamiento de dicha propiedad a quien la vendió
sale or exchange
(Ar) venta o intercambio
(Ch) venta o canje
(Ven) venta o cambio
sales analyst
analista de ventas
sales budget
presupuesto de ventas
sales charge
cargo por ventas de valores, cargos por ventas
sales contract
contrato de compraventa
sales effectiveness test
(Ar) prueba de efectividad de las ventas
(Ven) prueba de eficacia de ventas
sales incentive
incentivo de ventas
sales journal
libro de ventas
(Es) diario de ventas
sales letter
carta de ventas
salesperson
vendedor
sales portfolio
(Ar) (Mex) (Ven) cartera de ventas
(Ch) carpeta de ventas
sales promotion
promoción de ventas
(Es) fomento de ventas
sales returns and allowances
(Ar) rendimientos y bonificaciones de las ventas
(Ch) (Mex) (Ven) devoluciones y rebajas de las ventas
sales revenue
ingresos de ventas
(Es) ventas
(Mex) ingresos por ventas
sales tax
impuesto sobre las ventas
(Mex) impuesto sobre ingresos mercantiles
sales type lease
(Ch) (Mex) arrendamiento con características de una venta
salvage value
valor residual
(Es) valor de desecho, valor de rescate
sample buyer
comprador de una muestra de un nuevo producto
sampling
muestra, muestreo
sandwich lease
arrendamiento del arrendatario que subarrienda a otro

satellite communication
comunicación por satélite
satisfaction of a debt
(Ar) (Mex) pago de una deuda
(Ch) cumplimiento de una obligación, liquidación de una deuda
(Ven) cancelación de una deuda
satisfaction piece
documento que certifica que se ha liquidado una hipoteca
savings bond
bono de ahorros
savings element
elemento de ahorros
savings rate
tasa de ahorros
scab
esquirol, rompehuelgas
scale
escala, tarifa
(Es) báscula, balanza, escala, escalafón
scale order
orden por etapas
scale relationship
relación de escala
scalper
especulador semi-legal, quien revende, por ejemplo, taquillas a espectáculos en exceso del valor nominal
(Ar) agente bursátil que fija comisiones o márgenes excesivos sobre las operaciones que realiza
scarcity, scarcity value
escasez, insuficiencia, valor por escasez
scatter diagram
(Ar) (Mex) (Ven) diagrama de dispersión
(Ch) diagrama con los puntos esparcidos
scatter plan
(Ar) plan de esparcimiento
(Mex) (Ven) plan de dispersión
scenic easement
(Ch) servidumbre para preservar lo escénico de un lugar
(Mex) tranquilidad del ambiente
(Ven) servidumbre escénica
schedule
programa, horario, anejo, lista
(Mex) (Es) cédula de trabajo, relación auxiliar
scheduling
programación
scheduled production
producción programada
scienter
(Mex) a sabiendas
scope of employment
actividades que lleva a cabo un empleado al cumplir con sus deberes del trabajo
scorched-earth defense
(Ven) defensa de política quemada
(estrategia para evitar la adquisición del control de una compañía por la cual esta última se desprende de los activos que considera particularmente atractivos para la compañía interesada)
scrip
vale, certificado, certificado provisional
(Es) cédula, póliza, certificado de acción
seal
sello, timbre
v. sellar, concluir
(Es) timbrar, lacrar
sealed bid
oferta en sobre sellado, propuesta sellada
seal of approval
sello de aprobación
seasonal adjustment
ajuste estacional
seasonality
(Ch) variabilidad o tendencia (de ventas por ejemplo) por estación
(Ven) por estaciones o temporadas
seasoned issue
(Ven) emisiones maduras

seasoned loan
préstamo con varios pagos (préstamo que se anotó en los libros durante por lo menos un año y que cuenta con un registro de pagos satisfactorios)
seat
(Ar) (Mex) asiento
(Ch) sede
secondary boycott
boicot secundario
secondary distribution
distribución secundaria
secondary market
mercado secundario
secondary mortgage market
mercado hipotecario secundario
second mortgage
segunda hipoteca
second mortgage lending
(Ar) hipoteca de segundo grado
(Ch) otorgar créditos hipotecarios secundarios
(Mex) préstamo con segunda hipoteca
(Ven) mercado hipotecario secundario
second-preferred stock
(Ar) acciones preferidas de segundo grado
(Ch) acciones de segunda preferencia
(Ven) acciones preferentes secundarias
sector
sector
secured bond
bono garantizado
(Es) bono hipotecario, bono colateral, obligación garantizado
secured debt
deuda garantizada
(Es) deuda asegurada, deuda respaldada
secured transaction
transacción garantizada
securities
valores
(Es) títulos, valores mobiliarios, cartera de títulos
(Mex) acciones, bonos y valores
(Ven) títulos valores
securities analyst
analista de inversiones
securities exchange
bolsa de valores
Securities and Exchange Commission (SEC)
Comisión de Bolsa y Valores
(Mex) Comisión de Valores y Cambios, Comisión de Valores y Bolsa
securities loan
préstamo de valores, préstamo colaterizado con valores
(Ar) préstamos prendarios
security
garantía, seguridad, fianza
(Mex) colateral
(Es) caución, colateral, prenda, endoso, valor bursátil
security deposit
depósito de garantía
(Es) fianza
security interest
derecho de vender un inmueble para satisfacer una deuda
security rating
clasificación de seguridad
seed money
(Ar) dinero iniciador
(Ch) dinero de "siembra", para iniciar o fomentar una actividad
(Ven) capital simiente, capital inicial para la puesta en marcha de un proyecto empresarial
segmentation strategy
estrategia de segmentación, estrategia de segmento
(Mex) estrategia de fragmentación
segment margin
margen de segmento
segment reporting
informes de segmento
(Ar) informe financiero que contiene información sobre los distintos

sectores en que opera una compañía
segregation of duties
segregación de deberes
seisin
posesión
selective credit control
(Ar) control selectivo de crédito
(Ch) (Ven) control de crédito selectivo
(Mex) control específico de crédito
selective distribution
distribución selectiva
self-amortizing mortgage
hipoteca autoamortizante
self-directed IRA
(Ven) IRA autoadministrado (cuenta de ahorro provisional que puede ser activamente administrada por su titular)
self-employed
quien tiene negocio propio, empleado autónomo
self-help
autoayuda
self insurance
autoseguro
self-tender offer
(Ar) oferta que hace una compañía para recomprar parte de sus propias acciones
(Ven) oferta de autolicitación, oferta en concurso interno
seller's market
mercado del vendedor, mercado que favorece al vendedor
selling agent or selling broker
agente/corredor de ventas
selling climax
clímax de ventas
selling short
venta de valores que no se poseen corrientemente en cartera
sell off
vender bajo presión
semiannual
semianual, semestral
semiconductor
semiconductor
semimonthly
quincenal
semivariable cost
costo semivariable
senior debt
deuda de rango superior
(Es) deuda principal
senior refunding
(Mex) conversión de la antigüedad
(Ven) reembolso de rango superior
(reemplazo de títulos o valores que vencen dentro de 5 a 12 años por emisiones que vencen dentro de 15 años o más)
senior security
valores de rango superior
sensitive market
mercado sensible
sensitivity training
(Ven) entrenamiento de sensibilidad
sentiment indicators
indicadores del sentir (indicadores que reflejan la actitud de los inversores con respecto a los mercados de valores)
separate property
bienes privativos
serial bond
bonos en serie
(Es) bonos de vencimiento escalonado, obligaciones en serie
(Mex) bonos pagaderos en serie
series bond
bonos en serie
service
servicio
(Es) prestación
service bureau
empresa de servicios
(Mex) oficina de servicios
service club
(Ar) club de servicios
(Mex) asociación filantrópica
service department
departamento de servicio

service economy
economía basada en los servicios
service fee
cargo por servicios
service worker
(Ch) trabajador en el campo de servicios
(Ven) personal del sector de servicios
servicing
servicio, mantenimiento
setback
distancia mínima de un linde dentro de la cual se puede edificar, contratiempo
(Es) retroceso, baja, crisis
(Ven) revés, dificultad, contratiempo
set-off
(Es) compensación (de una deuda contra el saldo de una cuenta o pago
settle
transar, convenir, liquidar
(Es) solventar, resolver, dirimir
(Mex) liquidar una cuenta, establecer, saldar una cuenta, arreglar, decidir, determinar, ajustar
settlement
transacción, convenio, liquidación, cierre
(Mex) arreglo, ajuste
settlement date
fecha del cierre, fecha de pago, fecha de entrega
(Es) fecha de liquidación
settler
residente en un terreno
severalty
propiedad individual
severance damages
(Ar) (Ven) daños y perjuicios por despido
(Ch) perjuicio por división o separación
severance pay
indemnización por despido, cesantía
(Mex) indemnización por cese de empleo
sexual harassment
acoso sexual, hostigamiento sexual
shakedown
(Ch) robar o sacar dinero
(Mex) exacción de dinero
(Ven) sacarle dinero a uno por chantaje
shakeout
reorganización, reestructuración
shakeup
reorganización total
share
acción, parte
v. compartir, participar, repartir
(Es) participación, cuota
sharecropper
aparcero
shared-appreciation mortgage (SAM)
hipoteca de apreciación compartida
shared-equity mortgage
hipoteca sobre capital compartido
shareholder
accionista, accionario
shareholder's equity
porcentaje del accionista en una corporación
(Es) participación de los accionistas, recursos propios
(Ch) (Ven) patrimonio
shares authorized
acciones autorizadas
shark repellent
(Es) medida antitiburones
(Ven) medidas defensivas contra una absorción no deseada (estrategia que usan las compañías para evitar "takeovers" no deseados, como por ejemplo realizar una adquisición importante o emitir acciones)
shark watcher
(Mex) detector de tiburones (empresa dedicada a detectar

iniciativas de OPA hostiles o especulativas)

shell company
sociedad creada solamente para tener acciones en otras compañías
(Ven) empresa fantasma

shift
turno, jornada, movimiento, desplazamiento
v. desplazar, pasar de una posición a otra
(Es) cambio

shift differential
pago adicional por jornada irregular

shop
tienda, taller, oficio

shopper
comprador, pequeño periódico local con fines publicitarios

shopping service
servicio de compras

short bond
bono a corto plazo
(Ven) obligación a corto plazo

short covering
compra de cobertura
(Es) compra para cubrir, ventas al descubierto
(Ven) cobertura a corto plazo, cobertura de posición faltante

shortfall
déficit, insuficiencia, diferencia

short form
forma corta, forma simplificada

short interest
cantidad de acciones en circulación compradas al descubierto

short position
posición descubierta, posición corta
(Ar) déficit neto de títulos valores

short-sale rules
reglas de ventas al descubierto

short squeeze
(Ar) falta en corto
(Ven) apretón a los cortos

short term
a corto plazo

short-term capital gain (loss)
ganancia (pérdida) de capital a corto plazo

short-term debt or short-term liability
deuda a corto plazo

shrinkage
disminución, disminución esperada, reducción
(Ch) (Mex) (Ven) merma, encogimiento

shutdown
cese de operaciones

sight draft
letra a la vista
(Ch) vale vista
(Es) efecto a la vista
(Mex) giro a la vista

silent partner
socio oculto
(Es) (Mex) comanditario, socio capitalista

silver standard
patrón plata

simple interest
interés simple

simple trust
fideicomiso simple

simple yield
rendimiento simple

simulation
simulación

single-entry bookkeeping
contabilidad por partida única
(Mex) contabilidad por partida sencilla

single premium life insurance
seguro de vida de prima única

sinking fund
fondo de amortización

site
sitio, lote

site audit
(Ar) auditoría en el lugar
(Ch) auditoría en faena
(Mex) auditoría de cuentas en las oficinas centrales

de una empresa
(Ven) auditoría en el domicilio de una empresa

sit-down strike
(Es) huelga de brazos caídos, sentada

skill intensive
intensivo en habilidad

skill obsolescence
obsolescencia de habilidades

slack
período inactivo

slander
calumnia, difamación

sleeper
(Ven) artículo de difícil venta (acción de precio estable pero cuya cotización puede aumentar repentinamente)

sleeping beauty
(Ven) bella durmiente (empresas que por su estructura financiera y situación saneada atraen la atención de los tiburones, considerándose por ello objetivos probables de OPAS hostiles)

slowdown
(Ven) desaceleración, parón (acuerdo entre trabajadores para reducir la producción con el propósito de obligar al patrono a ceder a ciertas exigencias)

slump
baja, caída repentina, depresión, crisis económica

small business
empresa pequeña, negocio pequeño

small investor
(Ar) (Ch) (Mex) inversionista pequeño
(Ven) inversionista a pequeña escala

smoke clause
cláusula de humo

smokestack industry
(Ch) industria que contamina
(Ven) industrias básicas (industria básica que tiene un potencial de crecimiento limitado y cuyos ingresos y utilidades varían cíclicamente con la actividad económica general)

snowballing
(Mex) divergente
(Ven) efecto de bola de nieve, galopante, vertiginoso

social insurance
seguro social

socialism
socialismo

socially conscious investor
(Ar) (Ven) inversionista con conciencia social
(Ch) inversionista consciente del efecto que sus inversiones tiene en la sociedad

social responsibility
responsabilidad social

soft currency
moneda débil
(Ven) moneda blanda

soft goods
géneros textiles
(Ven) géneros tejidos, bienes de consumo perecederos

soft market
mercado débil
(Ar) mercado bursátil con precios en baja y escaso volumen de negociaciones

soft money
moneda blanda

soft spot
(Ch) punto débil
(Mex) punto vulnerable

soil bank
(Mex) banco rural
(Ven) programas agrícolas

sole proprietorship
negocio propio
(Ven) propiedad de una sola persona, de propietario exclusivo, de empresario individual

solvency
solvencia

source
fuente
(Es) origen

source evaluation
(Ar) (Ch) evaluación de fuentes
(Ven) evaluación de origen
sources of funds
fuentes de fondos
(Es) origen de los fondos
sovereign risk
riesgo por país
span of control
(Ar) (Ven) margen de control
(Ch) alcance del control
special agent
agente especial
special assignment
(Ar) (Ch) asignación especial
(Ven) misión especial, trabajos especiales
special delivery
entrega especial
special drawing rights (SDR)
(Es) derecho especial de giro
special handling
(Ar) manipulación especial
(Ch) (Ven) manejo especial
specialist
especialista
special purchase
compra especial
special situation
situación especial
specialty advertising
(Ar) publicidad especial
(Ch) publicidad especializada
(Ven) propaganda especializada
specialty goods
(Ar) bienes de un determinado sector
(Ch) bienes o productos especializados
(Ven) artículos selectos o de calidad
specialty retailer
detallista especializado
(Mex) minorista especializado
specialty selling
(Ar) (Ch) venta especializada
(Ven) venta de artículos selectos o de calidad
specialty shop
tienda especializada
special-use permit
permiso de uso especial
special warranty deed
(Ar) título de garantía especial
(Ch) escritura especial de garantía
(Mex) (Ven) documento de garantía especial
specie
moneda sonante
specification
especificación, descripción
specific identification
identificación específica
specific performance
cumplimiento específico
specific subsidy
subsidio específico
speculative risk
riesgo especulativo
speedup
esfuerzo de aumentar producción sin aumentar la paga
spending money
dinero para gastos personales
spendthrift trust
fideicomiso para un pródigo
spillover
(Ar) indirecto, derivado o secundario (efecto)
(Ch) derrame, excedente
(Mex) prestaciones indirectas, prestaciones externas
(Ven) derramamiento, desbordamiento, efectos externos o internos
spin-off
escisión, separación de una subsidiaria o división de una corporación para formar un ente independiente
splintered authority
autoridad fraccionada
split
división
(Es) escisión, aumento de acciones sin aumentar el capital (cambio proporcional en la cantidad de acciones de una corporación)

split commission
comisión dividida
split shift
jornada dividida
spokesperson
representante, portavoz
sponsor
garante, patrocinador
v. patrocinar
(Mex) fiador, avalista
spot check
revisión al azar
spot commodity
mercancía de la cual se espera entrega física
spot delivery month
(Ar) mes más cercano en el cual debe realizarse la entrega correspondiente a un contrato de futuros
(Mex) mes de entrega más próximo
(Ven) el mes de vencimiento inmediato al de negociación de un contrato de futuros u opciones
spot market
mercado al contado
spot price
precio de entrega inmediata, precio al contado
spot zoning
reclasificación de un terreno que no corresponde al de los terrenos en el área inmediata creando un problema para la vecindad
spread
varios tipos de diferencia entre los precios de compra y venta y el rendimiento de valores
(Es) diferencial, margen añadido a un tipo de interés de referencia
(Ven) banda
spreading agreement
(Ar) acuerdo "spreading"
(Mex) acuerdo sobre margen
(Ven) convenio de ampliación a mayor número de ejercicios
spread sheet
hoja de cálculos electrónica
squatter's rights
(Ar) derechos de los marginales
(Ch) derechos de un colono usurpador
(derecho al título ajeno adquirido al mantener la posesión y transcurrir la prescripción adquisitativa)
squeeze
escasez de fondos
stabilization
estabilización
staggered election
(Ar) (Ven) elección alternada
(Mex) elección entre grupos
staggering maturities
escalonamiento de vencimientos
stagnation
estancamiento
stake
inversión, participación
stand-alone system
(Ar) (Mex) sistema autónomo
(Ch) (Ven) sistema que funciona en forma independiente
standard
estándar, patrón, norma
standard cost
costo estándar
(Mex) costo tipo
(Es) coste normalizado
standard deduction
deducción fija
standard deviation
desviación estándar
(Es) desviación típica
Standard Industrial Classification (SIC) System
(Ar) (Ch) (Ven) Sistema Estándar de Clasificación Industrial
(Mex) sistema normalizado de clasificación industrial
standard of living
nivel de vida
standard time
hora civil, hora oficial
(Ar) (Mex) hora estándar
(Ch) hora normal

(Ven) hora legal
standard wage rate
(Ar) tasa salarial estándar
(Ch) tipo de sueldo estándar
(Ven) salario base estándar
standby fee
(Ar) comisión "standby"
(Ch) cargo por crédito no aprovechado
(Ven) retribución, honorario de reserva o contingente
standby loan
(Ar) préstamo "standby"
(Ch) préstamo de contingencia, préstamo de disposición inmediata
(Mex) (Ven) préstamo contingente
standing order
orden a repetirse hasta nuevo aviso
staple stock
productos siempre en inventario por demanda fija
start-up
establecimiento de negocio
stated value
valor establecido
(Mex) valor declarado
statement
estado de cuenta, declaración
(Es) extracto
(Mex) enunciado de problema de ley, fórmula, instrucción general
statement of affairs
informe sobre el estado financiero
statement of condition
estado de condición
statement of partners' capital
(Ar) (Ven) declaración del capital de los socios
(Ch) estado del capital de los socios
static analysis
análisis estático
static budget
presupuesto estático
static risk
riesgo estático
statistic
estadística
statistical inference
inferencia estadística
statistically significant
(Ar) importante desde un punto de vista de las estadísticas
(Ch) significativo en base de las estadísticas
(Mex) estadísticamente significativo
(Ven) de importancia estadística
statistical sampling
muestreo estadístico
statistics
estadísticas
status
status, posición, categoría
(Ven) estado, estátus
status symbols
símbolos de posición social
statute
estatuto
(Es) escritura de constitución
statute of frauds
ley indicando que ciertos contratos orales no son válidos
statute of limitations
ley de prescripción
(Mex) prescripción, caducidad
statutory audit
auditoría estatutaria
(Ar) auditoría reglamentaria
statutory merger
(Ar) fusión reglamentaria
(Ch) fusión legal
(Mex) absorción de una sociedad con desaparición de la misma
(Ven) fusión estatutaria
statutory notice
(Ar) aviso reglamentario
(Ch) aviso legal
(Mex) notificación legal
(Ven) notificación estatutaria
statutory voting
regla de un voto por una acción
(Ar) votación obligatoria
staying power
(Ar) poder temporal
(Ch) capacidad de mantenerse en

el tiempo
(Mex) (Ven) resistencia
steady-growth method
(Ar) método de crecimiento firme
(Ven) método de crecimiento uniforme
steering
práctica ilegal de ofrecer propiedades sólo a ciertos grupos étnicos
stepped-up basis
(Ar) base predeterminada
(Ch) incremento en el valor asignado a un activo (para efectos tributarios)
(Ven) base creciente, acelerada
stipend, stipendiary
estipendio, estipendiario
(Ar) gasto
(Ch) sueldo
stipulation
estipulación, convenio
stochastic
estocástico
stock
acciones, capital comercial, inventario, existencias, ganado
v. abastecer, almacenar
stockbroker
corredor de bolsa, agente de bolsa
(Es) agente de cambio y bolsa
(Mex) corredor de valores
stock certificate
certificado de acciones, certificado de inventario
stock dividend
dividendo en acciones
stock exchange
bolsa de valores
(Es) bursátil
(Mex) bolsa de acciones
stockholder
accionista
(Es) tenedor de acciones
stockholder of record
accionista registrado
(Es) accionista inscrito en el registro de acciones, titular de las acciones
stockholder's derivative action
acción por los accionistas contra el directorio corporativo
stockholder's equity
porcentaje del accionista en una corporación
(Ch) patrimonio
(Es) recursos propios
(Ven) patrimonio
stock index futures
futuros de índices de acciones
stock insurance company
compañía de seguros por acciones
stock jobbing
especulación
stock ledger
libro de accionistas, libro de acciones
stock market
bolsa de valores
(Es) mercado bursátil
(Mex) mercado de valores
stock option
opción de compra de acciones
(Es) opción-bono
stockout cost
(Mex) costo de reposición
stockpile
reserva
stock power
poder para transferir acciones
stock record
registro de acciones
stockroom
almacén, depósito
stock symbols
símbolos de acciones
stock turnover
giro de inventario, rotación de inventario
stonewalling
(Ch) impedir o poner obstáculos a algo
(Ven) táctica obstruccionista
stool pigeon
(Ch) acusador, informante
(Ven) soplón

stop clause
límites de gastos del arrendador
stop-loss reinsurance
reaseguro para limitar las pérdidas por varias reclamaciones combinadas que excedan un cierto porcentaje de ingresos por primas
stop order
orden de efectuar la transacción al llegar a un precio específico
(Es) orden de suspensión
stop payment
detener el pago
(Ch) orden de no pago
(Es) retener el pago, suspender el pago
store
tienda, negocio, almacén
(Es) grandes almacenes
store brand
marca del lugar de compra
straddle
posición de igual cantidad de opciones de compra y venta para el mismo valor y con el mismo precio de ejecución y fecha de vencimiento
(Es) compra simultánea de una opción de compra y otra de venta con idénticas características
straight bill of lading
conocimiento de embarque no negociable
(Es) conocimiento de embarque nominativo, conocimiento de embarque corrido, carta de porte nominativa
(Mex) documentos de embarque no endosables, conocimiento de embarque no endosable
(Ven) conocimiento de embarque intransferible
straight-line method of depreciation
método de depreciación lineal,
(Ven) método de depreciación sobre línea recta
straight-line production
(Ar) producción lineal
(Ven) producción continua
straight time
número de horas fijo por un período de trabajo
straphanger
(Ven) pasajero que va de pie, agarrado a la correa
strategic planning
planificación estratégica
strategy
estrategia
stratified random sampling
muestreo aleatorio estratificado
straw boss
(Mex) falso jefe
straw man
(Mex) testaferro
street name
valores de un cliente que están a nombre del corredor
strike
huelga, paro
v. ir a la huelga
strike benefits
beneficios de huelga
strikebreaker
rompehuelgas
(Es) esquirol
strike notice
aviso de huelga
strike pay
paga durante huelga
strike price
precio de ejecución
(Es) precio a que puede ejercitarse una opción, precio de ejecución de una opción, precio "strike"
(Ven) precio de compra en el mercado de valores, de materias primas
strike vote
(Ar) referéndum
(Mex) voto sindical, voto de huelga
(Ven) votación de ir a la huelga
strips
(Es) cupones separados

(valores con pago único al vencimiento que incluye los intereses devengados)

structural inflation
inflación estructural

structural unemployment
desempleo estructural

structure
estructura

subcontractor
subcontratista

subdivider
(Ven) el que subdivide

subdividing
subdividir

subdivision
subdivisión

subject to mortgage
sujeto a hipoteca

sublease
subarriendo
(Ar) (Mex) subarrendamiento

sublet
subarrendar

subliminal advertising
(Es) publicidad subliminal

submarginal
submarginal

suboptimize
suboptimizar

subordinated
subordinado

subordinate debt
deuda subordinada

subordination
subordinación

subpoena
citación judicial
v. citar

subrogation
subrogación

subroutine
subrutina
(Ch) programa secundario
(Mex) subprograma

subscript
(Ch) subscrito
(Mex) subíndice
(Ven) firmar, suscribir, subíndice, índice inferior

subscripted variable
(Mex) variable con índice
(Ven) variable suscrita

subscription
suscripción, firma
(Mex) inscripción

subscription price
precio de suscripción

subscription privilege
privilegio de suscripción

subscription right
derecho de suscripción

subsequent event
evento subsiguiente
(Ch) hecho posterior

subsidiary
subsidiario, auxiliar

subsidiary company
compañía subsidiaria
(Es) compañía filial

subsidiary ledger
libro mayor auxiliar
(Es) (Mex) (Ven) libro auxiliar

subsidy
subsidio
(Es) prima subvención

subsistence
subsistencia
(Mex) viáticos, gastos de viaje, mantenimiento

substitution
sustitución

substitution effect
efecto de sustitución

substitution law
(Mex) ley de reemplazo
(Ven) ley de sustitución

substitution slope
(Mex) pendiente de renovación

subtenant
subinquilino
(Es) subarrendatario

subtotal
subtotal

suggested retail price
precio al por menor sugerido

suggestion system
sistema de sugestiones
(Mex) sistema de sugerencias

suicide clause
cláusula de suicidio
summons
citación judicial, emplazamiento
(Es) convocatoria, citación, auto de comparecencia
(Mex) citatorio, notificación
sunset industry
(Mex) industria en declive, industria en caída
(Ven) industria a punto de extinción
sunset provision
(Ar) disposición con fecha de expiración
(Ven) disposición transitoria (que solo se puede renovar por legislación)
superfund
superfondo
superintendent
superintendente
supermarket
supermercado
super now account
cuenta con interés elevado
supersaver fare
(Ch) tarifa rebajada, tarifa súper económica
super sinker bond
bono con cupón a largo plazo y vencimiento a corto plazo
superstore
hipermercado
supplemental agreement
convenio suplementario
supplier
proveedor
(Es) abastecedor
supply
oferta, abastecimiento
v. proveer, abastecer, suplir, ofrecer
(Mex) suministro
supply price
precio de oferta
supply-side economics
economía de oferta
support level
(Ar) (Mex) (Ven) nivel de apoyo
(Ch) nivel de soporte
surcharge
recargo, sobreprecio, impuesto abusivo, hipoteca adicional a la primera
v. recargar, imponer un impuesto adicional, señalar un error en una cuenta saldada, imponer responsabilidad personal a un fiduciario quien administra mal
(Es) sobretasa, demostrar la omisión de una partida de abono
surety bond
fianza
surplus
superávit, sobrante
(Es) excedente, reservas de capital
surrender
renuncia, cesión
v. renunciar, ceder
surrender, life insurance
(Ar) cesión, seguro de vida
(Ch) rescate de una póliza de seguro de vida
surtax
impuesto adicional, sobretasa
(Es) impuesto complementario
survey
agrimensura, apeo, encuesta
(Es) peritación, peritaje, examen, estudio, inspección
(Mex) investigación
survey area
(Ar) (Ven) área de estudio
(Ch) área de agrimensura, área de reconocimiento
(Mex) área de levantamiento o reconocimiento topográfico
surveyor
inspector(a) de obra
(Ch) (Ven) topógrafo
(Es) perito (de compañía de seguros)
survivorship
supervivencia

suspended trading
suspensión temporaria en las transacciones de un valor

suspense account
cuenta suspensiva
(Ar) (Ven) cuenta de orden
(Ch) cuenta puente
(Es) cuenta en suspenso, cuenta transitoria

suspension
suspensión

swap
intercambio
(Es) cambio de una divisa a plazo por otra al contado, "swap", intercambio de valores, canje (de un préstamo por otro en el que se modifica algún elemento), crédito cruzado

sweat equity
equidad obtenida a través del trabajo del dueño en la propiedad

sweatshop
negocio de malas condiciones para los empleados

sweepstakes
concurso
(Es) sorteo

sweetener
(Ch) algo que hace una propuesta más atractiva
(Ven) astilla, soborno (característica que se agrega a un título determinado para que éste resulte más atractivo a los inversores)

swing shift
turno de la tarde

switching
(Ar) cambio
(Mex) conmutación
(rotación de contratos de opciones y de futuros cambiándolos por otros sobre el mismo activo subyacente con vencimiento posterior, rotación de títulos en gestión de una cartera de valores)

sympathetic strike
huelga de solidaridad

syndicate
sindicato, consorcio
v. sindicar
(Es) consorcio de emisión

syndication
sindicación

syndicator
sindicador

synergy
sinergía

system
sistema

systematic risk
riesgo sistemático

systematic sampling
muestreo sistemático

T

T-account
cuenta "T"
tactic
táctica
take a bath, take a beating
(Ar) perder gran parte del dinero invertido en un determinado bien
(Ch) (Mex) sufrir una pérdida considerable
(Ven) sufrir un revés, quedar maltrecho, salir mal
take a flier
comprar títulos con el conocimiento de que la inversión es altamente riesgosa
(Mex) especular
(Ven) arriesgar mucho especulando
take a position
(Ch) tomar una posición, tomar una decisión
(Mex) tomar o adoptar posición
(Ven) adquirir títulos más o menos expuestos a riesgos (comprar o vender títulos a fin de establecer una posición corta o larga en dichos títulos)
take-home pay
pago neto, salario neto
(Ch) sueldo líquido
(Es) sueldo neto
take
ingresos
(Ar) ganancia realizada a partir de una transacción
takeoff
(Ar) despegue, arranque, impulso inicial
(Ch) lanzamiento
take-out loan, take-out financing
financiamiento permanente de una construcción
(Ar) fondos adicionales generados en una cuenta de corretaje cuando un inversor vende un bloque de títulos y compra otro bloque a un precio inferior
(Ven) préstamo hipotecario a largo plazo para sustituir el préstamo inicial de construcción
takeover
toma del control, adquisición
(Ar) adquisición del control de una compañía
taking
(Ar) toma, captura, apresamiento
(Mex) recoger
(Ven) ingreso, recaudación
taking delivery
(Ch) (Mex) aceptación de entrega
(Ven) recepción de un pedido
taking inventory
tomar inventario
tally
cuenta, anotación contable
(Ar) recuento
(Es) inventario a la descarga de la mercancía
(Mex) "cuadrar" una cuenta
tangible asset
activo tangible
(Ar) activo inmovilizado
(Es) material inmovilizado
tangible personal property
propiedad personal tangible
(Ch) bienes muebles tangibles
tank car
(Ar) (Mex) (Ven) vagón cisterna
(Ch) carro de tanque
tape
cinta
(Ch) grabar
target audience
audiencia objetivo
(Ar) meta, grupo estratégico
target group index (TGI)
(Ar) índice del grupo beneficiario
(Ch) índice del grupo objetivo
(Ven) índice del grupo objeto
target market
mercado objeto

(Ar) mercado meta
target price
precio objeto, precio máximo de un nuevo producto
(Ar) mercado meta, precio indicativo
tariff
tarifa, arancel aduanero, derecho de importación
(Es) arancel aduanera
tariff war
guerra arancelaria
task force
equipo de trabajo especial
(Es) equipo de trabajo, fuerza de choque
task group
grupo de tareas
(Ven) comité/grupo de trabajo
task management
administración de tareas
tax
impuesto, contribución, tributo, gravamen
v. imponer, gravar
tax abatement
reducción impositiva
(Es) reducción de un impuesto
taxable income
ingresos imponibles
(Ch) ingresos o renta tributable
(Es) líquido imponible, renta imponible, utilidad imponible, ganancia gravable, rentas sujetas a gravamen
(Mex) ingreso gravable
taxable year
año fiscal
(Ch) año tributario
(Es) año gravable
tax and loan account
cuenta de impuestos y préstamos
tax anticipation bill (TAB)
obligación a corto plazo en anticipación a impuestos
tax anticipation note (TAN)
nota en anticipación a impuestos
taxation, interest on dividends
(Ar) tributación, fiscalidad, aplicación de impuestos, interés sobre los dividendos
(Ven) tasación, tributación
tax base
base imponible, base gravable
tax bracket
clasificación contributiva, clasificación impositiva
(Ch) tramo de impuestos
(Ven) categoría impositiva
tax credit
crédito impositivo, crédito fiscal
(Es) deducción fiscal
(Mex) acreditamiento
tax deductible
deducible para efectos contributivos
(Ar) deducible de la utilidad imponible
(Ven) deducible, desgravable
tax deduction
deducción impositiva, deducción fiscal
(Es) deducción de impuestos desgravación fiscal
tax deed
escritura del gobierno que reclama un inmueble por incumplimiento de los deberes impositivos
tax deferred
de impuestos diferidos
tax evasion
evasión de impuestos
(Es) evasión fiscal
tax-exempt property
propiedad exenta de impuestos
tax-exempt securities
valores exentos de impuestos
tax foreclosure
ejecución fiscal
tax-free exchange
intercambio libre de impuestos
tax impact
impacto impositivo
(Mex) impacto fiscal

tax incentive
incentivo impositivo
(Mex) estímulo fiscal
tax incidence
incidencia impositiva
(Mex) incidencia fiscal
tax lien
privilegio fiscal, gravamen por/sobre impuestos no pagados
tax loss carryback (carryforward)
pérdidas que se pueden incluir en la planilla tributaria para años anteriores y subsiguientes
tax map
mapa impositivo
taxpayer
contribuyente
(Mex) causante (de impuestos)
tax planning
planificación impositiva
(Mex) planeación fiscal
tax preference items
ítems de preferencia impositiva
(Mex) artículos con preferencia fiscal
tax rate
tasa impositiva
(Mex) tasa fiscal
tax return
planilla, declaración de impuestos
(Es) declaración fiscal, declaración impositiva
tax roll
registro de contribuyentes
(Ch) rol de contribuyentes
tax sale
venta de propiedad por incumplimiento de los deberes impositivos
tax selling
(Mex) embargo fiscal
tax shelter
abrigo tributario, amparo contributivo, método para reducir o aplazar la obligación impositiva
(Ven) amparo fiscal, paraíso fiscal
tax straddle
(Mex) arbitraje fiscal
(Ven) operación cubierta o "straddle" con fines fiscales o de compensación fiscal (combinación de dos contratos similares de futuros, uno de compra y otro de venta, que tienden a moverse en direcciones opuestas, de tal manera que la pérdida en uno de ellos se compensa con la ganancia en el otro)
team building
formación de equipos
team management
(Ar) administración de equipos
(Ch) gestión por equipo
(Ven) gerencia de equipos
teaser advertising
(Es) publicidad de intriga
teaser rate
(Mex) tarifa tentadora
(Ven) tasa enigmática
technical analysis
(Es) análisis técnico
(estudio de las relaciones entre las distintas variables del mercado bursátil)
technical rally
(Mex) recuperación técnica
(Ven) recuperación momentánea del mercado por razones técnicas (aumento temporario del precio de un título valor o "commodity" durante una tendencia general en baja)
technological obsolescence
obsolescencia tecnológica
technological unemployment
desempleo tecnológico
technology
tecnología, técnica
telecommunications
telecomunicaciones
telemarketing
telemercadeo
(Mex) "telemarketing"

telephone switching
(Mex) (Ven) conmutación telefónica
(movimiento de fondos de un fondo común de inversión a otro a partir de una orden recibida por teléfono)
template
(Ar) (Ven) plantilla
(Ch) (Mex) plantilla, patrón
tenancy
tenencia, arrendamiento
tenancy at sufferance
posesión de un inmueble tras la expiración del arrendamiento
tenancy at will
arrendamiento por un período indeterminado
tenancy by the entirety
tenencia conjunta entre cónyuges
tenancy for years
(Ar) (Mex) arrendamiento por años
(Ch) (Ven) tenencia por años
tenancy in common
tenencia en sociedad
tenancy in severalty
(Ch) tenencia exclusiva
(Mex) arrendamiento en (posesión) exclusiva
(Ven) tenencia de un inmueble con derechos exclusivos durante determinado período
tenant
tenedor de un inmueble, arrendatario, inquilino, ocupante
tender
oferta, oferta de pago, oferta de cumplir,
v. ofrecer, ofrecer pagar
(Es) propuesta, subasta, hacer una oferta, presentar una propuesta
(Mex) postura, tenedor
tender of delivery
oferta de entrega
tender offer
oferta pública para la adquisición de acciones
tenure
derechos de posesión, período de empleo, permanencia académica
tenure in land
(Ar) tenencia de tierras
(Mex) propiedad de la tierra
(Ven) posesión de terreno
term
término, plazo fijo, sesión
(Mex) vigencia, plazo
term, amortization
(Ar) plazo, amortización
(Ven) amortización a plazo
term certificate
certificado de depósito de un año o más
termination benefits
beneficios por terminación de empleo
term life insurance
seguro de vida por un término fijo
term loan
préstamo por término fijo
(Es) crédito a plazo
terms
términos, condiciones
test
examen, ensayo, prueba
testament
testamento
testamentary trust
fideicomiso testamentario
testate
(Ar) testar
(Ch) (Mex) (Ven) testado
testator
(Es) testador
testchecks
(Es) pruebas aisladas, pruebas selectivas, calas
testimonial
carta de recomendación
testimonium
(Ar) testimonio
(Ven) certificación
test market
mercado de prueba

test statistic
(Ar) (Ch) (Ven) estadística de una prueba
(Mex) estadígrafo de prueba
thin market
mercado de pocas transacciones
third market
tercer mercado
third party
tercero
(Es) tercera parte
third-party check
cheque de tercera parte
third-party sale
(Ar) (Ven) venta de terceros
(Ch) venta a terceros
threshold-point ordering
(Ar) (Ven) pedido de punto de umbral
(Ch) hacer pedidos según un punto determinado de nivel de existencias u otro criterio
thrift institution
institución de ahorros
(Ven) entidad de ahorros
thrifty
ahorrativo
through rate
tarifa combinada de envío
tick
movimiento del precio de un valor
v. puntear
(Es) valor mínimo de variación
ticker
sistema para visualizar cotizaciones
tie-in promotion
promoción vinculada
tight market
mercado activo
(Ar) mercado difícil
(Ven) mercado estrecho
tight money
condición económica en que es difícil obtener crédito
(Es) dinero escaso, dinero caro
tight ship
(Ch) una gestión bien controlada
till
cajón, caja
time-and-a-half
tiempo y medio
time card
tarjeta para registrar horas de trabajo
(Mex) tarjeta de tiempo
time deposit
depósito a plazo
(Es) imposición a plazo, depósito a término, cuenta a plazo fijo, pasivo exigible a plazo
time draft
letra de cambio a pagar en una fecha fija, letra de cambio a término
(Mex) giro a plazo
(Es) letra de cambio a plazo, giro a un plazo
time is of the essence
el plazo es de esencia
time management
administración del tiempo
time series analysis
(Ar) análisis por series cronológicas
(Mex) (Ven) análisis de serie temporal
time series data
(Ar) datos por series cronológicas
(Mex) valores de una serie cronológica
(Ven) datos de series temporales
time-sharing
(Es) tiempo compartido (copropiedad en la cual los diversos dueños tienen derecho a usar la propiedad durante un período específico cada año)
timetable
horario, programa
time value
valor del tiempo
(Es) factor tiempo
tip
propina, información sobre una corporación que no es del conocimiento público

title
título
(Es) título de propiedad, epígrafe, documento, derecho
title company
compañía de títulos
title defect
defecto de título
title insurance
seguro de título
title report
informe de título
title search
investigación de título
title theory
(Mex) teoría de la propiedad
(Ven) teoría de título
tokenism
(Ar) (Ven) simbolismo
(Mex) igualdad aparente de oportunidades
toll
peaje
tombstone ad
aviso en periódicos de un ofrecimiento
top out
período de mayor demanda
v. cubrir aguas
(Es) cota bursátil más alta
tort
agravio, injusticia
total capitalization
capitalización total
total loss
pérdida total
(Es) pérdida completa
total paid
(Ar) pago total
(Ch) (Ven) total pagado
total volume
volumen total
trace, tracer
búsqueda de un envío perdido
(Ar) rastro, huella, vestigio, trazador
(Ch) rastro, seguimiento, rastrear, seguir la pista, hacer seguimiento, rastreador
(Ven) huella, señal, pista
trackage
carga por uso de vías férreas
tract
(Ar) extensión
(Ch) trecho, terreno
(Mex) tracto, vía
(Ven) trocha, tracto, parcela
trade
comercio, oficio, cambio
v. comerciar, cambiar
(Mex) negocio
(Es) tráfico, profesión
trade acceptance
documento cambiario aceptado
(Mex) aceptación mercantil, letra comercial aceptada
(Es) aceptación comercial
trade advertising
(Ar) (Ch) (Mex) publicidad comercial
(Ven) propaganda comercial
trade agreement
acuerdo comercial, convenio comercial
(Mex) contrato comercial
trade barrier
barrera comercial
trade credit
crédito comercial
trade date
fecha de transacción
(Es) fecha de ejecución
trade deficit (surplus)
déficit (superávit) comercial
trade fixtures
instalaciones fijas comerciales
trade magazine
revista de una profesión o ramo determinados
trademark
marca, marca comercial
(Es) marca registrada
trade-off
canje, intercambio
trade rate
tasa comercial
trader
comerciante, negociante

(Ar) operador
(Es) tratante, arbitrajista

trade secret
secreto comercial, secreto industrial

trade show
(Ar) feria comercial
(Ch) exhibición comercial
(Mex) (Ven) exposición comercial o industrial

trade union
sindicato, gremio laboral
(Es) sindicato obrero

trading authorization
autorización para transacciones

trading post
puesto de transacciones

trading range
alcance de transacciones
(Es) banda de fluctuación

trading stamps
estampillas de compras que se pueden usar para comprar en vez de dinero

trading unit
unidad de transacción

traditional economy
economía tradicional

tramp
(Es) buque de servicio irregular

transaction
transacción, negocio
(Es) operación, movimiento

transaction cost
costo de transacción

transfer agent
agente de transferencia
(Mex) agente de bolsa (entidad financiera que una compañía designa para realizar la transferencia de sus títulos, así también como para mantener un registro)

transfer development rights
(Ar) derechos de ejecución de transferencia
(Mex) derechos de explotación de un traspaso
(Ven) derechos de desarrollo de transferencia

transfer payment
(Ch) (Ven) pago de traspaso o de transferencia
(Mex) transferencia, pago de transferencia

transfer price
precio de transferencia
(Es) precio de cesión

transfer tax
impuesto a las transferencias
(Mex) impuesto sobre transferencias

translate
traducir

transmittal letter
carta que acompaña
(Es) carta de envío
(Mex) carta remesa

transnational
transnacional

transportation
transportación, transporte

treason
traición

treasurer
tesorero

tree diagram
(Ar) diagrama arbóreo
(Ch) (Ven) diagrama de árbol

trend
tendencia
(Es) inclinarse hacia

trend line
línea de tendencia

trespass
(Ar) infracción, violación
(Ch) infringir, invadir, traspasar los límites
(Mex) (Ven) transgresión, violación de derechos

trial and error
tanteo
(Ar) método de ensayo y error

trial balance
balance de comprobación

trial offer
oferta de prueba

trial subscriber
(Ar) (Mex) suscriptor a prueba
(Ven) suscriptor de prueba

trigger point
punto de intervención
trigger price
precio de intervención
triple-net lease
arrendamiento en que el arrendatario paga todos los gastos de la propiedad
troubled debt restructuring
(Ar) (Ch) reestructuración de deuda que está en riesgo
(Ven) reestructuración de deudas problemáticas
troubleshooter
persona especializada en solucionar los problemas de una empresa
trough
punto más bajo
true lease
(Ar) arrendamiento verdadero
(Ven) arrendamiento auténtico
truncation
truncamiento, retención de cheques cancelados
trust
fideicomiso, confianza
(Es) consorcio, cartel de empresas, monopolio
trust account
cuenta fiduciaria
(Ven) cuenta de fideicomiso
trust certificate
certificado de fideicomiso de equipo
(Es) certificado de participación en una sociedad inversionista
trust company
compañía fiduciaria
(Es) institución fiduciaria
(Mex) sociedad de fideicomiso, banco fiduciario, compañía de depósito
trust deed
escritura fiduciaria
(Es) contrato de compromiso, título de constitución de hipoteca, escritura de emisión
(Mex) contrato de fideicomiso
trust, discretionary
fideicomiso discrecional
trustee
fiduciario, persona en una capacidad fiduciaria
(Mex) síndico
(Es) depositario fideicomisario
trustee in bankruptcy
síndico concursal
(Es) síndico de una quiebra
trust fund
fondos en fideicomiso, fondos destinados a formar parte de un fideicomiso
trust, general management
(Ar) fideicomiso, administración general
(Ven) sociedad general de inversiones
trustor
quien crea un fideicomiso
truth in lending act
(Ch) acta para la transparencia en el otorgamiento de créditos
(Mex) ley sobre la veracidad en los préstamos
(Ven) ley que obliga a la transparencia en todas las operaciones de crédito, por parte del prestamista
turnaround
(Ven) hacer rentable (proceso por el cual finaliza un período de pérdidas o baja rentabilidad y se ingresa en una etapa más rentable)
turnaround time
(Es) tiempo de respuesta (tiempo que transcurre en terminar completamente un trabajo tras recibir la orden)
turnkey
(Es) llave en mano
turnover
movimiento, movimiento de mercancías, producción, cambio de personal, giro
(Ch) rotación

(Mex) coeficiente de rotación
(Es) cifra de negocios volumen de negocio

twisting
transacciones excesivas para generar comisiones

two percent rule
(Ar) norma de dos por ciento
(Ven) regla del dos por ciento

two-tailed test
prueba de dos colas

***T* statistic**
estadística *T*

tycoon
magnate
(Es) magnate industrial

U

umbrella liability insurance
seguro de responsabilidad suplementario para aumentar la cobertura
unappropriated retained earnings
ingresos retenidos no asignados
(Ch) utilidades retenidas disponibles para la distribución
(Mex) utilidades retenidas no distribuidas
(Ven) ganancias retenidas no apropiadas
unbalanced growth
crecimiento desbalanceado
(Ar) (Ven) crecimiento desequilibrado
unbiased estimator
estimador no sesgado
uncollected funds
fondos no cobrados
uncollectible
incobrable
unconsolidated subsidiary
(Ar) (Ch) (Ven) subsidiaria no consolidada
(Mex) sociedad no consolidada
underapplied overhead
(Ar) (Ven) gastos generales subaplicados
(Ch) gastos generales no imputados
undercapitalization
subcapitalización
underclass
subclase
underemployed
subempleado
underground economy
economía clandestina
underinsured
infraasegurado
(Ar) subasegurado
underlying debt
(Ar) (Ven) deuda subyacente
(Ch) deuda fundamental
(Mex) deuda precedente
underlying mortgage
hipoteca subyacente
underlying securities
valores subyacentes
underpay
pago insuficiente
(Ven) subremuneración
under the counter
(Ch) bajo la mesa
(Mex) venta por abajo de la mesa
(Ven) ilegalmente
undervalued
subvalorado
underwriter
suscriptor, asegurador, colocador de emisión
(Mex) intermediario
(Es) garante
underwriting spread
margen de colocación de emisión
undiscounted
no descontado
undivided interest
interés indiviso
undivided profit
ganancias indivisas
(Ven) ganancias no distribuidas
undue influence
indebido, no pagadero, no vencido
(Ven) influencia no indebida, abuso de poder, tráfico de influencias
unearned discount
descuento no devengado
unearned income (revenue)
ingresos no devengados
(Es) créditos diferidos, renta de inversiones
unearned increment
incremento no devengado, plusvalía
unearned interest
intereses no vencidos, intereses no devengados

unearned premium
prima no devengada
unemployable
incapaz de ser empleado, incapacitado para trabajar
unemployed labor force
(Ar) personal desempleado
(Ch) fuerza laboral cesante
(Mex) población activa sin empleo
(Ven) mano de obra desempleada
unemployment
desempleo
(Ch) cesantía
(Es) paro
unencumbered property
propiedad libre de gravámenes
unexpired cost
costo no vencido
unfair competition
competencia desleal
unfavorable balance of trade
balanza comercial desfavorable
unfreeze
descongelar
unified estate and gift tax
(Ch) (Ven) impuesto unificado sobre herencias y donaciones
unilateral contract
contrato unilateral
unimproved property
propiedad sin mejoras
unincorporated association
asociación no incorporada
unique impairment
(Ar) reducción excepcional
(Ch) empeoramiento único
(Ven) minusvalía excepcional, singular
unissued stock
acciones no emitidas
unit
unidad
unitary elasticity
elasticidad unilateral
unit-labor cost
(Ar) costo laboral unitario
(Ven) costo unidad/mano de obra
unit of trading
unidad de transacción
units-of-production method
método de unidades de producción
unity of command
unidad de mando
universal life insurance
seguro de vida universal
universal product code (UPC)
código universal de producto
(Mex) código de barras
unlisted security
valores no cotizados
unloading
descarga
unoccupancy
(Ar) vacante
(Ven) desocupación, vacante
unpaid dividend
dividendo no pagado
unrealized profit (loss)
ganancias (pérdidas) no realizadas
(Es) plusvalías (minusvalías) tácitas, plusvalías genéricas
unrecorded deed
escritura sin registrar
unrecovered cost
costo no recuperado
unsecured debt
deuda sin garantía
unskilled
sin cualificar, no cualificado no especializado(a)
unwind a trade
(Ar) cerrar una posición de inversión ejecutando una orden que la compensa
(Mex) contrarrestar una transacción
update
actualizar
(Es) poner al día
up front
por adelantado
upgrade
ascender, mejorar
upkeep
mantenimiento
upside potential
(Ch) posibilidad de mejora

(Mex) potencial ascendente (precio o ganancia potencial que puede esperarse de un título valor o "commodity")

upswing
(Es) período de recuperación

up tick
venta a precio mayor que la anterior
(Es) transacción acordada a un precio superior al de la precedente

uptrend
(Ar) (Mex) tendencia alcista
(Ch) tendencia ascendiente
(Ven) tendencia al alza

upwardly mobile
(Ar) móvil con tendencia ascendente
(Mex) variable ascendente
(Ven) con movilidad social ascendente

urban
urbano

urban renewal
renovación urbana

useful life
vida útil

usufructuary right
derecho de usufructo

usury
usura
(Es) agio

utility
(Ar) (Ch) servicios públicos (agua, electricidad, gas)

utility easement
servidumbre de compañías de servicio público

V

vacancy rate
tasa de vacantes
vacant
vacante
vacant land
tierra vacante
(Ar) terreno vacante
(Ven) terreno ocioso
vacate
dejar vacante, anular
valid
válido, vigente
valuable consideration
contraprestación suficiente, contraprestación válida
valuable papers (records) insurance
(Ar) (Ch) seguro sobre los documentos valiosos
(Ven) seguro de documentos importantes
valuation
valuación, valoración, tasación, apreciación
(Mex) avalúo
value
valor, contraprestación, precio
(Es) valía
value-added tax
impuesto al valor agregado, impuesto de plusvalía
(Es) impuesto sobre el valor añadido
value date
fecha de valor
(Es) fecha efectiva, día de pago, fecha valor
value in exchange
(Ar) valor en intercambio
(Ch) (Ven) valor a cambio
(Mex) valor de cambio
value line investment survey
(Mex) modelo proyectivo de investigación de inversiones
(Ven) análisis de inversión de línea de valor
variable
variable
variable annuity
anualidad variable
(Mex) pensión vitalicia variable
variable cost
costo variable
variable interest rate
tasa de interés variable
(Es) tipo de interés variable
variable life insurance
seguro de vida variable
variable pricing
(Ar) precios variables
(Ven) fijación de precios variables
variable-rate mortgage (VRM)
hipoteca con tasa de interés variable
variables sampling
muestreo de variables
variance
varianza, permiso especial para una desviación de los reglamentos de zonificación, variación
variety store
tienda con variedad de productos
velocity
velocidad, rapidez
vendee
comprador
vendor
vendedor
vendor's lien
gravamen del vendedor
venture
empresa, negocio, negocio arriesgado
(Es) operación especulativa, arriesgarse
venture capital
capital arriesgado en una empresa, capital aventurado
(Mex) capital riesgoso

(Es) crédito por participación en riesgo, capital riesgo

venture team
(Ar) (Mex) equipo de riesgo
(Ch) equipo de empresa

vertical analysis
análisis vertical

vertical discount
descuento vertical

vertical management structure
administración vertical

vertical promotion
promoción vertical

vertical specialization
especialización vertical

vertical union
sindicato vertical

vested interest
interés adquirido

vesting
adquisición de derechos de pensión

vicarious liability
responsabilidad indirecta

vice-president
vicepresidente
(Es) director de departamento, gerente

violation
violación, infracción

vocational guidance
orientación profesional

vocational rehabilitation
rehabilitación vocacional

voidable
anulable

volatile
volátil

volume
volumen

volume discount
descuento por volumen

volume merchandise allowance
(Ar) (Ch) (Mex) descuento por volumen de mercancías
(Ven) subvención, bonificación para mercancía de volumen

voluntary accumulation plan
plan de acumulación voluntario

voluntary bankruptcy
quiebra voluntaria

voluntary conveyance
transferencia voluntaria
transferencia a título gratuito

voluntary lien
gravamen voluntario

voting right
derecho de voto

voting stock
acciones con derecho a voto

voting trust certificate
certificado de fideicomiso para votación

voucher
comprobante, recibo
(Mex) factura, orden de compra
(Es) justificante, póliza

voucher register
(Es) registro de comprobantes, registro de pólizas

W

wage
salario, sueldo, remuneración
(Es) jornal
wage assignment
asignación de salario (para pagar deudas)
wage bracket
escala salarial
wage ceiling
techo salarial
(Es) tope salarial
wage control
control salarial
(Ven) control de salarios
wage floor
salario mínimo
(Es) salario base
(Ven) base salarial
wage freeze
congelación salarial
wage incentive
incentivo salarial
wage-push inflation
inflación causada por salarios ascendentes
(Es) inflación provocada por aumentos salariales
(Ven) inflación provocada por alzas salariales
wage rate
tasa salarial
(Mex) tabulador de salarios
wage scale
escala salarial
wage stabilization
estabilización salarial
waiver
renuncia, abandono
(Es) abandono de derecho
walkout
abandono organizado del lugar de trabajo por trabajadores por causa de conflictos laborales, huelga laboral
wallflower
(Ar) título valor, compañía o sector que no atrae inversión
(Mex) valor poco cotizado
ware
(Ar) mercaderías, artículos de comercio
(Ch) (Ven) mercancías
(Mex) material
warehouse
almacén, depósito
(Es) bodega
warranty
garantía
(Es) compromiso
warranty deed
escritura con garantías de título
warranty of habitability
garantía de habitabilidad
warranty of merchantability
garantía de comerciabilidad
wash sale
venta con pérdida del mismo valor comprado dentro de un plazo máximo de días, venta ficticia
waste
daños negligentes a la propiedad, uso abusivo de la propiedad, desperdicios
v. desperdiciar, derrochar, despilfarrar, malgastar
(Ch) desechos
(Es) derroche, despilfarro
waste assets
activo consumible, recurso natural agotable
(Mex) activos obsoletos
(Es) activo agotable, bienes agotables, activo amortizable
watch list
lista de acciones bajo vigilancia especial
watered stock
(Es) acciones diluidas
(acciones ofrecidas con precio inflado comparado con el valor contable)

(Ven) acciones diluidas o sobrevaloradas, acciones infladas por exceso de capitalización

waybill
hoja de ruta, guía, carta de porte
(Ch) guía de despacho
(Es) talón de ferrocarril, resguardo de transporte por tren, conocimiento de embarque, guía de carga, duplicado de carta de porte
(Mex) boleta de expedición

weakest link theory
(Ch) teoría que cualquier cadena se rompe en su punto más débil
(Mex) teoría de que el hilo se rompe por lo más delgado
(Ven) teoría del eslabón más débil

weak market
mercado débil

wear and tear
deterioro
(Es) uso y desgaste, desgaste natural
(Mex) deterioro por uso, demérito

wearout factor
factor de desgaste

welfare state
estado asistencial, estado de bienestar

when issued
a efectuarse cuando se emita

whipsawed
(Ar) movimiento rápido de precio seguido por un marcado cambio en la dirección opuesta
(Mex) pérdidas por partida doble
(Ven) serruchado, cabrillado

white goods
electrodomésticos, ropa blanca

white knight
(Es) príncipe, caballero blanco (persona o sociedad que saca de apuros económicos a una empresa, especialmente cuando ésta es objeto de una OPA hostil)

white paper
libro blanco, informe del gobierno sobre un asunto determinado

whole life insurance
seguro de vida entera

whole loan
(Ar) préstamo integral
(Mex) primer préstamo hipotecario para vivienda

wholesaler
mayorista
(Es) almacenista, comerciante al por mayor

widget
(Mex) artilugio
(Ven) cualquier aparato mecánico dispositivo

widow-and-orphan stock
acciones de compañías que se caracterizan por registrar movimientos de precios menores a los habituales, pagar dividendos relativamente altos, y tener poca probabilidad de problemas financieros graves

wildcat drilling
perforación exploratoria

wildcat strike
huelga no autorizada por el sindicato
(Es) huelga salvaje

will
testamento, voluntad
(Es) última voluntad

windfall profit
ganancias inesperadas
(Es) resultados atípicos

winding up
liquidación

window
ventana
(Ar) oportunidad que presente el mercado y que debe aprovecharse en el momento en que surge

window dressing
estratagemas para adornar
(Es) operaciones contables

destinadas a abultar una cuenta o balance, maquillar
(ajustes realizados a una cartera de inversiones o a los resultados de una compañía, a fin de hacerlos más atractivos a los inversores)

wipeout
(Ar) enjugar (un déficit)
(Ch) derrota o destrucción total
(Ven) borrar, cancelar, aniquilar, cancelar una deuda

wire house
casa de corretaje con sucursales
(Es) broker con muchas sucursales (unidas por un sistema de comunicaciones)

withdrawal
retiro
(Es) extracción de fondos

withdrawal plan
plan de retiros

withholding
retención

withholding tax
retención de impuestos
(Es) impuesto de utilidades, impuesto sobre la renta
(Mex) impuesto retenido

without recourse
sin recurso

work force
fuerza laboral, personal
(Mex) fuerza de trabajo

working capital
capital circulante, capital de explotación
(Ch) (Mex) (Ven) capital de trabajo
(Es) fondo de maniobra, activo circulante

work in progress
obra en curso
(Ch) (Ven) trabajo en proceso
(Es) manufactura en proceso, asuntos en trámite

workload
carga de trabajo

work order
orden de trabajo

work out
calcular, hacer un cálculo
(Mex) resolver, elaborar, desarrollar

work permit
permiso de trabajo, permiso oficial de trabajo de extranjero

worksheet
hoja de trabajo

work simplification
(Ar) (Ch) (Ven) simplificación del trabajo
(Mex) simplificación laboral

work station
estación de trabajo

work stoppage
paro laboral

work week
semana laboral

World Bank
Banco Mundial

worth
valor

wraparound mortgage
hipoteca que incorpora otra hipoteca existente

writ
orden, mandato, mandamiento

writer
girador, quien vende opciones
(Es) emisor de opción
(Ven) inversor, asegurador, vendedor (en los contratos de opciones)

write-up
aumentar el valor contable
(Ven) aumentar el valor en libros

writing naked
(Mex) suscripción sin garantía
(Ven) amortización al descubierto

writ of error
(Es) auto de casación

written-down value
(Ar) (Mex) valor contable reducido
(Ch) valor después de un castigo
(Ven) valor parcialmente amortizado, reducido o depreciado

XYZ

year-end
a fin de año, fin de ejercicio
(Ch) cierre del año
(Ven) cierre de ejercicio, cierre de año

year-end dividend
dividendo de fin de año

year-to-date (YTD)
año hasta la fecha
(Mex) de un año a la fecha

yellow dog contract
contrato que estipula que el empleado pierde su trabajo si se une a un sindicato

yellow goods
(Ar) bienes corrientes
(Mex) productos de la línea amarilla

yellow sheets
hojas amarillas

yield
rendimiento
v. rendir, producir
(Es) rentabilidad, producto, renta, ingreso

yield curve
curva de rendimiento
(Es) curva de rentabilidad

yield equivalence
equivalencia de rendimiento

yield spread
diferencia de rendimiento
(Es) margen de rendimiento
(Ven) diferencial/margen de rendimiento entre varios valores

yield to average life
rendimiento a la vida media

yield to call
rendimiento a la redención

yield-to-mature (YTM)
rendimiento al vencimiento
(Es) rentabilidad hasta la fecha, fecha de vencimientos, tasa de rendimiento interno

yo-yo stock
(Ar) acciones cuyo precio fluctúa en forma volátil

zero-base budgeting (ZBB)
presupuestación de base cero
(Mex) (Es) presupuesto base cero

zero coupon bond
obligaciones cupón cero
(Es) obligaciones que liquidan interés y principal totales a su vencimiento

zero economic growth
crecimiento económico cero

zero lot line
(Mex) punto cero de la parcelación

zero population growth (ZPG)
(Ar) crecimiento de población nulo
(Ch) (Mex) crecimiento demográfico cero
(Ven) crecimiento cero de la población

zero-sum game
(Mex) juego de suma cero (situación en la cual la ganancia de una persona debe ser equiparada por la pérdida de otra persona, como sucede, por ejemplo, al invertir en opciones y futuros)

zone of employment
zona de empleo

zoning
zonificación

zoning map
mapa de zonificación

zoning ordinance
ordenanza de zonificación

z score
clasificación Z
(Mex) puntuación Z

Spanish into English

A

a corto plazo short term
a cuenta on account
a efectuarse cuando se emita when issued
a favor (Mex) on account
a fin de año year-end
a la apertura at the opening
a la par at par (Ar) in the money (Sp) par
a la presentación (Mex) (Sp) on demand
a la vista on demand (Mex) amortizable
a largo plazo going long
a perpetuidad (Mex) in perpetuity
a plazo forward
a sabiendas (Mex) scienter
a solicitud on demand
a tiempo parcial part-time
abandono abandonment
abandono de derecho (Sp) waiver
abastecer stock, supply
abastecimiento supply
abierto open (Ar) (Ven) open-end
abierto para la compra (Ar) open-to-buy
abogado attorney-at-law, counsel, lawyer
abolir (Sp) abrogate
abonar (Sp) pay
abonaré (Sp) promissory note
abono credit (Ch) downpayment, (Mex) installment
abrigar house
abrigo contributivo abusivo abusive tax shelter
abrigo tributario tax shelter
abrogación (de un derecho) defeasance
abrogar abrogate
absentismo (Sp) absenteeism
absorbido absorbed
absorción merger
abstención abstention
abstenerse (Ven) holdback
abundancia (Mex) glut
aburguesamiento gentrification
abuso de poder (Ven) undue influence
acaparador (Sp) monopolist
acaparar el mercado corner the market
acarreo (Sp) cartage
acceso accession
acceso al azar (Ar) random access
acceso directo direct access
accesorio appurtenant
acción share (Mex) equity
acción de alta cotización hot stock
acción del administrador administrator's deed
acción fraccionada fractional share
acción inactiva inactive stock or inactive bond
acción para resolver reclamaciones opuestas en propiedad inmueble quiet title suit
acción preferente (Sp) preferred stock
accionario shareholder
acciones stock
acciones autorizadas authorized shares or authorized stock
acciones cíclicas cyclical stock
acciones clasificadas classified

stock
acciones comunes common stock
acciones con derecho a voto voting stock
acciones cuyo precio fluctúa en forma volátil (Ar) yo-yo stock
acciones de alta tecnología high-tech stock
acciones de apreciación (Mex) growth stock
acciones de capital capital stock
acciones de clase B (Ar) (Mex) class action B shares
acciones de precio muy bajo penny stocks
acciones de primera categoría blue-chip stock
acciones de primera clase (Ven) blue-chip stock
acciones de segunda preferencia (Ch) second-preferred stock
acciones diluidas (Sp) watered stock
acciones diluidas/sobrevaloradas (Ven) watered stock
acciones donadas donated stock
acciones en circulación outstanding capital stock, (Ar) floating supply
acciones no emitidas unissued stock
acciones ordinarias common stock
acciones participantes preferentes (Sp) participating preferred stock
acciones preferenciales preferred stock
acciones preferenciales con prioridad sobre otras acciones preferidas prior-preferred stock
acciones preferentes acumulativas (Ven) cumulative preferred stock
acciones preferentes secundarias (Ven) second-preferred stock
acciones preferidas preferred stock
acciones preferidas con participación participating preferred stock
acciones preferidas de segundo grado (Ar) second-preferred stock
acciones preferidas no acumulativas noncumulative preferred stock
acciones preferidas acumulativas cumulative preferred stock
acciones que no se pueden vender al público letter stock
acciones que se compran con expectativas de apreciación performance stock
acciones sin derecho a voto nonvoting stock
acciones sin valor a la par no-par stock
acciones sin valor nominal no-par stock
acciones triple A (Ven) blue-chip stock
acciones y obligaciones de valor dudoso cats and dogs
acciones, bonos y valores (Mex) securities
accionista shareholder, stockholder
accionista inscrito en el registro de acciones (Sp) stockholder of record
accionista mayoritario majority shareholder
accionista principal principal stock holder (Ven) majority shareholder
accionista registrado stockholder of record
aceleración acceleration

acelerador, principio del acelerador accelerator, accelerator principle
aceptación acceptance, accession
aceptación bancaria o de banco banker's acceptance
aceptación comercial (Sp) trade, acceptance
aceptación como finiquito accord and satisfaction
aceptación de entrega (Ch) (Mex) taking delivery
aceptación mercantil (Mex) trade acceptance
aceptador (de una letra) drawee
aceptar honor
acoger honor
acolchado (Mex) padding
acoplamiento mutuo interface
acordado (como un precio) (Ch) locked in
acoso sexual sexual harassment
acre acre
acrecentamiento accretion
acreditamiento (Mex) tax credit
acreditar credit,
acreedor creditor, obligee
acreedor hipotecario mortgagee
acreedor judicial (Ven) judgment creditor
acreedores diversos (Sp) accounts payable
acta (Mex) affidavit
acta constitutiva (Ven) articles of incorporation
acta de constitución (Ven) certificate of incorporation
acta de garantía general general warranty deed
acta notarial (Mex) deed (Sp) affidavit
actas minutes
actividad pasiva passive activity
actividades enfocadas hacia la venta (Sp) marketing mix
activo asset
activo agotable (Sp) waste assets
activo amortizable (Sp) waste assets
activo aprobado (Sp) net assets
activo circulante neto (Sp) (Ven) net current assets
activo confirmado (Sp) net assets
activo consumible waste assets
activo corriente current asset
activo corriente neto net current assets
activo de capital capital assets
activo de fácil realización (Sp) liquid asset
activo de rápida realización (Mex) quick asset
activo de realización inmediata (Sp) quick asset
activo disponible (Sp) liquid asset, quick asset
activo fácilmente convertible en efectivo near money
activo fijo capital assets, fixed asset
activo inmovilizado capital assets (Ar) tangible asset
activo intangible intangible asset
activo líquido liquid asset (Sp) net assets, proprietorship
activo líquido, disponible o realizable (Ven) quick asset
activo neto net assets
activo neto realizable (Sp) net quick assets
activo no circulante noncurrent asset
activo oculto (Ven) hidden asset
activo rápido (Mex) quick ratio
activo realizable current asset, quick asset (Sp) liquid asset
activo tangible tangible asset
activos (Sp) resources
activos obsoletos (Mex) waste assets

acto (Sp) record
acto antimonopólico antitrust acts
acto de quiebra act of bankruptcy
acto fraudulento collusion
actual current
actualización maintenance
actualización de los flujos de fondos (Ar) discounted cash flow
actualizar update
actuario actuary
acuerdo accord and satisfaction, agreement, accession, cartel (Sp) resolution
acuerdo administrativo management agreement
acuerdo comercial trade agreement
acuerdo de ocupación limitada limited occupancy agreement
acuerdo de recompra (Sp) repurchase agreement (REPO, RP)
acuerdo de venta (Ar) agreement of sale
acuerdo de voluntades meeting of the minds
acuerdo final closing agreement
acuerdo laboral labor agreement
acuerdo prenupcial (Ar) (Mex) prenuptial agreement
acuerdo sobre margen (Mex) spreading agreement
acuerdo "spreading" (Ar) spread
acuerdo y conciliación (Ven) accord and satisfaction
acumulación agglomeration (Ar) bunching
acumulación de deseconomías agglomeration diseconomies
acumulación modificada (Ar) modified accrual
acumular accrue, amass
acuñación mintage
acusado (por lo penal) defendant
acusador (Ch) stool pigeon
acuse de recibo (Ch) receiving record
ad valorem; con arreglo al valor (Sp) ad valorem
adelantado forward
adelantar advance
adelanto advance, down payment
adenda (Ar) (Mex) addendum
adeudar charge, debit
adeudo charge, debit
adhesión accession, contract
adición addendum
adiestramiento en el puesto (Mex) on-the-job training (OJT)
adinerado in the money
adjudicación adjudication
adjunto (Ar) appurtenant
administración management
administración de base de datos database management
administración de crisis en crisis management by crisis
administración de equipos (Ar) team management
administración de la producción (Ar) line management
administración de línea line management
administración de materiales materials management
administración de oficina office management
administración de propiedad property management
administración de recursos humanos (Mex) human resources management (HRM)
administración de registros records management
administración de riesgos risk management
administración de tareas task

management
administración del tiempo time management
administración general (Ar) trust, general management
administración intermedia middle management
administración judicial (Mex) receivership
administración vertical vertical management structure
administración/gerencia por excepción management by exception
administración/gerencia por objetivos management by objective (MBO)
administrador administrator, director, manager
(Mex) principal
administrador de cartera de valores portfolio manager
administrador de cuenta account executive
administrador de empresa (Mex) manager
administrador judicial receiver
administrar administer, manage, run
admisión accession
admisión a cotización (Sp) listing
adopción del sistema métrico decimal (Mex) metrication
adquiriente buyer
adquirir buy, gain
adquisición acquisition, procurement, purchase, takeover
adquisición de derechos de pensión vesting
adquisición de desmembramiento (Ven) bust-up acquisition
adquisición fracasada bust-up acquisition
aduana customs
adulterar load
adversario adversary
adyacente adjoining
aerocarga (Sp) air freight
afidávit affidavit
afirmación answer
agarrado a la correa (Ven) straphanger
agencia agency
(Ven) instrumentality
agencia de colocaciones (Mex) employment agency
agencia de empleos employment agency
agencia de reclutamiento employment agency
agencia de transporte (Ven) instrumentalities of transportation
agencia paralela (Ven) bucket shop
agencia por menester agency by necessity
agencia reguladora regulatory agency
agenda diary
agenda oculta hidden agenda
agente agent
agente de bolsa (Mex) transfer agent
agente de bolsa broker, stockbroker
agente de cambio y bolsa (Sp) stockbroker
agente de gestión bargaining agent
agente de la propiedad inmobiliaria realtor
agente de negociación bargaining agent
agente de recaudación de deudas dun
agente de retención escrow agent
agente de transferencia transfer agent
agente especial special agent

agente fiscal fiscal agent
agente mediador broker
agente mercantil mercantile agent
agente/corredor de descuento discount broker
agente pagador paying agent
agente/corredor de ventas selling agent/broker
agio (Sp) usury
agiotista jobber
aglomeración agglomeration (Ar) bunching
agotamiento burnout
agotamiento acumulado accumulated depletion
agotamiento de las reservas draining reserves
agotamiento (de los recursos) depletion
agotamiento industrial industrial fatigue
agravio tort
agravio malicioso malicious mischief
agregación/canasta de mercado market aggregation
agresión battery
agricultura industrial agribusiness
agrimensura survey
agroindustria agribusiness
agrupación pool
agrupamiento bunching
agrupamiento de intereses pooling of interests
ahorrativo thrifty
ahorros (Mex) (Ch) nest egg
ahorros forzados forced saving
aislamiento boycott
ajustador adjuster
ajustador externo independent adjuster
ajustador independiente independent adjuster
ajustar (Mex) settle
ajustar al valor del mercado (Ven) mark to the market
ajuste composition (Sp) reconciliation (Mex) settlement
ajuste de período previo prior period adjustment
ajuste estacional seasonal adjustment
ajuste mensual del interés (Mex) monthly compounding of interest
ajuste o liquidación de seguro insurance settlement
ajustes por el costo de vida cost-of-living adjustment (COLA)
ajuste retroactivo retroactive settlement
al aire libre (Ven) open space
al cierre (Ar) (Ch) at the close
al concluir at the close
al principio at the opening
al terminar at the close
albacea testamentario executor
albarán al portador (Sp) order bill of lading
alcance (Sp) range
alcance de depreciación de bienes asset depreciation range (ADR)
alcance del control (Ch) span of control
alcanzar el punto más bajo bottom
alcanzar un nivel máximo (Sp) peak
alcanzar un promedio average
alcista bull
alegación allegation
alegaciones pleading
alegato allegation (Ven) pleading
alienación alienation
alimentación en cadena (Ar) (Ven) chain feeding
alimento alimony
alimentos estovers
alineación array

alistamiento listing
alistar list
almacén stockroom, store, warehouse
almacén/negocio independiente independent store
almacenamiento de archivos archive, storage
almacenar stock
almacenista (Sp) wholesaler
alodial allodial
alojamiento sin discriminación (Mex) open housing
alojar house
alquilar rent
alquiler base base rent
alquiler del terreno ground rent
alquiler mes a mes (Ar) month-to-month tenancy
alquiler o arrendamiento contractual contract rent
económico economic rent
alquiler o arrendamiento alquiler/arrendamiento equitativo de venta/mercado fair market rent
alquiler-compra (Sp) lease
alta tecnología high technology
alteración debasement, co-op
alto nivel de conocimientos (Mex) knowledge intensive
alza de precios pronunciada (Sp) rally
amenidades amenities
amigable componedor (Sp) arbitrator, referee
amontonar amass
amortización amortization, depreciation, depreciation recapture, depreciation reserve, redemption (Ar) call price, accumulated depreciation
amortización a plazo (Ven) term, amortization
amortización acelerada (Ar) accelerated depreciation
amortización acumulada accumulated depreciation, allowance for depreciation
amortización adicional del primer año (impuesto) additional first-year depreciation (tax)
amortización al descubierto (Ven) writing naked
amortización de una inversión (Ven) payback period
amortización irreparable incurable depreciation
amortización negativa negative amortization
amortización o liquidación de deuda (Ch) debt retirement
amortizar depreciate
amortizar la hipoteca (Mex) mortgage out
amparo (Mex) injunction
amparo contributivo tax shelter
amparo fiscal (Ven) tax shelter
ampliación interna internal expansion
amplitud (Mex) range
añadidura addendum
análisis analysis (Sp) review
análisis básico fundamental analysis
análisis cualitativo qualitative analysis
análisis cuantitativo quality analysis
análisis de año base base-year analysis
análisis de antigüedad (de las cuentas) (Mex) aging of accounts receivable/aging schedule
análisis de caducidad (Ch) lapsing schedule
análisis de cambio analysis of variance (ANOVA)
análisis de costo de distribución distribution cost analysis

análisis de desviaciones (Ch) analysis of variance
análisis de equilibrio general general equilibrium analysis
análisis de equilibrio parcial partial-equilibrium analysis
análisis de fracaso failure analysis
análisis de índices/coeficientes (Ven) ratio analysis
análisis de inversión de línea de valor (Ven) value line investment survey
análisis de las variaciones (Ar) analysis of variance (ANOVA)
análisis de mercado market analysis
análisis de punto crítico (Ven) break-even analysis
análisis de punto muerto/ equilibrio break-even analysis
análisis de quiebra failure analysis
análisis de radios (Sp) ratio analysis
análisis de razones ratio analysis
análisis de regresión regression analysis
análisis de serie temporal (Mex) (Ven) time series analysis
análisis del costo-beneficio cost-benefit analysis
análisis diferencial differential analysis
análisis económico economic analysis
análisis en grupo cluster analysis
análisis estático static analysis
análisis factorial factor analysis
análisis fundamental fundamental analysis
análisis horizontal horizontal analysis
análisis incremental incremental analysis
análisis ocupacional occupational analysis
análisis por género gender analysis
análisis por series cronológicas (Ar) time series analysis
análisis técnico (Sp) technical analysis
análisis vertical vertical analysis
analista analyst, chartist
analista de créditos credit analyst
analista de inversiones securities analyst
analista de ventas sales analyst
analizar review
ancho de banda bandwidth
anejo schedule
anexión annexation
anexo rider, appurtenant (Ch) (Ven) addendum
aniquilar (Ven) wipeout
año calendario calendar year
año civil calendar year
año comercial natural natural business year
año fiscal natural business year, taxable year
año gravable (Sp) taxable year
año hasta la fecha year-to-date (YTD)
año tributario (Ch) taxable year
anotación contable tally
antedatar backdating
antefechar (Sp) backdate
anticipo (Ch) (Mex) (Sp) advance (Ven) earnest money
anticipo pagado (Ch) paid in advance
antigüedad de las cuentas/estado de cuentas por cobrar (Ar) aging of accounts receivable/aging schedule

anual annual basis
anualidad annuity
anualidad anticipada annuity in advance
anualidad combinada hybrid annuity
anualidad de abonos aplazados deferred-payment annuity
anualidad de grupo diferida deferred group annuity
anualidad de pagos diferidos deferred-payment annuity
anualidad en atrasos annuity in arrears
anualidad fija fixed annuity
anualidad mancomunada y de supervivencia joint and survivorship annuity
anualidad ordinaria ordinary annuity
anualidad variable variable annuity
anualidad vencida annuity due (Mex) ordinary annuity
anualmente annual basis
anulable voidable
anulación abatement, defeasance, dissolution
anular abrogate, cancel, remit, vacate
anular (contratos) disaffirm
anuncio posting
anuncio de un ofrecimiento tombstone ad
apalancamiento leverage
apalancamiento inverso reverse leverage
apalancamiento positivo positive leverage
aparato fijo fixture
aparcamiento de valores (Ven) parking
aparcero sharecropper
apelación genérica (Ven) generic appeal
apelado (Ven) respondent
apelar a la justicia garnish
apeo survey
apertura opening
apertura (de la carta) (Mex) attention line
ápice iota
aplazado holdover tenant
aplicación (Sp) appropriation
aplicación de costos cost application
aplicación de impuestos (Ar) taxation, interest on dividends
aplicación de los beneficios a períodos anteriores carryback
aplicación de utilidades (Sp) appropriation
aplicar (Ven) allocate
apoderado agent, attorney-at-law, attorney-in-fact, proxy (Ar) (Sp) assignee
aportación contribution
aportación de capital en exceso del valor nominal capital contributed in excess of par value
aportación masiva de ideas brainstorming
aporte (Ch) contribution
aportes de los trabajadores (Ch) employee contributions
aportes de los trabajadores como gastos de renta (Ch) deductibility of employee contributions
apoyo de precios price supports
apoyo de precios mediante estabilización peg
apreciación estimate, valuation (Sp) appreciation
apreciar appreciate
apremio duress
aprendizaje por rutina (Mex) on-the-job training (OJT)
apresamiento (Ar) taking
apretón a los cortos (Ven) short squeeze

apropiación hipotecaria assumption of mortgage
apropiarse de una cosa (Ar) appropriate
aprovechar de la compara y la venta each way
aprovisionamiento (Sp) procurement
aproximación de ingresos (Mex) income approach
aptitud capacity, facility
apunte (Sp) note
apunte de anulación (Sp) reversing entry
aquel que tiene derecho assignee
arancel duty, tariff
arancel aduanero (Sp) tariff
arbitración arbitration
arbitrador arbiter, arbitrator
arbitraje arbitration, arbitrage, conciliation, hedge, mediation
arbitraje con riesgo risk arbitrage
arbitraje especulativo (Ven) risk arbitrage
arbitraje fiscal (Mex) tax straddle
arbitraje forzoso compulsory arbitration
arbitraje obligatorio (Ven) compulsory arbitration
arbitrajista (Sp) trader
árbitro arbiter, arbitrator (Sp) referee
árbol de decisión decision tree
árbol de toma de decisiones decision tree
archivar file
archivo file, record
área a la gruesa que puede arrendarse gross leaseable area
área alquilable rentable area
área arrendable neta net leasable area
área arruinada blighted area
área común common area
área de agrimensura (Ch) survey area
área de estudio (Ar) (Ven) survey area
área de impacto impacted area
área de incidencia impacted area
área de levantamiento topográfico (Mex) survey area
área de lote de terreno mínima (Ven) minimum lot area
área de mercado market area
área de mercado primario primary market area
área de reconocimiento (Ch) survey area
área de solar mínima minimum lot area
área metropolitana metropolitan area
argumento (Mex) allegation
aritmética media (Ar) arithmetic mean
arrancar dinero a bleed
arras earnest money (Sp) down payment
arrastrar una suma carryover
arrastre carryover
arreglador adjuster
arreglar (Mex) settle
arreglo array, composition (Mex) settlement
arrendador landlord, lessor
arrendamiento lease, leasehold, tenancy (Sp) rent
arrendamiento abierto open-end lease
arrendamiento antes de la construcción prelease
arrendamiento apalancado leveraged lease
arrendamiento auténtico (Ven) true lease
arrendamiento base base rent
arrendamiento bruto gross

lease
arrendamiento con características de una venta (Ch) (Mex) sales type lease
arrendamiento con el derecho para explotar petróleo y gas (Ch) oil and gas lease
arrendamiento con opción de compra lease with option to purchase
arrendamiento con participación percentage lease
arrendamiento de capital capital lease
arrendamiento de equipo equipment leasing
arrendamiento de explotación operating lease
arrendamiento de financiación directa (Ven) direct financing lease
arrendamiento de una explotación de gas y petróleo (Ven) oil and gas lease
arrendamiento del arrendatario que subarrienda a otro sandwich lease
arrendamiento del terreno ground lease
arrendamiento en (posesión) exclusiva (Mex) tenancy in severalty
arrendamiento en una cooperativa proprietary interest
arrendamiento escalonado graduated lease
arrendamiento financiero (Ar) capital lease
arrendamiento financiero financial lease
arrendamiento financiero directo direct financing lease
arrendamiento gradual (Ar) graduated lease
arrendamiento neto net lease
arrendamiento por años (Ar) (Mex) tenancy for years
arrendamiento por un período indeterminado tenancy at will
arrendamiento porcentual sobre las ventas percentage lease
arrendamiento posterior a un revalúo (Ven) reappraisal lease
arrendamiento primario primary lease
arrendamiento principal master lease
arrendamiento según un índice index lease
arrendamiento verdadero (Ar) true lease
arrendar lease (Sp) rent
arrendatario lessee, tenant
arrendatario principal prime tenant, anchor tenant
arriesgar risk
arriesgar mucho especulando (Ven) take a flier
arriesgarse venture
artículo clause
artículo de difícil venta (Ven) sleeper
artículo monetario (Ar) monetary item
artículo no monetario (Ar) nonmonetary item
artículo sin venta sleeper
artículo vendido a pérdida (Ven) loss leader
artículos con preferencia fiscal (Mex) tax preference items
artículos de cebo (Ar) loss leader
artículos de comercio (Ar) ware
artículos de confección dry goods
artículos de importancia (Ven) big-ticket items
artículos de incorporación articles of incorporation
artículos de mayor valor big-ticket items

artículos de propaganda (Ar) loss leader
artículos selectos/de calidad (Ven) specialty goods
artículos terminados finished goods
artilugio (Mex) widget
asalariado employee (Mex) salariat
asamblea house
asamblea anual reunión anual
asamblea definitiva final assembly
ascender upgrade
asegurabilidad insurability
asegurabilidad garantizada guaranteed insurability
asegurado insured, policy holder
asegurador underwriter (Ven) writer
asegurador(a) insurance company, insurer
asegurar attest, insure
asentar al haber credit
asesor assessor, consultant (Sp) adjuster
asesor jurídico counsel
asesor o consejero de inversiones investment counsel
asesor/consultor administrativo (Ven) management consultant
asiento posting (Ar) (Mex) seat
asiento contable extraordinario extraordinary item
asiento de ajuste o rectificativo adjusting entry
asiento de cierre closing entry
asiento de diario journal entry
asiento de diario compuesto compound journal entry
asiento de retroceso (Sp) reversing entry
asiento inverso (Ar) reversing entry
asiento original original entry
asignación adjudication, allowance, appropriation, distribution, assignment
asignación de beneficios allocated benefits
asignación de colateral collateral assignment
asignación de distribución (Ch) distribution allowance
asignación de fondos (Ar) (Ven) application of funds (Ar) appropriation
asignación de impuestos dentro de un período intraperiod tax allocation
asignación de impuestos sobre la renta entre períodos interperiod income tax allocation
asignación de salario wage assignment
asignación especial (Ar) (Ch) special assignment
asignación o distribución de recursos allocation of resources
asignante assignor
asignar allocate, assign, appropriate, grant
asignatario (Sp) legatee
asimilación assimilation
asíncrono asynchronous
asociación association, partnership
asociación comunitaria community association
asociación de empleados employee association
asociación de marca brand association
Asociación de Préstamos y Ahorros Federal Federal Savings And Loan Association
asociación de producto brand association
asociación de propietarios de viviendas homeowner's association

asociación de trabajadores (Ch) employee association
Asociación Federal de Crédito y Ahorro (Mex) Federal Savings and Loan Association
asociación filantrópica (Mex) service club
asociación mutua mutual association
asociación no incorporada unincorporated association
asociado partner
astilla (Ven) sweetener
asunción de seguro de vida total current assumption whole life insurance
asunto issue (Mex) concern
asunto de gran importancia hot issue
asuntos en trámite (Sp) work in progress
atención attention
atención a clientes (Mex) customer service
atestar (Sp) attest
atestiguación affidavit
atestiguar attest
atolladero impasse
atracción general mass appeal
atracción genérica (Ch) generic appeal
atraer con una mercancía y ofrecer otra bait and switch advertising
atrasado (Ven) outstanding
atraso(s) arrears, arrearage
atrasos backlog, back pay
atravesar cross
atribuir allocate
audiencia audience, hearing
audiencia objeto target audience
auditar audit
auditor auditor (Mex) principal
auditor en jefe/socio (Mex) principal
auditoría audit, inspection
auditoría administrativa management audit
auditoría completa complete audit
auditoría continua o constante continous audit
auditoría de cuentas en las oficinas centrales de una empresa (Mex) site audit
auditoría de cumplimiento/ acatamiento compliance audit
auditoría en el domicilio de una empresa (Ven) site audit
auditoría en el lugar (Ar) site audit
auditoría en faena (Ch) site audit
auditoría estatutaria statutory audit
auditoría externa external audit
auditoría interina interim audit
auditoría interna internal audit
auditoría limitada limited audit
auditoría operacional operational audit
auditoría operativa (Ar) operational audit
auditoría preliminar interim audit
auditoría privada internal audit
auditoría reglamentaria (Ar) statutory audit
aumentar gain
aumentar el valor appreciate
aumentar el valor contable write-up
aumentar el valor en libros (Ven) write-up
aumento appreciation, accession, accretion, gain, inflation
aumento de sueldo o salario diferido deferred wage increase
aumento rápido inflacionario inflationary spiral
aumento salarial por mérito merit increase

aumentos de capital (Mex) capital improvement
ausentismo absenteeism
autenti(fi)cación authentication
autenticar por notario (Ven) notarize
auténtico real
auto de casación (Sp) writ of error
auto de comparecencia (Sp) summons
auto interlocutorio interlocutory decree
autoayuda self-help
autoedición por computadora desktop publishing
autofin (Ven) internal financing
automóvil de la empresa company car
autoridad command
autoridad de línea (Ch) line of authority
autoridad expresa express authority
autoridad fraccionada (Mex) (Ven) splintered authority
autoridad funcional functional authority
autoridad inferida inferred authority
autorización endorsement or indorsement, license
autorización para transacciones trading authorization
autorizar license, permit
autoseguro self-insurance
auxiliar dummy, subsidiary
auxiliar de clientes (Ch) accounts receivable ledger
auxiliar de proveedores (Ch) accounts payable
aval guarantee, guaranty
aval limitado (Sp) qualified endorsement
avalar collateralize
avalúo (Mex) valuation
aversión al riesgo (Sp) risk aversion
avería damages (Sp) average (Ch) fast tracking
averiguador y expositor de ruindades muckraker
aviso notice
aviso confidencial tip
aviso de débito (Ch) debit memorandum
aviso de dejar vacante notice to quit
aviso de despido notice of dismissal
aviso de huelga strike notice
aviso de incumplimiento notice of default
aviso de vencimiento (Ch) expiration notice
aviso legal (Ch) legal notice, statutory notice
aviso reglamentario (Ar) statutory notice
avulsión avulsion
ayudante (Mex) principal
ayudante de caja payer

B

baja depression, slump (Sp) setback
baja de precios break
baja en los cambios break
baja ligera (bolsa) down tick
bajista bear
bajo low (Ch) menial
bajo la mesa (Ch) under the counter
bajo la par below par
bajo riesgo at risk
balance balance sheet, balance
balance compensador compensating balance
balance de comprobación trial balance
balance de situación balance sheet (Mex) post closing trial balance
balance general balance sheet
balance posterior al cierre (Ch) (Ven) post closing trial balance
balanza (Sp) scale
balanza comercial desfavorable unfavorable balance of trade
balanza comercial/de comercio/de intercambio balance of trade
balanza comercial que arroja un saldo positivo (Ar) favorable trade balance
balanza comercial ventajosa/ favorable favorable trade balance
balanza de pagos balance of payments
banca de concentración concentration banking
bancarrota bankruptcy
banco bank
banco agrario (Ar) land bank
banco agropecuario (Ven) land bank
banco asociado (Sp) member bank
banco central central bank
banco comercial commercial bank
Banco de Comercio Exterior de los Estados Unidos (Mex) Export-Import Bank (EXIMBANK)
banco de crédito credit union
banco de crédito hipotecario (Sp) land bank
banco de empleo (Ar) job bank
Banco de Importaciones y Exportaciones (EXIMBANK) Export-Import Bank (EXIMBANK)
Banco de la Reserva Federal Federal Reserve Bank
banco de trabajos job bank
banco federal para préstamos agrícolas land bank
banco fiduciario (Mex) trust company
banco fiduciario depositario depository trust company (DTC)
Banco Internacional para la Reconstrucción y el Desarrollo (BIRD) International Bank for Reconstruction and Development
banco mercantil merchant bank
banco miembro member bank
Banco Mundial World Bank
banco no miembro nonmember bank
banco rural (Mex) soil bank
banda (para fluctuación del tipo de cambio) (Ch) fluctuation limit
banda de fluctuación (Sp) trading range
banda de paquete (Ar) package band
banquero de colocaciones investment banker
banquero de inversiones investment banker

banquero hipotecario mortgage banker
barco para el transporte de contenedores container ship
portacontenedores container ship
barómetro barometer
barrera comercial trade barrier
barrera hedge
báscula (Sp) scale
base basis
base ajustada adjusted tax basis
base creciente acelerada (Ven) stepped-up basis
base de contado (Mex) cash basis
base de costos cost basis
base de datos database
base de datos en línea on-line data base
base de impuesto ajustada adjusted tax basis
base de índice index basis
base de tasa rate base
base de valor en efectivo (Mex) cash basis
base después de impuestos (Ch) (Ven) after-tax basis
base económica economic base
base gravable tax base
base imponible tax base
base de entrevistador interviewer basis
base posterior a impuestos after-tax basis
base predeterminada (Ar) stepped-up basis
base salarial (Ven) wage floor
base tarifada (Sp) rate base
bases (Ar) rank-and file
baudio baud
beneficiario beneficiary
beneficiario de pago payee
beneficiario de una anualidad (Sp) annuitant
beneficiario de una dotación grantee
beneficiario de una renta vitalicia (Ar) annuitant
beneficio benefit, dower, gain, profit, return
beneficio contractual (Ar) beneficial interest
beneficio líquido (Sp) net profit
beneficio neto net income (Sp) net profit
beneficio por fallecimiento (Ch) death benefit
beneficio por incapacidad disability benefit
beneficio por servicio previo past service benefit
beneficios bottom line, proceeds, returns
beneficios accesorios (Ven) fringe benefits
beneficios adicionales perquisites (perk)
beneficios asignados allocated benefits
beneficios brutos gross earnings
beneficios complementarios al sueldo (Sp) perquisites (perk)
beneficios de empleados employee benefits
beneficios de huelga strike benefits
beneficios de jubilación anticipada (Ven) early retirement benefits
beneficios de jubilación temprana early retirement benefits
beneficios de la empresa company benefits
beneficios de los trabajadores (Ch) employee benefits
beneficios ejecutivos adicionales executive perquisites
beneficios fijos fixed benefits
beneficios marginales fringe benefits
beneficios no distribuidos (Sp) retained earnings
beneficios por acción earnings per share
beneficios por terminación de empleo termination benefits

benévolo gratis
bidireccional alternativo half duplex
bien encubierto hidden asset
bien oculto hidden asset
bienal (Ar) (Mex) (Ven) biennial
bienes estate, goods, possession, property (Ar) asset
bienes (de consumo) duraderos (Ar) (Mex) (Ven) hard goods
bienes agotables (Sp) waste assets
bienes corrientes (Ar) yellow goods
bienes de capital capital goods (Ven) capital assets
bienes de consumo consumer goods
bienes de equipo (Ar) capital resource
bienes de inversión capital goods
bienes de producción (Ar) (Mex) producer goods
bienes de productores (Ven) producer goods
bienes de un determinado sector (Ar) specialty goods
bienes de uso (Ar) fixed asset
bienes dotales dowry
bienes durables (Ar) (Mex) (Ven) hard goods
bienes gananciales (Ar) community property
bienes industriales industrial goods
bienes inmuebles real estate, real property
bienes inmuebles despreciables depreciable real estate
bienes intangibles (Ar) intangible asset
bienes intermedios intermediate goods
bienes muebles chattel, personal property
bienes muebles e intangibles personal property
bienes muebles tangibles (Ch) tangible personal property
bienes o productos especializados (Ch) specialty goods
bienes privativos separate property
bienes raíces real estate (Sp) real property
bienes raíces amortizables (Ar) depreciable real estate
bienes raíces perpetuos y libres freehold (estate)
bienes y servicios goods and services
billete note
billete de banco (Mex) paper money
bisanual (Ch) biennial
"blended rate" (Ven) blended rate
block sampling block policy
bloque (de acciones) block
bloqueado (Mex) locked in
bloquear block
bloqueo económico (Ven) boycott
bodega (Sp) warehouse
boicot boycott
boicot principal primary boycott
boicot secundario secondary boycott
boicotear boycott
boleta ballot
boleta de expedición (Mex) waybill
boletín bulletin
boletín de noticias (Ar) market letter
bolsa (Sp) market
bolsa clandestina bucket shop
bolsa de acciones (Mex) stock exchange
bolsa de comercio de Nueva York big board
bolsa de valores securities exchanges, stock exchange, stock market
bolsa de valores estadounidense American Stock Exchange (AMEX)
bolsa garantizada más grande (Ar) big board
bolso market
bona fide purchaser bona fide

bonificación (Ar) (Sp) abatement (Sp) rebate
bonificación de distribución (Ar) distribution allowance
bonificación para mercancía de volumen (Ven) volume merchandise allowance
bonificar discount (Sp) rebate
bono a corto plazo short bond
bono a la par par bond
bono a largo plazo long bond
bono a medio plazo medium-term bond
bono a pagarse por ingresos de lo construido revenue bond
bono a tasa flotante floating-rate note
bono a tasa variable floating-rate note
bono al portador coupon bond
bono colateral (Sp) secured bond
bono con cupón coupon bond
bono con cupón a largo y vencimiento a corto plazo (Mex) super sinker bond
bono con garantía hipotecaria (Mex) mortgage bond
bono con obligación (Mex) obligation bond
bono con prima premium bond
bono corporativo corporate bond
bono cotizado bajo la par discount bond
bono de ahorros savings bond
bono de ajuste (Ar) income bond
bono de caja bond
bono de calidad inferior junk bond
bono de compromiso (Ar) obligation bond
bono de compromiso general general obligation bond
bono de ingresos municipal municipal revenue bond
bono de interés diferido deferred interest bond
bono de mantenimiento (Ven) maintenance bond
bono de obligación moral respaldado por un estado moral obligation bond
bono de participación en utilidades income bond
bono de primera clase high-grade bond
bono de responsabilidad general (Ven) general obligation bond
bono de valor nominal inferior a US$1.000 baby bond
bono de vivienda housing bond
bono del Tesoro a 30 años (USA) long bond
bono descontado discount bond
bono especulativo (Sp) junk bond
bono garantizado secured bond, guaranteed bond
bono genérico (Ar) (Ch) (Ven) generic bond
bono hipotecario mortgage bond (Sp) secured bond
bono inactivo inactive stock or inactive bond
bono municipal municipal bond
bono nominativo (Sp) registered bond
bono por reclutamiento recruitment bonus
bono registrado registered bond
bono sobre ingreso income bond
bono-basura (Sp) junk bond
bonos de vencimiento escalonado (Sp) serial bond
bonos en serie serial bond, series bond
bonos pagaderos en serie (Mex) serial bond
borrador (Ch) draft
borrar (Ven) wipeout
brecha (Ar) (Ch) (Ven) gap
brecha inflacionaria (Ven) inflationary gap
broker con muchas sucursales (Sp) wire house
bruto gross
bucle loop

buena cantidad de dinero good money
buena fe bona fide, good faith
buena operación killing
buena voluntad goodwill
bufete (Mex) desk
buque de carga (Mex) container ship
buque de servicio irregular (Sp) tramp
buró desk
burocracia red tape
burócrata bureaucrat
bursátil (Sp) stock exchange
buscador de ofertas (gangas) (Ven) bargain hunter

C

caballero blanco (Sp) white knight
cabeza de la casa head of household
cabeza y hombros (Mex) head and shoulders
cabildero lobbyist
cable federal Fed wire
cabrillado (Ven) whipsawed
cadena "daisy" daisy chain
cadena afiliada affiliated chain
cadena de mando chain of command
cadena o línea de montaje assembly line
caducar lapse
caducidad forfeiture, lapse (Mex) statute of limitations
caída del precio de un título valor (Ar) downturn
caída rápida break
caída repentina slump
caja cash, desk, till
caja de jubilaciones retirement fund (Sp) pension fund
caja chica petty cash fund
caja de pensiones (Sp) retirement fund
caja de seguridad (Ch) lock box
caja registradora cash register
cajero cashier
cajero pagador (Sp) payer
cajón till
calas (Sp) test checks
calcular cipher, work out
calcular el interés compuesto mensualmente (Ch) monthly compounding of interest
calcular el precio de costo cost
cálculo reckoning
cálculo de absorción absorption costing
cálculo directo de los costos direct costing
calidad quality
calidad (de un postulante) description
calificación de solvencia (Ar) credit rating
calificación de solvencia financiera (Sp) rating
calificación de valores (Sp) rating
calificación por mérito merit rating
calumnia slander
calumnia escrita libel
cámara de compensación clearinghouse
cambial (Sp) bill of exchange
cambiar change, trade, exchange
cambio change, exchange, permutations, trade (Ar) switching
cambio contable accounting change
cambio de dirección (Ar) reversal
cambio de personal turnover
cambio de precio rápido y sensible (Sp) break
cambio de venta (Sp) asking price
campaña corporativa corporate campaign
campaña de retirada de productos (Ven) recall campaign
canal de distribución channel of distribution
canal de ventas channel of sales
canasta básica (Mex) market basket
canasta comercial (Ar) market basket
canasta de mercado (Ch) market basket
cancelación revocation (Sp) offset
cancelación de gravamen discharge of lien
cancelación de una deuda (Ven) satisfaction of a debt
cancelar cancel, abrogate

(Mex) discharge (Sp) offset, liquidate (Ven) wipe out
cancelar (con una operación inversa) close out
cancelar una deuda (Ar) honor (Ven) wipe out
cancillería chancery
candidato propuesto/designado (Ven) nominee
canje change, exchange, trade-off (Sp) swap
cánon de arrendamiento (Ven) rental rate
cantidad bruta gross amount
cantidad de equilibrio (Ar) (Mex) equilibrium quantity
cantidad de principal principal amount
cantidad global cifra redonda
cantidad principal de un préstamo (Sp) principal
cantidad sometida a una operación (Ch) operand
capacidad capacity
capacidad de endeudamiento de valores borrowing power of securities
capacidad de mantenerse en el tiempo (Ch) staying power
capacidad de pago ability to play
capacidad desperdiciada (Mex) idle capacity
capacidad excedida (Sp) overflow
capacidad excesiva de destrucción (Ven) overkill
capacidad financiera credit rating
capacidad ideal ideal capacity
capacidad máxima maximum capacity
capacidad no utilizada idle capacity
capacidad ociosa idle capacity
capacidad óptima optimum capacity
capacidad práctica practical capacity
capital asset, capital, corpus (Ch) principal amount (Mex) principal
capital arriesgado en una empresa venture capital
capital autorizado (Ar) authorized shares or authorized stock, capital stock
capital aventurado venture capital
capital circulante working capital
capital circulante negativo negative working capital
capital comanditario (Sp) limited liability
capital comercial stock
capital contable (Mex) equity; proprietorship (Sp) net assets
capital dañado impaired capital
capital de explotación working capital
capital de trabajo (Ch) (Mex) (Ven) working capital
capital de trabajo negativo (Ven) negative working capital
capital desembolsado paid-in capital
capital disminuido impaired capital
capital improductivo dead stock
capital más intereses (Ch) principal and interest payment (P&I)
capital pagado paid-in capital
capital riesgo (Mex) (Sp) venture capital
capital simiente (Ven) seed money
capitalismo capitalism
capitalismo absoluto (Ven) pure capitalism
capitalización total total capitalization
capitalizar capitalize
capitulaciones matrimoniales (Ven) prenuptial agreement
captura (Ar) taking

característica amortizable call feature
característica rescatable (Ar) call feature
carga cargo, encumbrance, lading, lien, load
carga caliente hot cargo
carga de trabajo workload
carga especulativa hot cargo
carga familiar (Ch) dependent
carga frontal (Ar) front-end load
carga por avión (Sp) airfreight
carga tributaria efectiva (Ch) effective tax rate
carga útil payload
cargamento cargo, lading
cargar charge, debit, load
cargar de más (Sp) overcharge
cargar en memoria (Sp) load
cargo charge, debit, expense
cargo administrativo management fee
cargo de inicio (para un crédito) (Ch) front-end load
cargo de mantenimiento maintenance fee
cargo diferido deferred charge
cargo excesivo overcharge
cargo extraordinario (Sp) nonrecurring charge
cargo fijo fixed charge
cargo financiero (Ch) finance charge
cargo por administración management fee
cargo por crédito no aprovechado (Ch) standby fee
cargo por financiamiento (Mex) finance charge
cargo por originación origination fee
cargo por servicios service fee
cargo por ventas de valores sales charge
cargo/depósito no reembolsable nonrefundable fee or nonrefundable deposit
cargos diferidos prepaid expenses
cargos por conservación (Ven) maintenance fee
cargos por ventas sales charge
caro (Ch) (Mex) pricey
carpeta de ventas (Ch) sales portfolio
carpeta file
carro de tanque (Ch) tank car
carta asegurada guaranteed letter
carta de envío (Sp) transmittal letter
carta de intención letter of intent
carta de pago (Sp) receipt
carta de poder (Sp) proxy
carta de porte waybill
carta de porte negociable (Sp) order bill of lading
carta de porte nominativa (Sp) straight bill of lading
carta de recomendación testimonial
carta de seguimiento follow-up letter
carta de ventas sales letter
carta garantizada guaranteed letter
carta que acompaña transmittal letter
carta remesa (Mex) transmittal letter
cartel cartel
cartel de empresas (Sp) trust
cartel de mercancías commodity cartel
cartel de productos commodity cartel
cartel internacional international cartel
cartera portfolio
cartera de títulos (Sp) securities
cartera de valores portfolio
cartera de ventas (Ar) (Mex) (Ven) sales portfolio
cartera eficiente efficient portfolio
casa firm
casa abierta open house
casa comercial house

casa con terreno homestead
casa de banca bank
casa de corretaje con sucursales wire house
casa de liquidación clearinghouse
casa matriz (Mex) holding company; parent company
casa solariega homestead
casador de gangas bargain hunter
casar (Sp) abrogate
cascada (Ch) filtering down
casco de la ciudad (Ven) inner city
casi dinero near money
caso de fuerza mayor act of God
caso fortuito act of God
catálogo de cuentas (Mex) coding of accounts; chart of accounts
catastro cadastre
categoría class, status
categoría de contribuyentes income group
categoría impositiva (Ven) tax bracket
caución bail bond, guarantee, guaranty (Sp) pledge, security
caución de mantenimiento maintenance bond
caución de terminación completion bond
caucionar (Sp) pledge
causa próxima procuring cause
causante (de impuestos) (Mex) taxpayer
cazador de ejecutivos para reclutarlos headhunter
cazador de gangas (Mex) bargain hunter
cazatalentos headhunter
cedente assignor
ceder assign, surrender
cédula (Sp) scrip
cédula de trabajo (Mex) (Sp) schedule
cédulas hipotecarias (Sp) mortgage-backed security
censor jurado de cuentas (Sp) auditor
censura censure
censura de cuentas (Sp) audit
censurar censure
centésimo (Sp) basis point
centésimo de entero (Sp) basis point
centralización centralization
centro comercial mall
centro de beneficio (Sp) profit center
centro de costos cost center
centro de ganancias profit center
ceremonia de recepción (Ar) open house
cerrar close
certificación authentication, certification (Sp) affidavit (Ven) testimonial
certificado de acción (Sp) scrip
certificado de acciones stock certificate
certificado de auditor auditor's certificate
certificado de depósito (CD) certificate of deposit (CD)
certificado de depósito de no menos de 100.000 dólares jumbo certificate of deposit
certificado de depósito de un año o más term certificate
certificado de depósito jumbo (Ar) jumbo certificate of deposit
certificado de depósito negociable negotiable certificate of deposit
certificado de exclusión estoppel certificate
certificado de fideicomiso de equipo trust certificate
certificado de fideicomiso para votación voting trust certificate
certificado de habilitación (Ar) certificate of occupancy
certificado de habitabilidad (Ven) certificate of occupancy

certificado de incorporación certificate of incorporation
certificado de inventario inventory certificate, stock certificate
certificado de liberación (Ar) release
certificado de ocupación certificate of occupancy
certificado de participación participation certificate
certificado de reducción de deuda reduction certificate
certificado de reintegro debenture
certificado de título certificate of title
certificado de uso certificate of use
certificado del administrador judicial receiver's certificate
certificado del cíndico (Mex) receiver's certificate
certificado provisional scrip
certificado respaldado por hipotecas mortgage-backed security
certificado, dictamen o informe de auditor auditor's certificate, opinion, or report
certificar attest, certify, insure
cesación expiration
cesación o abandono de plan discontinuance of plan
cesantía (Ch) unemployment, severance pay
cese de inflación disinflation
cese de operaciones shutdown
cesión assignment, bequest, conveyance, surrender (Ar) surrender life insurance (Ven) bailment
cesión a un fideicomiso deed of trust
cesión de activos divestiture
cesión de arrendamiento assignment of lease
cesión de locación (Ar) assignment of lease
cesión temporal (Sp) repurchase agreement (REPO, RP)
cesionario assignee, grantee (Mex) grantor
cesionista grantor (Sp) assignor
ciberespacio (Ven) cyberspace
ciclo administrativo management cycle
ciclo contable accounting cycle
ciclo coyuntural (Ar) business cycle
ciclo de Kondratieff (Mex) long-wave cycle
ciclo de vida life cycle
ciclo de vida de producto product life cycle
ciclo de vida de una inversión investment life cycle
ciclo de vida familiar family life cycle
ciclo económico business cycle
ciclo o período de facturación billing cycle
ciclo operativo operating cycle
ciencia actuarial actuarial science
ciencia administrativa (Ar) management science
ciencia de la administración (Ch) (Mex) management science
ciencia económica economics
ciento por ciento (Mex) par
cierre close, closing, settlement
cierre de año (Ven) year-end
cierre de ejercicio (Ven) year-end
cierre de mes (Ch) end of month
cierre de una rueda bursátil (Ar) close
cierre del año (Ch) year-end
cierre patronal lockout
cifra cipher
cifra de negocios (Sp) turnover
cifrar cipher
cinta tape
circuito circuit
circuito cerrado (Mex) loop
circuito de distribución channel of distribution
circuito integrado integrated circuit
circulación de cheques sin fondos (Sp) kiting

circular informativa sobre valores (Mex) market letter
circunferencia girth
circunstancias atenuantes extenuating circumstances
citación call (Sp) summons
citación judicial summons, subpoena
citar call, subpoena
citatorio (Mex) summons
ciudad del interior inner city
ciudad interior inner city
clase order, range, run
clase social class
clases asalariadas no obreras (Ch) salariat
clasificación classification, rating
clasificación bruta gross rating point (GRP)
clasificación contributiva tax bracket
clasificación de bonos bond rating
clasificación de cuentas coding of accounts
clasificación de méritos (Mex) merit rating
clasificación de puestos (Ar) (Mex) job classification
clasificación de seguridad security rating
clasificación del trabajo (Ch) (Mex) job classification
clasificación impositiva tax bracket
clasificación por antigüedad aging of accounts receivable or aging schedule
clasificación prospectiva prospective rating
clasificación Z Z score
clasificar class, code, file, index
cláusula clause
cláusula abrogatoria (Ven) cancellation clause
cláusula adicional rider
cláusula de abandono abandonment clause
cláusula de aceleración acceleration clause
cláusula de adquisición subsecuente after-acquired clause
cláusula de amparo hold harmless clause
cláusula de anulación cancellation clause
cláusula de autorización enabling clause
cláusula de aviso de cancelación notice of cancelation clause
cláusula de aviso de rescisión/ cancelación (Ven) notice of cancelation clause
cláusula de caducidad de los plazos (Ar) acceleration clause
cláusula de cambio de beneficiario change of beneficiary provision
cláusula de cancelación (Mex) cancellation clause
cláusula de construcción derruida (Mex) fallen building clause
cláusula de desastre común o cláusula de supervivientes common disaster clause or survivorship clause
cláusula de humo smoke clause
cláusula de inalterabilidad (Mex) nondisturbance clause
cláusula de incontestabilidad noncontestability clause
cláusula de indexación escalator clause
cláusula de insolvencia insolvency clause
cláusula de liberación release clause
cláusula de negocio en marcha going-concern clause
cláusula de no declarar huelga no-strike clause
cláusula de opción al pago anticipado (Sp) acceleration clause
cláusula de prepago prepayment clause

cláusula de pronto pago a la venta due-on-sale clause
cláusula de provisión de anulación cancellation provision clause
cláusula de reanudación (Mex) reopener clause
cláusula de reapertura (Ar) reopener clause
cláusula de reembolso anticipado acceleration clause
cláusula de renuncia disclaimer
cláusula de rescisión (Ven) cancellation clause
cláusula de retroactividad (Ar) grandfather clause
cláusula de revisión escalator clause
cláusula de seguro solapante other insurance clause
cláusula de suicidio suicide clause
cláusula de valor en el mercado market value clause
cláusula de vencimiento anticipado (Mex) acceleration clause
cláusula disputable contestable clause
cláusula habilitante enabling clause
cláusula incontestable incontestable clause
cláusula indisputable incontestable clause
cláusula liberatoria de responsabilidad (Ar) hold harmless clause
cláusula provisoria de cancelación (Mex) cancellation provision clause
cláusula resolutiva cancellation clause
cláusulas estándar de un documento legal boilerplate
cláusulas fijas o esenciales de un acuerdo/contrato (Ven) boilerplate
clausura closing
clausurar close
clave de acceso (Sp) password
clichés buzz words
cliente client, customer
cliente en perspectiva prospect
cliente potencial (Ar) prospect
clímax de ventas selling climax
club de inversiones investment club
club de servicios (Ar) service club
coarrendamiento cotenancy
cobertura cover, hedge
cobertura a corto plazo (Ven) short covering
cobertura ampliada extended coverage
cobertura de carga familiar (Ch) dependent coverage
cobertura de cargo fijo fixed-charge coverage
cobertura de dependiente dependent coverage
cobertura de dividendos preferidos preferred dividend coverage
cobertura de posición faltante (Ven) short covering
cobertura de propiedad personal sin importar la ubicación personal property floater
cobertura de un seguro insurance coverage
cobertura extendida extended coverage
cobertura total full coverage
cobrable collectible
cobranza collection
cobrar (salarios) collect
cobrar al contado cash
cobro collection
codeudor hipotecario co-mortgagor
codicilio codicil
codificación encoding, encryption
codificar cipher, code (v.)
código code
código de barras bar code
código de construcción building code
código de cuentas (Ven) chart of accounts

código de ética code of ethics
código de paquete package code
código de vivienda housing code
código secreto cipher
código universal de producto (Ar) (Ch) (Ven) universal life insurance
coeficiente (Mex) index (Sp) rate (Ven) conversion ratio
coeficiente beta beta coefficient
coeficiente de caja (Sp) cash ratio, liquidity ratio
coeficiente de correlación correlation coefficient
coeficiente de determinación coefficient of determination
coeficiente de endeudamiento (Ar) debt-to-equity ratio
coeficiente de endeudamiento (Ven) debt coverage ratio
coeficiente de liquidez (Ar) (Ven) liquidity ratio
coeficiente de liquidez a corto plazo acid test ratio (Ar) quick ratio
coeficiente de rotación (Mex) turnover
coherencia consistency
colapso de la bolsa crash
colateral (Mex) security
colaleralizar collateralize
colega colleague
colindante (Mex) adjoining
colocación investment
colocación de capital funding
colocación de fondos funding
colocación de trabajo job placement
colocación privada (Sp) private offering or private placement
colocador de emisión underwriter
colocar invest
colusión collusion
comanditario (Mex) (Sp) silent partner
combinación de intereses (Sp) pooling of interests
combinación de negocios business combination
combinación horizontal horizontal combination
combinaciones combinations
combinar devise
comenzado pero no terminado inchoate
comerciabilidad marketability
comerciable merchantable
comercial commercial, mercantile
comercialización merchandising
comercialización automática automatic merchandising
comercializar merchandise
comerciante dealer, trader
comerciante al por mayor (Sp) wholesaler
comerciar market, merchandise, trade
comercio business, trade
comercio en condiciones de reciprocidad (Ar) fair market rent
cometer concusión graft
comisión commission, fee, load
comisión "standby" (Ar) standby fee
comisión clandestina kickback
comisión de agente brokerage
Comisión de Bolsa y Valores Securities and Exchange Commission (SEC)
comisión de gestión (Sp) management fee
comisión de intermediación (Mex) finder's fee
comisión de seguridad safety commission
Comisión de Valores y Bolsa (Mex) Securities and Exchange Commission (SEC)
Comisión de Valores y Cambios (Mex) Securities and Exchange Commission (SEC)
comisión dividida split commission
comisión por mantenimiento (Ar) maintenance fee

comisión residual pool
comisionista assignor, commission broker
comiso, de (Sp) attachment
comité de préstamos loan committee
comité directivo (Ch) executive committee
comité ejecutivo executive committee
comité equitativo equalization board
comité/grupo de trabajo (Ven) task group
comitente (Sp) assignor, principal
como está como se encuentra as is
comodatario bailee
comodato bailment
comodidades (Ar) (Mex) amenities
compañero partner
compañero(a) colleague
compañía company
compañía administradora de fondo mutuo de acciones ilimitadas open-end management company
compañía afiliada (Sp) affiliated company
compañía apalancada leveraged company
compañía asociada affiliated company
compañía controlada controlled company
compañía controladora parent company
compañía de depósito (Mex) trust company
compañía de inversiones inmobiliarias (Ar) real estate investment trust (REIT)
compañía de inversiones registrada registered investment company
compañía de inversiones regulada regulated investment company
compañía de responsabilidad limitada limited company
compañía de seguros insurance company (insurer)
compañía de seguros mutuos (Sp) mutual insurance company
compañía de seguros por acciones stock insurance company
compañía de títulos title company
compañía dentro de un grupo de afiliados constituent company
compañía fiduciaria trust company
compañía fiduciaria depositaria depository trust company (DTC)
compañía difunta defunct company
compañía filial (Sp) subsidiary company
compañía financiera cautiva captive finance company
compañía matriz (Ven) parent company
compañía multinacional multinational corporation (MNC)
compañía mutual mutual company
compañía registrada registered company
compañía subsidiaria controlled company
compañía tenedora (Mex) holding company
compañía tenedora controlada por pocas personas personal holding company (PHC)
compañía tenedora/matriz bancaria bank holding company
compañía/empresa de inversiones investment company
compañía/sector que no atrae inversión wallflower
comparables comparables
comparación competitiva (Ch) benchmark
compartimiento del trabajo (Ch) job sharing
compartir share
compartir responsabilidades (Ar) job sharing
compensación compensation,

indemnity, offset (Sp) set-off
compensación de riesgos cambiarios hedge
compensación diferida deferred compensation
compensación más allá de cierta cantidad override
compensación por longevidad longevity pay
compensación, indemnización/ reparación global (Ar) aggregate indemnity (aggregate limit)
compensado (Sp) offset
compensar clear, indemnify (Sp) offset
competencia competition
competencia desleal unfair competition
competencia entre industrias interindustry competition
competencia perfecta perfect competition
competencia pura pure competition
competidor competitor
competidor por un contrato gaming
compilación compilation
compilador compiler
complejo industrial militar military-industrial complex
componedor adjuster
componenda (Sp) arbitration
componente component part
comportamiento de una organización (Ch) organizational behavior
comportamiento del consumidor (Ven) consumer behavior
comportamiento institucional (Ar) (Ven) organizational behavior
composición composition
composición del capital (Ven) capital structure
compra acquisition, buyout, purchase (Sp) procurement
compra a suma alzada (Ch) lump-sum purchase
compra al/sobre el margen (Ven) buying on margin
compra apalancada leveraged buyout (LBO)
compra de acciones en cantidad constante dollar cost averaging
compra de cobertura short covering
compra de margen buying on margin
compra de medios (Ar) media buy
compra especial special purchase
compra global lump-sum purchase
compra para cubrir (Sp) short covering
compra sobre provisión buying on margin
comprador buyer, shopper, vendee
comprador a cargo charge buyer
comprador de buena fe bona fide
comprador de caja o en efectivo cash buyer
comprador de medios (Ar) media buyer
comprador de medios de comunicación (Mex) media buyer
comprador de una sola vez one-time buyer
comprador identificado al azar (Ch) sample buyer
comprador múltiple (Ar) multibuyer
comprador residente resident buyer
comprar buy
comprar al cien por cien (Sp) (Ven) buyout
compras centralizadas central buying
compras netas net purchases
compras recíprocas reciprocal buying

compraventa
sale
(Ch) agreement of sale
comprobación audit
comprobación del fallo
(Ch) judgment proof
comprobante voucher
comprobante de cheques
check stub
comprobante de diario journal voucher
comprobar audit
comprometerse a contract
compromiso commitment, covenant (Sp) liability, warranty
compromiso de otorgar una hipoteca mortgage commitment
compromiso de pago al primer requerimiento demand note
compromiso firme firm commitment
compromiso hipotecario mortgage commitment
compromiso personal (Sp) personal liability
compromiso sólido firm commitment
compulsión duress
computadora computer
cómputo reckoning
comunicación colectiva (Ar) mass communication
comunicación de masas
(Mex) mass communication
comunicación por satélite satellite communication
comunicado bulletin (Sp) informe
comunicar convey
comunicarse a través de una red de contactos (Ch) (Ven)networking
Comunidad Económica Europea
(CEE) European Economic Community (EEC)
comunismo communism
con alta concentración de mano de obra (Ven) labor intensive
con causa de justificación
(Ar) justifiable
con conciencia limpia clean hands
con dinero in the money
con dividendo, derechos anexos o con garantía cum dividend cum rights or cum warrant
con el dinero asegurado (Ch) in the money
con fecha al fin de mes (Ch) EOM dating
con garantía (Ar) good faith
con gran intensidad de mano de obra (Ar) labor intensive
con movilidad social ascendente
(Ven) upwardly mobile
con propiedad sobre bienes inmuebles (Ar) real estate owned (REO)
concatenación (Ar) networking
conceder grant
conceder permiso de ausencia en el trabajo furlough
conceder una escritura charter
concentración de empresas
(Ven) business combination
concepto de mercadeo marketing concept
concepto de mercadotecnia
(Mex) marketing concept
concesión concession, license
(Mex) adjudication, franchise
concesión por mercancías
merchandise allowance
concesionario dealer, distributor, licensee
conciliación conciliation, reconciliation
conciliador conciliator
concluir close, seal
conclusión bottom line, closing
concordancia consistency
concursante competitor
concurso (Ar) competition
condena condemnation
condición protocol
condición previa condition precedent
condición subsecuente
subsequent condition

condiciones terms
condiciones de negocios business conditions
condominio joint tenancy
conducta afectiva affective behavior
conducta del comprador buyer behavior
conducta del consumidor consumer behavior
conducto (Mex) pipeline
conexión en red (Mex) networking
confecciones y quincallería dry goods
confesión deposition
confiabilidad reliability
confianza trust
confidencial confidential
confirmación confirmation
confirmación positiva positive confirmation
confiscación condemnation, embargo, forfeiture
confiscar impound
confiscar una sucesión escheat
conflicto colectivo labor dispute
conflicto de intereses conflict of interest
conflicto laboral labor dispute
conformación (Sp) reconciliation
conformidad de cobertura adequacy of coverage
confundir mistake
confusión confusion, merger
congelación salarial wage freeze
conglomerado conglomerate
congruencia de objetivos goal congruence
conjunto mix
conmutación (Mex) switching
conmutación telefónica (Mex) (Ven) telephone switching
conocimiento discovery
conocimiento condicionado (Mex) foul bill of landing
conocimiento de embarque bill of lading (Sp) waybill
conocimiento de embarque a la orden order bill of lading
conocimiento de embarque aéreo (Ven) air bill
conocimiento de embarque con reservas foul bill of lading
conocimiento de embarque corrido (Sp) straight bill of lading
conocimiento de embarque intransferible (Ven) straight bill of lading
conocimiento de embarque negociable (Sp) order bill of lading
conocimiento de embarque no negociable straight bill of lading
conocimiento de embarque nominativo (Sp) straight bill of lading
conocimientos técnicos know-how
consejero attorney-at-law
consejero delegado chief executive officer
consejero externo outside director
consejero miembro del consejo de administración director
consejo counsel
consejo de administración board of directors
consejo de administración directorate
consejo de equidad board of equalization
consejo de estabilización/ igualación equalization board
Consejo de la Reserva Federal Federal Reserve Board (FRB)
consenso (Sp) agreement
consentimiento (Sp) accession
conservación maintenance
conservación diferida deferred maintenance
conservador custodian
conservatismo conservatism

consignación consignment
consignación (de una moción) (Ar) recording
consignatario consignee
consola console
consolidación merger
consolidación (de una deuda) funding
consolidación de empresas (Sp) merger
consolidador consolidator
consorcio consortium, pool, syndicate (Sp) trust
consorcio de emisión syndicate
consorcio periodístico (Ar) newspaper syndicate
constancia acknowledgment
constancia de efectivo cash acknowledgement
constante constant
constante hipotecaria mortgage constant
constante hipotecario anual annual mortgage constant
constitución de una empresa/sociedad (Ven) incorporation
consultor consultant
consultor administrativo management consultant
consumismo sonsumerism
consumidor consumer
consumidor industrial industrial consumer
contabilidad accountancy
contabilidad con doble registro double-entry accounting
contabilidad de costo reposición replacement cost accounting
contabilidad de costos cost accounting
contabilidad de deudores (Sp) accounts receivable
contabilidad de fondos fund accounting
contabilidad de organización sin fines de lucro nonprofit accounting
contabilidad de recursos humanos human resource accounting
contabilidad de valor corriente current value accounting
contabilidad de valor de reposición (Ar) current value accounting
contabilidad ejecutiva managerial accounting
contabilidad financiera financial accounting
contabilidad por partida sencilla (Mex) single-entry bookkeeping
contabilidad por partida única single-entry bookkeeping
contabilidad pública public accounting
contabilizar book (Mex) journalize
contable bookkeeper (Sp) accountant
contacto bilateral bilateral contact
contador accountant, bookkeeper
contador principal comptroller
contaminación pollution
contenido de trapo (Mex) (Ven) rag content
contestación (Sp) answer
contingencia de ganancia gain contingency
contingencia de pérdidas loss contingency
contingente (Sp) quota
continuidad continuity
contraasiento reversing entry
contracción contraction
contracuentas contra-asset account
contradecir disaffirm
contrademanda counterclaim
contrahecho counterfeit
contralor controller
contralor de una empresa comptroller
contraoferta counteroffer
contraorden countermand
contrapartida (Sp) offset
contraprestación value
contraprestación suficiente valuable consideration
contraprestación válida valuable

consideration
contrario adversary
contrarreclamación counterclaim
contrarrestar cross (Sp) offset
contrarrestar una transacción (Mex) unwind a trade
contraseña password
contratación recruitment
contratación de terceros para servicios o manufactura outsourcing
contratar contract, charter
contratiempo reversal, setback
contratista contractor
contratista externo independent contractor
contratista general general contractor
contratista independiente independent contractor
contratista principal general contractor
contrato agreement, contract, covenant (Mex) deed
contrato a costo más ganancias cost-plus contract
contrato a precio fijo fixed-price contract
contrato a término (Ar) forward contract
contrato aleatorio aleatory contract
contrato bilateral indenture
contrato celebrado (Ch) executed contract
contrato colectivo (Mex) collective bargaining
contrato colectivo de trabajo (Mex) employment contract
contrato colectivo de trabajo (Mex) labor agreement
contrato comercial (Mex) trade agreement
contrato concerniente a un inmueble land contract
contrato condicionado (Sp) conditional contract
contrato condicional conditional contract
contrato cumplido executed contract
contrato de adhesión adhesion contract
contrato de arrendamiento lease
contrato de arrendamiento sobre gas y petróleo (Ar) oil and gas lease
contrato de compraventa sales contract, agreement of sale, buy-and-sell agreement
contrato de compraventa a plazos/ en abonos (Mex) installment contract
contrato de compraventa de un inmueble land contract
contrato de compromiso (Sp) trust deed
contrato de empleo employment contract
contrato de fideicomiso (Mex) trust deed
contrato de fletamiento charter
contrato de futuros futures contract,commodities futures
contrato de futuros sobre títulos valores (Ar) financial future
contrato de gas y petróleo (Mex) oil and gas lease
contrato de hecho sobreentendido implied in fact contract
contrato de indemnización contract of indemnity
contrato de ingresos garantizado guaranteed income contract (GIC)
contrato de instrumentos financieros a plazo financial future
contrato de readquisición (Mex) repurchase agreement (REPO, RP)
contrato de recompra (Mex) buy-back agreement
contrato de recuperación buy-back agreement
contrato de retroventa repurchase agreement (REPO, RP)

contrato de seguro insurance contract
contrato de seguro de adhesión adhesion insurance contract
contrato de servicio residencial (Ar) (Ch) (Ven) residential service contract
contrato de trabajo (Ch) (Ven) employment contract
contrato de venta a plazos installment contract
contrato doble dual contract
contrato ejecutado executed contract
contrato expreso express contract
contrato global (Ar) blanket contract
contrato implícito implied contract
contrato laboral (Mex) labor agreement, employment contract
contrato múltiple blanket contract
contrato no exclusivo para vender un inmueble open listing
contrato oral oral contract
contrato sinalagmático indenture
contrato unilateral unilateral contract
contrato verbal oral contract
contratos a plazo forward contract
contribución contribution, tax
contribución neta net contribution
contribuciones (Ch) (Mex) property tax (Sp) assessment
contribuciones de empleados employee contributions
contribuyente taxpayer
control control
control de alquileres (Ven) rent control
control de calidad quality control
control de cambios exchange control
control de costos cost containment
control de crédito selectivo (Ch) (Ven) selective credit control
control de inventario inventory control
control de inventario mediante reserva reserve-stock control
control de línea (Ch) line control
control de mercancías merchandise control
control de producción production control
control de salarios (Ven) wage control
control específico de crédito (Mex) selective credit control
control interno internal control
control operacional operational control
control operativo (Ar) operational control
control salarial wage control
control selectivo de crédito (Ar) selective credit control
controlador controller
controlador principal controller
convenio accord and satisfaction, agreement, cartel, control, covenant, settlement, stipulation
convenio abierto blanket contract
convenio antes de casarse (Ch) prenuptial agreement
convenio colectivo laboral labor agreement
convenio comercial trade agreement
convenio de compra y venta buy-and-sell agreement
convenio de compraventa buy-sell agreement
convenio de industria naciente infant industry agreement
convenio de no competir covenant not to compete
convenio de préstamo a la construcción building loan agreement
convenio de recompra buy-back agreement
convenio de recuperación buy-

back agreement
convenio de venta agreement of sale
convenio premarital (Ven) prenuptial agreement
convenio suplementario supplemental agreement
convenios de amparo hold-harmless agreements
convenir settle
conversión conversion (Sp) refunding
conversión de la antigüedad (Mex) senior refunding
conversión involuntaria involuntary conversion
convertibles convertibles
convertibles en dinero (Mex) near money
convocar call
convocatoria call (Sp) summons
cooperativa co-op, cooperative
cooperativa de crédito (Ar) (Ven) credit union
cooperativa de productores producer cooperative
copia adaptada conformed copy
copia conformada conformed copy
copropiedad cooperative apartment
copropiedad sobre un inmueble joint tenancy
corporación corporation, guild
corporación cerrada closely held corporation
corporación de facto de facto corporation
corporación de hecho de facto corporation
Corporación de Seguro de Depósito Federal (CSDF) Federal Deposit Insurance Corporation (FDIC)
corporación doméstica domestic corporation
corporación extranjera alien corporation, foreign corporation
corporación miembro member firm or member corporation
corporación sin acciones nonrenewable natural resources
corporación sin fines de lucro nonprofit corporation
corporal corporeal
corpóreo corporeal
corrección correction
corredor broker, jobber (Sp) commercial broker
corredor de bienes raíces (Ar) (Ch) (Mex) (Ven) realtor
corredor de bolsa jobber, stockbroker, commission broker
corredor de bonos bond broker
corredor de comercio broker, commercial broker
corredor de fincas realtor
corredor de mercancías merchandise broker
corredor de valores (Mex) stockbroker
corredor galardonado (Ven) prize broker
corredor hipotecario mortgage broker
corredor o agente de pleno servicio full-service broker
corredor residencial residential broker
correduría (Mex) brokerage
corregir (Ven) amend
correlación negativa negative correlation
correo certificado certified mail
correo electrónico electronic mail (email)
correspondencia de respuesta comercial (Mex) business reply mail
correspondencia de respuesta de negocios business reply mail
correspondiente correspondent
corresponsal (Sp) agente
corresponsal hipotecario mortgage correspondent
corretaje brokerage
corrida (Mex) run
corriente current

corrupción graft
corte (sentido monetario) denomination
cosecha emblements
coseguro coinsurance
costar cost
coste cost
coste del transporte (Sp) cost of carry
coste efectivo (Sp) actual cost
coste marginal (Sp) marginal cost
coste normalizado (Sp) standard cost
costo charge, cost
costo seguro flete CIF
costo actual (Sp) current cost
costo atribuido imputed cost
costo base (Ar) cost basis
costo corriente current cost
costo de adquisición historical cost (Ch) (Mex) (Ven) acquisition cost
costo de capital cost of capital
costo de cierre closing cost
costo de conversión (trabajo directo más gastos generales) conversion cost
costo de emisión (Ar) flotation (floatation) cost
costo de fabricación manufacturing cost
costo de flotación flotation (floatation) cost
costo de la compra acquisition cost
costo de la mercancía fabricada cost of goods manufactured
costo de la mercancía vendida cost of goods sold
costo de la transacción acquisition cost
costo de manufactura manufacturing cost
costo de oportunidad opportunity cost
costo de organización (Ch) (Ven) organization cost
costo de posesión cost of carry
costo de producción (Mex) cost of goods manufactured (Sp) manufacturing cost
costo de reemplazo replacement cost
costo de reposición replacement cost
costo de reposición (Mex) stockout cost
costo de reproducción reproduction cost
costo de servicio anterior (Ch) (Ven) prior service cost
costo de transacción transaction cost
costo de ventas (Ch) (Mex) cost of goods sold
costo del coproducto (Ar) joint product cost
costo depreciado depreciated cost
costo directo direct cost
costo discrecional discretionary cost
costo en conjunto del producto (Ch) joint product cost
costo estándar standard cost
costo fijo/constante fixed cost
costo fijo promedio average fixed cost
costo fuera del lugar de trabajo (Ven) off-site cost
costo histórico historical cost
costo imputado imputed cost
costo indirecto indirect cost
costo institucional (Ar) organization cost
costo laboral unitario (Ar) unit-labor cost
costo marginal marginal cost
costo neto net cost
costo no recuperado unrecovered cost
costo no vencido unexpired cost
costo original original cost
costo por absorción absorption costing
costo privado private cost
costo promedio average cost

costo real actual cost
costo registrado imputed cost
costo semivariable semivariable cost
costo tipo (Mex) standard cost
costo unidad/mano de obra (Ven) unit-labor cost
costo y flete C&F
costos comunes aplicados (Ar) applied overhead
costos o gastos controlables controllable costs
costoso (Ar) pricey
cota bursátil más alta (Sp) top out
cotización contribution, quotation (Mex) benchmark
cotización del mercado libre (Mex) open-market rates
cotización en el mercado (Sp) market value
cotización en una bolsa de valores listing
cotización firme firm quote
cotización mínima (Sp) low quote
cotizacion máxima high quote
cotización sólida firm quote
cotizar (Sp) list
cotizarse (Sp) trade
cotizarse en la bolsa going public
covarianza covariance
crecimiento accretion, appreciation, expansion, inflation
crecimiento cero (Mex) no-growth
crecimiento cero de la población (Ven) zero population growth (ZPG)
crecimiento de población nulo (Ar) zero population growth (ZPG)
crecimiento demográfico cero (Ch) (Mex) zero population growth (ZPG)
crecimiento desbalanceado unbalanced growth
crecimiento desequilibrado (Ar) (Ven) unbalanced growth
crecimiento económico economic growth
crecimiento económico cero zero economic growth
crecimiento nulo (Mex) no-growth
crédito credit, debt (Ar) claim
crédito a plazo (Sp) term loan
crédito al por menor retail credit
crédito alto high credit
crédito autorrenovable (Sp) revolving credit
crédito comercial deferred payments, trade credit
crédito consolidado consolidation loan
crédito cruzado (Sp) swap
crédito de energía residencial (Ar) (Ven) residential energy credit
crédito de impuesto energético energy tax credit
crédito de jubilación diferida deferred retirement credit
crédito de pago constante constant-payment loan
crédito de proveedores deferred payments
crédito diferido deferred credit
crédito económico easement
crédito fiscal tax credit
crédito hipotecario con tasa renegociada (Ch) renegotiated rate mortgage (RRM)
crédito hipotecario de la Asociación de Viviendas Federal FHA mortgage loan
crédito hipotecario de pagos progresivos (Ar) graduated payment mortgage (GPM)
crédito impositivo tax credit
crédito mercantil goodwill (Mex) reputation
crédito para energía de uso doméstico (Mex) residential energy credit
crédito por cuidado de niños y dependientes child and dependent care credit
crédito por participación en riesgo (Sp) venture capital

crédito renovable revolving credit
crédito renovable automáticamente (Sp) revolving credit
crédito rotatorio revolving credit
crédito superior high credit
créditos a corto plazo (Mex) accounts receivable
créditos diferidos (Sp) unearned income (revenue)
créditos dudosos (Sp) bad debt
cresta de una gráfica (Sp) peak
crisis (Sp) setback
crisis económica slump
crisis económica de 1929 Great Depression
criterio basis, (Sp) judgment
cruzar cross
"cuadrar" una cuenta (Mex) tally
cuadratura (Ch) reconciliation
cuadro de demanda (Ven) demand schedule
cuadro descriptivo index
cualidad quality
cualquier aparato mecánico (Ven) widget
cuarto mercado (Ar) (Mex) fourth market
cuasicontrato implied contract, quasi contract
cubierta cover, covered option
cubrir cover
cubrir aguas (Sp) top out
cubrir una posición corta buy in
cuenta account, bill, reckoning, tally
cuenta a plazo fijo (Sp) time deposit
cuenta abierta open account
cuenta administrada managed account
cuenta asegurada insured account
cuenta bloqueada frozen account
cuenta cerrada closed account
cuenta congelada frozen account
cuenta conjunta joint account
cuenta contable account statement
cuenta corriente drawing account, open account
cuenta corriente a la vista demand deposit
cuenta corriente/hipotecaria especial (Ven) negotiable order of withdrawal (NOW)
cuenta custodial custodial account
cuenta de ahorro a la vista con interés (Ven) negotiable order of withdrawal (NOW)
cuenta de capital capital account
cuenta de confiscación impound account
cuenta de contrapartida (Ar) contra-asset account
cuenta de control control account
cuenta de crédito rotatorio revolving charge account
cuenta de custodia custodial account
cuenta de cheques con intereses negotiable order of withdrawal (NOW)
cuenta de embargo (Mex) impound account
cuenta de fideicomiso (Ven) trust account
cuenta de gastos expense account
cuenta de gastos de representación (Ven) expense account
cuenta de impuestos y préstamos (Mex) tax and loan account
cuenta de jubilación individual individual retirement account (IRA)
cuenta de la casa house account
cuenta de la empresa house account
cuenta de margen margin account
cuenta de orden (Ar) (Ven) suspense account
cuenta de pérdidas y ganancias (Sp) profit and loss statement (P&L)
cuenta de resultados income statement (Sp) profit and loss statement (P&L)

cuenta del balance real account
cuenta diferida deferred account
cuenta económica (Ar) real account
cuenta en suspenso (Sp) suspense account
cuenta fiduciaria trust account
cuenta indistinta (Sp) (Ven) joint account
cuenta mancomunada joint account
cuenta nominal nominal account
cuenta para operaciones de bolsa a crédito (Sp) margin account
cuenta patrimonial de propietarios de viviendas homeowner's equity account
cuenta personal (Mex) drawing account
cuenta puente (Ch) suspense account (Ven) over (short)
cuenta saldada closed account
cuenta sin límite de depósito y reembolso (Mex) super NOW account
cuenta suspensiva suspense account
cuenta "T" (Ch) T-account
cuenta transitoria (Sp) suspense account
cuentas a cobrar accounts receivable
cuentas cruzadas contra-asset account
cuentas de clientes accounts receivable
cuentas de ingresos income accounts
cuentas de orden contra-asset account
cuentas de proveedores accounts payable
cuentas por cobrar accounts receivable
cuentas por pagar accounts payable
cuerpo de la herencia (Ch) estate
cuerpo directivo directorate, management
cuidado attention
cumplimiento (Ar) (Ven) fulfillment, performance
cumplimiento de una obligación (Ch) satisfaction of a debt
cumplimiento específico specific performance
cuota quota, share (Ch) installment (Mex) rate
cuota de importación import quota
cuota de mercado (Sp) market share
cuota mortuaria (Ch) death benefit
cupo (Sp) quota
cupón a largo plazo (Ven) long coupon
cupones separados (Sp) strips
curador tutor
curso ordinario de los negocios ordinary course of business
curva atípica backward-bending supply curve
curva de costo marginal marginal cost curve
curva de demanda demand curve
curva de la demanda demand schedule
curva de la relación entre la demanda y precio (Ar) demand curve
curva de Phillip (Ar) (Ven) Phillip's curve
curva de posibilidad de producción production-possibility curve
curva de rendimiento yield curve
curva de rendimiento inverso inverted yield curve
curva de rendimiento positiva positive yield curve
curva de rentabilidad (Sp) yield curve
curva en J (Mex) J-curve
custodia custody, safekeeping
custodio custodian

CH

chanchullo (Mex) payola
cheque check
cheque aprobado certified check
cheque certificado certified check, registered check
cheque confirmado certified check
cheque de caja cashier's check
cheque de gerencia (Ven) cashier's check
cheque de paga paycheck
cheque de salario paycheck
cheque de tercera parte third-party check
cheque interno internal check
chequera (Mex) check register

D

dádiva (Ven) gift
daño loss
daño doloso contra bienes muebles (Ven) malicious mischief
daño irreparable irreparable damage
daños damages
daños efectivos (Sp) actual damages
daños fijados por contrato liquidated damages
daños imprevistos incidental damages
daños incidentales incidental damages
daños indirectos o incidentals (Ven) incidental damages
daños nominales nominal damages
daños punitivos punitive damages
daños reales actual damages
daños y perjuicios por despido (Ar) (Ven) severance damages
dar produce
dar cuenta y razón account
dar en prenda (Sp) pledge
dar fe (Sp) attest
dar fianza bond
dar finiquito balance
dato credit
datos data
datos de series temporales (Ven) time series data
datos por series cronológicas (Ar) time series data
datos sin procesar raw data
de acuerdo a lo especificado by the book
de baja calidad low-grade
de baja ley (Ch) low-grade
de baja tecnología (Ar) low-tech
de casa en casa house to house
de costa afuera (Ven) offshore
de entrada en vigor (Ven) effective date
de forma habitual consistency
de importancia estadística (Ven) statistically significant
de impuestos diferidos tax deferred
de intensa mano de obra labor intensive
de mar adentro offshore
de medio tiempo (Ven) part-time
de papel (Sp) paper
de poca tecnología (Ch) low-tech
de precio elevado (Ven) pricey
de un año a la fecha (Mex) year-to-date (YTD)
debenture (Ar) debenture
deber accountability, duty
deberes load
debitar charge, debit
débito charge, debit
decidir (Mex) settle
decisión judgment, resolution
decisión tributaria (Ven) revenue ruling
declaración declaration, deposition, disclosure, statement
declaración a priori a priori statement
declaración de edad falseada (Mex) misstatement of age
declaración conjunta del impuesto sobre la renta joint return
declaración de fideicomiso declaration of trust
declaración de impacto ambiental environmental impact statement (EIS)
declaración de impuestos tax return

return
declaración de impuestos consolidada consolidated tax return
declaración de impuestos estimados declaration of estimated tax
declaración de impuestos modificada amended tax return
declaración de ingresos retenidos retained earnings statement
declaración de renta fija fixed income statement
declaración del capital de los socios (Ar) (Ven) statement of partners' capital
declaración del cierre closing statement
declaración del impuesto sobre la renta income tax return
declaración del propósito de una emisión de valores registration statement
declaración errónea misrepresentation
declaración falsa misrepresentation
declaración fiscal (Sp) tax return
declaración fraudulenta fraudulent misrepresentation
declaración impositiva (Sp) tax return
declaración informativa (Ch) information return
declaración jurada affidavit (Ven) deposition
declaración sobre impuestos conjunta joint return
declarar declare
decomiso embargo, forfeiture
decretar declare
decreto order
dedicación dedication
dedicación a uso público dedication
dedicado al oro goldbug
deducción deduction, recoupment
deducción de impuestos (Sp) tax deduction
deducción fija standard deduction
deducción fiscal tax deduction (Sp) tax credit
deducción impositiva tax deduction
deducción impositiva matrimonial marital deduction
deducción por depreciación allowance for depreciation
deducciones de nómina payroll deductions
deducciones del cheque de salario payroll deductions
deducciones detalladas itemized deductions
deducible (Ven) tax deductible
deducible de la utilidad imponible (Ar) tax eductible
deducible de los aportes de los empleados (Ar) deductibility of employee contributions
deducible para efectos contributivos tax deductible
defecto de título title defect
defecto legal (Ar) legal wrong
defecto oculto latent defect
defectuoso(a) defective
defensa pleading
defensa de litigio contra asegurado defense of suit against insured
defensa de política quemada (Ven) scorched-earth defense
defensor del pueblo (Ar) (Ven) ombudsman
defensor(a) (por lo civil) defendant
deficiencia deficiency
déficit deficiency, deficit, gap, shortfall
déficit (superávit) commercial trade

déficit federal federal deficit
déficit neto de títulos valores (Ar) short interest
deflación deflation, disinflation
defraudación defalcation
degradación attrition, debasement
dejar a salvo hold-harmless agreements, hold harmless clause
dejar de cumplir break
dejar vacante vacate
del muelle al sitio de entrega (Ven) pier to house
delegación de voto (Sp) proxy
delegado delegate
delegante (Sp) principal
delegar delegate
delincuente delinquent
delito menor misdemeanor
demanda demand (Mex) petition
demanda cíclica cyclical demand
demanda coyuntural (Ar) cyclical demand
demanda de cobertura complementaria (Sp) margin call
demanda de indemnización por siniestro claim
demanda de mercado market demand
demanda derivada derived demand
demanda global aggregate demand
demanda inducida derived demand
demanda primaria primary demand
demandado asked, defendant (Ch) (Ven) respondent
demandante plaintiff
demandar demand
demérito (Mex) wear and tear
demográfica demographics
demolición demolition
demora demurrage
denegación disclaimer
denominación denomination
densidad density
dentro de los límites del estado (Ar) blue-sky law
departamento department
departamento de investigación research department
departamento de personal (Mex) human resources, personnel department
departamento de recursos humanos (Ven) personnel department
departamento de relaciones de inversionistas investor relations department
departamento de servicio service department
departamento fiduciario o de fideicomiso bancario bank trust department
dependencias (Ch) premises
dependiente dependent
deponer (Sp) attest
deposición deposition
depositar deposit, file
depositar en el banco bank
depositario bailee (Sp) receiver, trustee (Mex) escrow agent
depositario de bienes en custodia (Mex) bailee
depósito bailment, deposit, safekeeping, stockroom, warehouse (Ven) earnest money
depósito a la vista demand deposit
depósito a plazo time deposit
depósito a término (Sp) time deposit
depósito de archivos archive storage
depósito de buena fe good-faith deposit
depósito de garantía security

deposit (Ar) good-faith deposit
depósito disponible demand deposit
depósito en tránsito deposit in transit
depreciación debasement, depreciation
depreciación acelerada accelerated depreciation
depreciación acumulada (Ch) allowance for depreciation (Ch) (Sp) accumulated depreciation
depreciación adicional del primer año (tributario) (Ch) additional first-year depreciation (tax)
depreciación combinada composite depreciation
depreciación de primer año first-year depreciation
depreciación económica economic depreciation
depreciación física physical depreciation
depreciación irreparable (Ven) incurable depreciation
depreciación material (Sp) physical depreciation
depreciación/amortización remediable curable depreciation
depreciación sobre el saldo (Ar) declining-balance method
depreciar depreciate
depresión depression, slump
depresión económica (Mex) recession
derecho charge (Ch) law, title
derecho (hipotecario) de rescate equity of redemption
derecho a recibir un pago claim
derecho adjetivo adjective law
derecho administrativo administrative law
derecho antimonopólico (Ar) antitrust laws
derecho beneficioso beneficial interest
derecho civil civil law
derecho comercial commercial law
derecho común common law
derecho consuetudianario (Ven) common law
derecho contingente o compensatorio (Ven) contingent fee
derecho de acceso access right
derecho de acción chose in action
derecho de cambio commutation right
derecho de devolución right of return
derecho de dominio absoluto freehld (estate)
derecho de dominio pleno (Ar) fee simple or fee simple absolute
derecho de ejecución hipotecaria right of redemption
derecho de explotar minas mineral rights
derecho de expropiación eminent domain
derecho de garantía sobre un bien inmueble (Ar) encumbrance
derecho de importación tariff
derecho de opción a adquirir acciones en la empresa (Ar) employee stock option
derecho de pago total commutation right
derecho de paso right-of-way
derecho de patente (Sp) royalty
derecho de prelación right of first refusal
derecho de propiedad property rights, proprietorship
derecho de recuperar el bien ejecutado (Ar) equity of

redemption
derecho de rescisión right of rescission
derecho de retención lien
derecho de retracto (Sp) right of redemption
derecho de supervivencia right of survivorship
derecho de suscripción subscription right
derecho de uso easement
derecho de usufructo beneficial interest (Ar) (Ch) (Ven) usufructuary right
derecho de vender un inmueble para satisfacer una deuda security interest
derecho de voto voting right
derecho especial de giro (Sp) special drawing rights (SDR)
derecho internacional international law
derecho legal legal right
derecho mercantil mercantile law
derecho prendario (Sp) lien
derecho procesal adjective law
derecho subjetivo (Ven) legal right
derechohabiente beneficiary
derechos fee
derechos aéreos air rights
derechos de almacenamiento demurrage
derechos de autor copyright
derechos de desarrollo de transferencia (Ven) transfer development rights
derechos de ejecución de transferencia (Ar) transfer development rights
derechos de explotación de un raspaso (Mex) transfer development rights
derechos de los marginales (Ar) squatter's rights
derechos de posesión tenure
derechos de prioridad de compra de nueva emisión de acciones preemptive rights
derechos de propiedad property rights
derechos de tasación (Ch) appraisal rights
derechos de un colono usurpador (Ch) squatter's rights
derechos de valuación appraisal rights
derechos del accionista (Ar) appraisal rights
derechos reales (Sp) property tax
derechos sobre la propiedad que tiene el arrendatario leasehold
derivado/secundario (efecto) (Ar) spillover
derogar (Mex) abrogate
derrama (Ar) (Sp) apportionment
derramamiento (Ven) spillover
derrame (Ch)) spillover
derrochar waste
derroche waste
derrota/destrucción total (Ch) wipeout
derrumbe demolition
desaceleración (Ven) slowdown
desacuerdo discrepancy
desahucio ejectment, eviction
desajuste gap
desalojamiento (Ch) eviction
desalojamiento constructivo (Ch) eviction, constructive
desalojamiento efectivo (Ch) eviction, actual
desalojamiento parcial (Ch) eviction, partial
desalojar (Mex) dispossess
desalojo (Mex) (Ven) eviction
desalojo constructivo (Ar) constructive eviction
desalojo efectivo (Mex) actual eviction

desalojo parcial (Ar) (Mex) partial eviction
desalojo real (Ar) actual eviction
desarrollar development, expansion, work out
desarrollo de marca brand development
desarrollo de producto brand development
desarrollo institucional (Ar) organization development
desarrollo organizativo organization development
desbordamiento overflow (Ven) spillover
descapitalizarse (Ven) rundown
descarga unloading
descargar discharge, release
descargo discharge, release
descendencia descent
descentralización decentralization
descomercialización demarketing
descongelar unfreeze
descontar discount, draw (Sp) rebate
descripción description
descripción de cargo (Ch) (Ven) job description
descripción de puestos (Mex) job description
descripción de trabajo job description
descubierto (Ar) deficit
descubrimiento discovery
descuento abatement, discount, markdown, rebate
descuento de bono bond discount
descuento de caja (Mex) cash discount
descuento de consumo de capital capital consumption allowance
descuento de distribución distribution allowance
descuento de emisión original original issue discount (OID)
descuento de facturas factoring
descuento en efectivo cash discount
descuento hipotecario mortgage discount
descuento no devengado unearned discount
descuento por grandes cantidades (Ven) quantity discount
descuento por manejo handling allowance
descuento por pago al contado cash discount
descuento por pago en efectivo cash discount
descuento por volumen volume discount (Mex) quantity discount
descuento por volumen de mercancías (Ar) (Ch) (Mex) volume merchandise allowance
descuento por/de promoción promotional allowance
descuento sobre bonos (Ven) bond discount
descuento sobre cantidad quantity discount
descuento vertical (Ar) (Ven) vertical discount
descuentos de la planilla de remuneraciones (Ch) payroll deductions
deseconomías diseconomies
desechos (Ch) waste
desembargar discharge
desembolsar pay
desembolso disbursement, expense
desembolso de caja o de efectivo cash disbursement
desembolso nacional bruto gross national expenditure

desempeño execution (Sp) performance
desempleo unemployment
desempleo cíclico cyclical unemployment
desempleo estructural structural unemployment
desempleo friccional frictional unemployment
desempleo involuntario involuntary unemployment
desempleo irreductible frictional unemployment
desempleo tecnológico technological unemployment
desequilibrio gap
desfalco defalcation, peculation (Mex) embezzlement
desgaste natural (Sp) wear and tear
desgaste normal o por uso normal (Ven) normal wear and tear
desglose (Ven) analysis
desgravable (Ven) tax deductible
desgravación fiscal exemption (Sp) tax deduction
desgravación hipotecaria (Ar) (Mex) mortgage relief
deshaucio efectivo (Mex) actual eviction
deshaucio o desalojo implícito (Mex) eviction, constructive
desheredación escheat
deshonra dishonor
deshonrar dishonor
designación (mercancías) description
desindustrialización deindustrialization
desinflación disinflation
desistimiento disclaimer
desmantelar (Mex) breakup
desmonetización demonetization
desmoralizar demoralize
desocupación (Ven) unoccupancy
despachador dispatcher
despacho bureau
despedida de trabajadores (Ch) lay off
despedir discharge
despedir a un empleado lay off
desperdiciar (Sp) waste
desperdicios waste
despido dismissal
despido del trabajo (Mex) lay off
despido disciplinario de trabajadores disciplinary layoff
despilfarrar (Sp) waste
despilfarro boondoggle (Sp) waste
desplazamiento eviction, shift
desplome dumping
desposeer dispossess
desposesión divestiture, eviction
desregulación deregulation
destajo piece work
destinar (Ven) allocate
destinatario consignee
destitución discharge, dismissal
destreza manual (Ch) manual skill
destrucción demolition
desuso (Sp) obsolescence
desvalorización depreciation
desvalorizar depreciate
desviación discrepancy
desviación estándar standard deviation
desviación típica (Sp) standard deviation
desvío de fondos embezzlement
detalle (Sp) retail
detallista afiliado affiliated retailer
detallista especializado specialty retailer
detector de tiburones (Mex) shark watcher
detener el pago stop payment
deterioro damages, wear and tear

deterioro normal normal wear and tear
deterioro por uso (Mex) wear and tear
determinación de ingresos promedio (Ar) income averaging
determinado (Ch) locked in
determinar (Mex) settle
deuda debt, liability (Mex) debenture
deuda a corto plazo short-term debt or short-term liability
deuda a largo plazo (Mex) long-term debt or long-term liability
deuda afianzada funded debt (Ven) bonded debt
deuda asegurada (Sp) secured debt
deuda circulante (Mex) floating debt
deuda consolidada bonded debt, funded debt
deuda de rango superior senior debt
deuda efectiva effective debt
deuda en bonos bonded debt
deuda en obligaciones bonded debt
deuda flotante/a corto plazo floating debt
deuda fundamental (Ch) underlying debt
deuda garantizada secured debt
deuda hipotecaria mortgage debt
deuda impaga arrears
deuda nacional bruta gross national debt
deuda o crédito incobrable bad debt
deuda per cápita per-capita debt
deuda precedente (Mex) underlying debt
deuda principal (Sp) senior debt
deuda respaldada (Sp) secured debt
deuda saldada liquidated debt
deuda sin garantía unsecured debt
deuda subordinada subordinate debt
deuda subyacente (Ar) (Ven) underlying debt
deudas a corto plazo current liabilities
deudas a corto plazo (Mex) accounts payable
deudor debtor, obligee
deudor determinado por sentencia (Ar) judgment debtor
deudor hipotecario mortgagor
deudor moroso (Mex) (Ven) deadbeat
deudor(a) judicial judgment debtor
deudores diversos accounts receivable
deudores morosos/ fallidos (Sp) bad debt
devaluación devaluation
devengado y no pagado (Ven) outstanding
devengamiento modificado (Ch) modified accrual
devengar accrue
devolución (Mex) restitution (Sp) refund, return
devolución de una herencia al estado escheat
devoluciones (Mex) returns
devoluciones y rebajas de las ventas (Ch) (Mex) (Ven) sales returns and discounts
devolver (Sp) refund
día comercial (Sp) business day
día de negocios business day
día de pago pay day
día hábil business day
día laborable business day
diagrama arbóreo (Ar) tree

diagram
diagrama de árbol (Ch) (Ven) tree diagram
diagrama de dispersión (Ar) (Mex) (Ven) scatter diagram
diagrama de flujo flowchart
diagrama de lotes o terrenos (Ven) plot
diagrama de planta (Ar) floor plan
diagrama de secuencia flowchart
diario diary, general journal, journal
diario de caja registro de caja (Mex) cashbook
diario de ventas (Sp) sales journal
diario general general journal
dictamen con salvedad (Ch) "except for" opinion
dictamen con salvedades (Mex) qualified opinion
dictamen desfavorable (Ven) adverse opinion
dictamen jurídico (Ven) legal opinion
dictamen/informe del auditor (Ar) accountant's opinion
dictaminar enjoin
difamación slander
difamatorio libel
diferencia gap, shortfall
diferencia de rendimiento yield spread
diferencia permanente permanent difference
dificultad impasse (Ven) setback
difusión exposure
dígito de comprobación (Ven) check digit
dígito de control check digit
dígito de verificación check digit
dígitos eliminados digits deleted
dígitos suprimidos digits deleted
dilución dilution
dilución de capital dilution
dimensiones girth
dimisión (Mex) dismissal
dinero hard cash, money
dinero ajeno (Ch) (Mex) other people's money
dinero caro (Sp) tight money
dinero contante y sonante hard cash
dinero disponible good money
dinero efectivo hard money
dinero en circulación (Ven) currency in circulation
dinero escaso (Sp) tight money
dinero fácil easement
dinero fresco (Mex) new money
dinero iniciador (Ar) seed money
dinero líquido hard money
dinero no convertible inconvertible money
dinero nuevo (Ch) new money
dinero para gastos personales spending money
dinero por delante front money
diplomacia diplomacy
dirección (Sp) management
dirección de correo electrónico email address
dirección de protocolo de Internet internet protocol (IP) address
dirección de recursos humanos human resources management (HRM)
dirección general (Ven) directorate
dirección general (en ministerios) (Sp) agency
dirección por contacto (Sp) management by walking around (MBWA)
director director, principal (Sp) manager
director de agencia (Ar) (Mex) (Ven) branch

office manager
director de (agencia) urbana (Sp) branch office manager
director de comercialización marketing director (Ar) merchandising director
director de departamento (Sp) vice-president
director de mercadeo (Ch) merchandising director
director de mercadotecnia (Mex) marketing director
director de sucursal branch office manager
director externo (Ven) outside director
director general (Sp) president, CEO
director general de finanzas chief financial officer
director general de la empresa chief executive officer
director general de operaciones (Mex) chief operating officer
directorio board of directors
dirigente executive, leader
dirigir control, order (Sp) manage
dirimir (Sp)) settle
discado digital aleatorio (Ar) (Ven) random-digit dialing
discernimiento discrimination
discreción discretion
discrepancia discrepancy
discriminación discrimination
discriminación de edad age discrimination
diseñador drawer
diseño plat
diseño de paquete package design
disimular holdback
disintermediación disintermediation
disminución shrinkage (Ar) depletion (Sp) rebate
disminución de la capacidad de trabajo burnout
disminución esperada shrinkage
disminución progresiva degression
disolución breakup, dissolution
disolver breakup
dispensa exemption
disponer por testamento devise
disponibilidad (Mex) cash reserve (Sp) liquidity
disponibilidades monetarias (Ven) money supply
disposición facility
disposición con fecha de expiración (Ar) sunset provision
disposición de pago ability to play
disposición de redención (Mex) call feature
disposición legal que protege derechos adquiridos grandfather clause
disposición transitoria (Ven) sunset provision
disposiciones testamentarias de bienes inmuebles devise
dispositivo (Ven) widget
distinción discrimination
distracción de fondos (Ven) peculation
distribución apportionment, array, delivery, distribution (Ar) occupancy
distribución abierta open distribution
distribución de beneficios (Sp) appropriation
distribución de ingresos generales general revenue sharing
distribución de suma alzada (Ch) **lump-sum distribution**
distribución equitativa equitable distribution
distribución global lump-sum distribution

distribución limitada limited distribution
distribución primaria primary distribution
distribución secundaria secondary distribution
distribución selectiva selective distribution
distribuidor dealer, distributor, issuer
distribuir distribute (Ven) allocate
distrito comercial central (DCC) central business district (CBD)
distrito residencial residential district
divergente (Mex) snowballing
diversificación diversification
diversificación de precios (Sp) price lining
divida contable (Ar) reporting currency
dividendo dividend
dividendo acumulado accumulated dividend
dividendo acumulativo cumulative dividend
dividendo adicional extra dividend
dividendo de fin de año year-end dividend
dividendo de liquidación liquidation dividend
dividendo en acciones stock dividend
dividendo en efectivo cash dividend
dividendo ilegal illegal dividend
dividendo no pagado passed dividend, unpaid dividend
dividendo omitido passed dividend, omitted dividend
dividendo pasivo (Sp) assessment
dividendo preferente (Sp) preferred dividend
dividendo preferido preferred dividend
dividendos extraordinarios extraordinary dividends
dividendos impagos (Ar) accumulated dividend
dividendos por pagar dividends payable
divisas devise, foreign exchange
divisas en circulación currency in circulation
división split
división administrativa bureau
división de ingresos income splitting
división del trabajo dividends payable
division of labor dividends payable
divulgación disclosure, exposure
divulgación total full disclosure
doble disminuición de saldo double declining balance
doble empleo con miras de obtener dos pensiones (Ar) double-dipping
doble gravamen double taxation
doble imposición double taxation
doble impuesto fiscal double taxation
doble inmersión (Mex) double-dipping
doble precisión (Mex) double precision
doble tributación (Ch) (Ven) double taxation
doble (triple) indemnización por daños y perjuicios double (treble) damages
documentación documentation, instrumentality
documentación de respaldo (Ch) documentary evidence
documentación de transporte instrumentalities of transportation
documentación financiera financial statement

documento instrument, paper (Mex) indenture (Sp) title
documento a favor (Ar) accommodation paper
documento cambiario aceptado trade acceptance
documento de crédito draft
documento de crédito descontable eligible paper
documento de emisión de bonos (Ar) indenture
documento de garantía especial (Mex) (Ven) special warranty
documento de título muniment of title
documento falsificado forgery
documento negociable paper
documento por cobrar note receivable
documento por pagar note payable
documento probatorio documentary evidence
documentos comerciales (Mex) commerical papers
documentos de bienes muebles o mobiliarios chattel paper
documentos en pago (Mex) chattel paper
documentos externos external documents
documentos negociables (Sp) negotiable instruments
dólares constantes constant dollars
dólares corrientes current dollars
dólares estables hard dollars
dólares fuertes hard dollars
dolo fraud
domiciliar domicile
domicilio domicile
domicilio principal (Ch) principal residence
dominio property
dominio absoluto (Ar) freehold (estate)
dominio eminente eminent domain
dominio público public domain
donación bequest, gift
donación vencida (Ar) matured endowment
donador donor
donante donor, grantor
donar bequeath
donatario grantee
dotación appropriation, endowment, grant
dotar appropriate
dote dower, dowry (Mex) gift
dueño landlord
dueño-operador owner-operator deed
duplicación de beneficios duplication of benefits
duplicado de carta de porte (Sp) waybill

E

easy money easement
econometría econometrics
economía economics, economy
economía abierta open economy
economía aplicada applied economics
economía basada en los servicios (Ch) (Ven) service economy
economía cerrada closed economy
economía clandestina underground economy
economía controlada controlled economy (Ven) command economy
economía de control command economy
economías de escala economies of scale
economía de mercado market economy
economía de oferta supply-side economics
economía de puro mercado (Ar) pure-market economy
economía dirigida
managed economy
(Ar) controlled economy
(Mex) command economy
economía madura mature economy
economía mixta mixed economy
economía neoclásica (Ar) (Ch) neoclassical economics
economía normativa normative economics
economía planificada managed economy, planned economy
economía política economics
economía tradicional (Ar) (Ch) (Ven) traditional economy
económico economic
economista economist
ecuación contable accounting equation
edad de jubilación (Ch) retirement age
edad de retiro retirement age
edad de retiro normal (Ar) normal retirement age
edad falsa (Ar) misstatement of age
edad normal de jubilación (Ch) (Mex) normal retirement age
edades de retiro múltiples multiple retirement ages
edificación de terrenos land development
educación continua/enseñanza continua continuing education
educación permanente (Ar) continuing education
efectivo cash, hard cash
efecto a la vista (Sp) sight draft
efecto cambiario draft
efecto cascada (Sp) pyramiding
efecto de bola de nieve (Ven) snowballing
efecto de espejismo (Ar) (Ven) halo effect
efecto de ingreso income effect
efecto de sustitución substitution effect
efecto halo (Mex) halo effect
efecto vencido due bill
efecto(s) por cobrar (Ven) note receivable
efecto(s) por pagar (Ven) note payable
efectos (Ven) paper
efectos de comercio (Ch) commercial paper
efectos de comercio (Sp) negotiable instruments
efectos de favor (Sp) accommodation paper

efectos externos o internos (Ven) spillover
efectos fiscales grantor trust
efectos redescontables (Ven) eligible paper
eficacia de costos cost-effectiveness
eficiencia efficiency
eficiencia marginal de capital marginal efficiency of capital
egreso disbursement
ejecución execution, fulfillment, performance (Mex) run
ejecución de hipotecaria (Ar) foreclosure
ejecución fiscal tax foreclosure
ejecución por embargo de bienes inmuebles embargo
ejecutado executed
ejecutar execute
ejecutivo executive
ejecutivo de cuenta (Ch) account executive
ejecutivo de publicidad (Mex) account executive
ejecutor testamentario executor
ejecutorio executive, executory
ejemplo de cuota (Ar) quota, sample
ejercer exercise
ejercer un gasto expense
ejercicio exercise (Ch) period, accounting period
ejercicio (de funciones) execution
el más alto y de mejor uso highest and best use
el plazo es de esencia time is of the essence
elaboración manufacture
elaboración por lotes o por series batch processing
elaborar manufacture, work out
elasticidad de precios price elasticity
elasticidad unilateral unitary elasticity
elección alternada (Ar) (Ven) staggered election
elección entre grupos (Mex) staggered election
electrodomésticos white goods
elegir elect
elemento de ahorros savings element
elementos comunes common elements
eliminación automática automatic checkoff
eliminación de restricciones (Ar) deregulation
emancipación emancipation
embalaje de plástico de burbuja (Ven) blister packaging
embalaje/envase de plástico blister packaging
embalaje/envase defraudador deceptive packaging
embalaje/envase engañoso (Ven) deceptive packaging
embarcadero a casa (Ar) pier to house
embargado garnishee
embargar embargo, garnish, levy
embargar (mercancías) impound
embargo attachment, embargo, injunction, levy
embargo (de un bien hipotecado) foreclosure
embargo de bienes garnishment
embargo de terceros garnishment
embargo fiscal (Mex) tax selling
embargo preventivo (Sp) lien
embarque (Mex) lading
embarque directo drop-shipping
embaucamiento confidence game
emisión (de eurodólares, etc.) floater
emisión de cheques sin fondos check-kiting
emisión de gran demanda (Ar) hot issue
emisión mas allá de lo permitido overissue
emisión menor (de acciones o bonos) (Ch) junior issue
emisión prevendida presold issue

emisión subordinada (Ar) junior issue
emisiones de acciones de alta cotización hot issue
emisiones maduras (Ven) seasoned issue
emisor issuer
emisor de opción (Sp) writer
emitido y en circulación issued and outstanding
emitir float, issue
empadronado respondent
empaque engañoso (Mex) deceptive packaging
empate (en las votaciones) draw
empeñar hypothecate
empeño pledge
empeoramiento único (Ch) unique impairment
emplazamiento summons
emplazamiento (de un juicio) (Mex) garnishment
empleado clerk, employee
empleado autónomo self-employed
empleado paralegal (Ven) paralegal
empleado probatorio probationary employee
empleado público public employee
empleado que recibe receiving clerk
empleador patrón
empleados (Sp) personnel
empleo (Ar) occupation, job
empleo de media jornada part-time
empleo/aplicación de los fondos (Sp) application of funds
emprendedor entrepreneur
empresa company, concern, corporation, enterprise, house, venture (Ch) business
empresa afiliada affiliated company
empresa colectiva joint venture
empresa conjunta joint venture
empresa controlante (Ar) holding company
empresa de expedición forwarding company
empresa de servicios service bureau
empresa de transporte (Ar) (Ven) carrier
empresa de transporte público (Ar) common carrier
empresa diversificada diversified company
empresa en etapa de desarrollo development stage enterprise
empresa fantasma (Ven) shell company
empresa no miembro nonmember firm
empresa pequeña small business
empresa sin incorporar pero con acciones joint-stock company
empresa transportadora por contrato (Ven) contract carrier
empresario entrepreneur (Mex) manager
empréstito (Sp) loan
en circulación outstanding
en desuso (Sp) obsolescence
en efectivo cash basis
en el estado en que se encuentra (Sp) as is
en el exterior offshore
en el interior de la empresa in-house
en el principio at the opening
en horas de poca demanda (Ven) off peak
en las condiciones actuales as is
en mal estado defective
en mora (Ch) arrears (Ven) outstanding
en perpetuidad in perpetuity
encaje cash position (Ch) reserve requirement
encarcelado (Ven) in the tank
encargar (Sp) order
encargo order
encogimiento (Ch) (Mex) (Ven) shrinkage

encubrimiento concealment (Mex) lapping
encuesta survey
endeudamiento debt
endosante de favor accommodation endorser, maker or party
endoso colateral, endorsement or indorsement
endoso calificado (Mex) qualified endorsement
endoso completo (Sp) qualified endorsement
endoso con exclusión de responsabilidad (Sp) qualified endorsement
endoso condicional qualified endorsement
endoso de cobierta extendida extended coverage endorsement
endoso inflacionario inflation endorsement
enfermedad de trabajo occupational disease
enfermedad laboral (Ven) occupational disease
enfermedad ocupacional occupational disease
enfermedad profesional (Sp) occupational disease
enfoque/estrategia de costos cost approach
enfoque según rentas (Ven) income approach
enganche (Mex) downpayment
enjugar (un déficit) (Ar) wipeout
enmendar amend
enmienda amendment
ensayo test
entablar encroach
entablar y decidir un juicio hipotecario (Mex) foreclosure
ente entity
ente jurídico (Sp) legal entity
entero (Sp) point
entidad entity
entidad corresponsal o financiera (Ar) correspondent
entidad de ahorros (Ven) thrift institution
entidad de financiación finance company
entidad legal legal entity
entrada posting
entrada en vigor (del seguro) (Sp) attachment
entradas income, revenue
entradas brutas (Sp) revenue
entradas netas (Sp) net income
entradas y salidas ingress and egress
entrar a la bolsa going public
entredicho injunction
entrega delivery, grant
entrega buena good delivery
entrega contra reembolso (Ar) cash on delivery (COD)
entrega en depósito (Ven) bailment
entrega en el tiempo acostumbrado regular-way delivery (and settlement)
entrega especial special delivery
entrega parcial partial delivery
entrega satisfactoria good delivery
entregar grant
entrenamiento de sensibilidad (Ven) sensitivity training
entrenamiento en el trabajo on-the-job training (OJT)
entrenamiento sobre la marcha (Sp) on-the-job training (OJT)
entretenimiento amenities
entrevista interview
entrevista de fondo (Ar) depth interview
entrevista de partida exit interview
entrevista estructurada interview, structured
entrevista exhaustiva depth interview
entrevista no estructurada interview, unstructured
entrevistado (Ar) respondent
entrevistar interview

enunciado de problema de ley (Mex) statement
enunciar express
envase primario primary package
enviar forward
enviar por exprés express
envilecimiento debasement
envío contra reembolso (ECR) cash on delivery (COD)
epígrafe (Sp) title
equidad equity
equilibrio equilibrium, balance
equilibrio de mercado market equilibrium
equipo equipment, facility
equipo de empresa (Ch) venture team
equipo de riesgo (Ar) (Mex) venture team
equipo de trabajo (Sp) task force
equipo de trabajo especial task force
equipo de transporte rolling stock
equitativo equitable
equivalencia de rendimiento yield equivalence
equivalencia en efectivo cash equivalence
equivalente en acciones comunes common stock equivalent
equivocación error, mistake
errar make a mistake
error error, mistake
error bilateral bilateral mistake
error compensatorio compensating error
error contable accounting error
error de derecho (Ch) (Mex) mistake of law
error de escritura clerical error
error de la ley (Ar) mistake of law
escala scale
escala de incentivos (Mex) incentive fee
escala de índices/coeficientes (Ven) ratio scale
escala de intervalo interval scale
escala de razón ratio scale
escala nominal nominal scale
escala ordinal ordinal scale
escala salarial wage bracket, wage scale
escala única (Ch) flat scale
escala uniforme flat scale
escalafón (Sp) scale
escalonamiento de vencimientos staggering maturities
escarbador de vidas ajenas (Ch) muckraker
escasez scarcity, scarcity value
escasez de fondos squeeze
escasez de inventario (disminución) inventory shortage (shrinkage)
escisión spin-off
escoger elect
escribiente (Mex) clerk
escrito libel
escritorio (Ven) desk
escritura (Mex) indenture
escritura con garantías de título warranty deed
escritura de constitución (Sp) statute
escritura de emisión (Sp) trust deed
escritura de fideicomiso deed of trust
escritura de guardián guardian deed
escritura de incorporación articles of incorporation
escritura de propiedad evidence of title
escritura de propiedad inmobiliaria en lugar de embargo de un bien hipotecado deed in lieu of foreclosure
escritura de propiedad inmobiliaria deed
escritura del administrador (Ar) administrator's deed
escritura especial de garantía (Ch) special warranty deed
escritura fiduciaria trust deed
escritura sin registrar unrecorded

deed
escritura sobre donaciones gift deed
escritura social (Sp) charter
escritura/acta constitutiva (Mex) certificate of incorporation
escritura/acta de constitutión charter
esencial material
eslabonamiento (Ar) networking
espacio abierto (Mex) open space
espacio cibernético cyberspace
especialista specialist
especialización horizontal horizontal specialization
especialización vertical vertical specialization
especializado journeyman
especificación specification
especificación de trabajo job specification
especulación stock jobbing
especulación en participación con otros joint venture
especulador raider (Mex) bargain hunter (Sp) jobber
especulador a la alza bull
especulador por cuenta propia jobber
especular (Mex) take a flier
especulativo commercial
esperanza de vida (Sp) life expectancy
espionaje industrial industrial espionage
espiral inflacionaria (Mex) (Ven) inflationary spiral
espíritu de trabajo (Ar) morale
esquema de flujo de pedidos (Ven) order flow pattern
esquema general (Ch) general scheme
esquirol scab (Sp) strikebreaker
estabilización stabilization
estabilización de precios price stabilization
estabilización de precios mediante intervención peg
estabilización salarial wage stabilization
estabilizador automático (fiscal) automatic (fiscal) stabilizers
estabilizador integrado built-in stabilizer
estabilizador interno o automático (Ar) built-in stabilizer
estabilizarse level out
estable firm
establecer (Mex) settle
establecer promedio hacia abajo average down
establecer un límite máximo cap
establecer un promedio average
establecimiento premises
establecimiento de negocio start-up
establecimiento de objetivos goal setting
establecimiento de promedio de ingresos income averaging
establecimiento de una fecha dating
estación de trabajo work station
estacionamiento (Ch) (Mex) parking
estadígrafo de prueba (Mex) test statistic
estadística (Ch) (Mex) statistic
estadística de una prueba (Ar) (Ch) (Ven) test statistic
estadística deductiva inferential statistics
estadística no paramétrica nonparametric statistics
estadística *T* *T* statistic
estadísticas statistics
estadísticas descriptivas despriptive statistics
estado footing (Ven) status
estado asistencial welfare state
estado contable consolidado (Ar) consolidated financial statement
estado de ánimo (Ch) morale
estado de bienestar welfare state
estado de condición statement of

condition
estado de cuenta statement (Ar) (Ch) (Ven) account statement
estado de ganancias y pérdidas income statement, profit and loss statement (P&L)
estado de ingresos (Mex) income accounts (Ven) (Sp) profit and loss statement (P&L)
estado de pagado paid status
estado de resultados (Ar) earnings report (Ch) income statement
estado del capital de los socios (Ch) statement of partners' capital
estado financiero financial statement
estado contable comparativo (Ar) comparative financial statements
estado financiero interino (Ch) interim statement
estado financiero personal personal financial statement
estado financiero proyectado projected (pro forma) financial statement
estado interino interim statement
estado provisional (Ven) interim statement
estados a fechas intermedias (Mex) interim statement
estados contables (Ar) financial statement
estados financieros certificados certified financial statement
estados financieros comparativos comparative financial statements
estados financieros consolidados consolidated financial statement
estafa fraud, goldbrick
estancamiento stagnation
estándar monetario (Mex) monetary standard
estandarte standard
estátus status
estatuto bylaws, statute (Ch) (Mex) ordinance
estatutos de constitución (Sp) articles of incorporation
estilo administrativo (Ar) management style
estilo de administración (Ch) management style
estilo directivo (Mex) management style
estimación appraisal, estimate (Mex) assessment (Sp) appropriation
estimador appraiser, estimator
estimador no sesgado unbiased estimator
estimar appraise, assess, budget
estímulo fiscal (Mex) tax incentive
estipendiario stipend, stipendiary
estipendio stipend, stipendiary
estipendio por manipulación (Ar) handling allowance
estipulación stipulation
estipulación/disposición de cambio de beneficiario change of beneficiary provision
estipulación restrictiva restrictive covenant
estocástico stochastic
estorbo nuisance
estratagema para reducir o aplazar la carga impositiva tax shelter
estratagemas para adornar window dressing
estrategia strategy
estrategia competitiva competitive strategy
estrategia de captación (Mex) milking strategy
estrategia de diferenciación differentiation strategy
estrategia de fragmentación (Mex) segmentation strategy
estrategia de inversion investment strategy
estrategia de segmentación segmentation strategy

estrategia de segmento segmentation strategy
estrategia para sacar provecho/ beneficio de algo (Ch) milking strategy
estructura structure
estructura corporativa corporate structure
estructura de administración y gobierno (Sp) organization
estructura de capital compleja complex capital structure
estructura del capital capital structure
estructura financiera financial structure
estructura histórica historical structure
estructura institucional (Ar) organization structure
estructura organizativa organization structure
estructuras accesorias appurtenant structures
estudiar study
estudio analysis, research, review (Sp) survey
estudio analítico analytical review
estudio antes de retirar productos del mercado (Ch) recall study
estudio basado en cuestionarios recordatorios (Ar) recall study
estudio de aciertos (Mex) recall study
estudio de cambio analysis of variance (ANOVA)
estudio de factibilidad feasibility study
estudio de movimientos (Ar) (Mex) motion study
estudio de una moción o propuesta (Ch) motion study
estudio de viabilidad feasibility study
estudio/examen de revocación (Ven) recall study
estudios del consumo consumer research
estudios sobre micromovimientos (Mex) micromotion study
ética ethical, ethics (Mex) moral law
ética de los negocios business ethics
ética empresarial (Ven) business ethics
ético ethical, ethics
euro (referente a Europa) Euro
evaluable (Sp) rateable
evaluación appraisal, assessment, evaluation, estimate (Sp) rating
evaluación de fuentes (Ar) (Ch) source evaluation
evaluación de origen (Ven) source evaluation
evaluación de trabajo job evaluation
evaluación de un área clave (Ar) (Ch) key-area evaluation
evaluar appraise, assess (Sp) rate
evasión de impuestos tax evasion
evasión fiscal (Sp) tax evasion
evento subsiguiente subsequent event
eventos de separación disjoint events
eventos desarticulados disjoint events
evicción como represalia retaliatory eviction
evidencia del juicio (Ar) judgment proof
evidente manifest
evolución del capital (Ar) capital turnover
exacción de dinero (Mex) shakedown
exacto express
examen analysis, exam, review, test (Sp) survey
examen de acreditación (Ar) licensing examination
examen de cuentas (Sp) audit
examen de licencia (Ch) licensing examination
examen de un testigo hearing

examen físico (Ar) (Ch) physical examination
examen médico medical examination (Mex) (Ven) physical examination
examinar (Sp) review
excedente (Ch)) spillover (Sp) surplus
excedente sobre el valor nominal (Mex) prima
excepción demurrer
exceso overage
exceso de gastos sobre el presupuesto cost overrun
excesos de costos (Ar) cost overrun
excluir crowd, crowding out
exclusión estoppel, exclusion
exclusión de cobertura exclusion of coverage
exclusión de dividendos dividend exclusion
exclusión de riesgos comerciales (Mex) business risk exclusion
exclusión de riesgos de negocios business risk exclusion
exclusiones exclusions
exención exemption, franchise (Mex) release
exención de impuesto de casa solariega homestead tax exemption
exentar frank
exhibición comercial (Ch) trade show
exhibir (documentos) (Mex) produce
exigencia demand
exigibilidad; obligación de dar cuenta (Sp) (Ven) accountability
exigible amortizable
eximente exculpatory
eximir frank
existencias stock
existencias de almacén inventory
existencias de mercancías inventory
ex legal ex-legal
exoneración exemption
expansión expansion
expansión diagonal diagonal expansion
expansión interna internal expansion
expansión/crecimiento horizontal horizontal expansion
expectativa de vida life expectancy
expedición consignment
expedidor consignor, dispatcher
expediente file, record (Mex) rediscount rate
expedir forward (Mex) issue
expiración expiration
explotación development, exploitation
explotar (Ven) bleed
exportación export
exportar export
exposición exposure
exposición comercial o industrial (Mex) (Ven) trade show
expresar draft, express
expreso express
expropiación condemnation
expropiación parcial partial taking
expropiar dispossess
expuesto a comprar (Ven) open-to-buy
expulsión expansion, eviction, spread (Ar) tract (Mex) acreage
extensión de línea line extension
extensión de marca brand extension
extensión de producto brand extension
extorsión racket
extracción de fondos (Sp) withdrawal
extracontable (Ch) off the balance sheet
extracontable (Ch) off the books
extracto (Sp) statement
extrapolación extrapolation

F

fábrica plant
fabricación manufacture
fabricante fabricator, maker
fabricar manufacture, produce
facilidad facility
facsímil (fax) facsimile
factor de anualidad annuity factor
factor de anualidad Inwood Inwood annuity factor
factor de conversión para contribuciones de empleados conversion factor for employee contributions
factor de desgaste (Ar) (Mex) (Ven) wearout factor
factor de reversión (Ar) reversionary factor
factor limitante constraining (limiting) factor
factor reversionario reversionary factor
factor tiempo (Sp) time value
factores humanos human factors
factorial factorial
factura bill, invoice (Mex) voucher
facturación por ciclos cycle billing
factura previa (Ven) pre-bill
facturación bruta gross billing
facturación cíclica (Mex) cycle billing
facturación coyuntural (Ar) cycle billing
facturación diferida deferred billing
facturar bill
facturar en adelante (Ch) pre-bill
fachada (Mex) frontage
faena (Ch) job
falsa representación de la edad (Ch) misstatement of age
falsificación forgery (Ven) padding
falsificado counterfeit
falsificar counterfeit
falso counterfeit
falso jefe (Mex) straw boss
falta error (Mex) misdemeanor
falta de aceptación (de un título de crédito) dishonor
falta de fondos (Mex) NSF
falta de pago default
falta de pago de un cheque dishonor
falta de recepción fail to receive
falta en corto (Ar) short squeeze
faltante deficiency, deficit
faltantes de inventario (Mex) inventory shortage (shrinkage)
faltas con permiso justificado (Sp) (Ven) leave of absence
fallar default
fallo judgment
fallo de deficiencia deficiency judgment
fallo de embargo preventivo (Mex) judgment lien
fallo por falta de comparencia default judgment
fama reputation
familia de fondos mutuos (Mex) family of funds
familia o grupos de fondos (Ar) (Ch) family of funds
fanático hacker
fascismo fascism
fatiga burnout
fecha de cierre closing date, deadline

fecha de ejecución (Sp) trade date
fecha de emisión date of issue
fecha de entrega delivery date,
fecha de exclusión settlement date
fecha de exclusión deadline
fecha de la oferta (Ven) offering date
fecha de liquidación (Sp) settlement date
fecha de ofrecimiento offering date
fecha de pago payment date, settlement date
fecha de registro date of record
fecha de transacción trade date
fecha de valor value date
fecha de vencimiento maturity date (Mex) deadline (Sp) yield-to-mature (YTM)
fecha del cierre settlement date
fecha efectiva effective date (Sp) value date
fecha en que se pone en venta (Ven) on-sale date
fecha en vigor effective date
fecha límite closing date, deadline
fecha sin dividendo ex-dividend date
fecha tope (Ven) closing date, effective date
fecha valor (Sp) value date
fechado dating
fechado cada tercer mes (Mex) EOM dating
felicitaciones kudos
feria comercial (Ar) trade show
fiabilidad (Sp) reliability
fiador guarantor (Mex) sponsor
fiador de guarantee
fianza bail bond, bond, collateral, guaranteed security, guaranty, security, surety bond (Sp) security deposit
fianza corporativa corporate bond
fianza de apelación appeal bond
fianza de cumplimiento performance bond (Sp) completion bond
fianza de entredicho injunction bond
fianza de fidelidad (Ven) fiduciary bond
fianza de fidelidad colectiva (Mex) commercial blanket bond
fianza de fiel cumplimiento (Ven) performance bond
fianza de licencia license bond, permit bond
fianza de licitación (Ar) (Ven) bid bond
fianza de oferta bid bond
fianza de pago payment bond
fianza de participación en puja (Sp) bid bond
fianza de una parte en arbitración arbitrage bond
fianza de una parte en arbitraje (Mex) arbitrage bond
fianza general comercial commercial blanket bond
fianza judicial (Sp) judicial bond
ficha de trabajo (Ch) job ticket
ficha personal (Ch) personal data sheet
fideicomisario nominee (Sp) trustee
fideicomiso trust (Ar) trust, general management
fideicomiso activo (Sp) living trust
fideicomiso ciego blind trust
fideicomiso complejo complex trust
fideicomiso de explotación (Ar) canon
fideicomiso de inversion investment trust
fideicomiso de tierras land trust
fideicomiso del otorgante (Ch) (Ven) grantor trust

fideicomiso discrecional (Mex) (Ven) (Ven) trust, discretionary
fideicomiso durante la vida de quien lo estableció living trust
fideicomiso implícito/ sobrentendido involuntary trust
fideicomiso irrevocable irrevocable trust
fideicomiso no discrecional nondiscretionary trust
fideicomiso para la inversión en bienes inmuebles real estate investment trust (REIT)
fideicomiso para un pródigo spendthrift trust
fideicomiso revocable revocable trust
fideicomiso simple simple trust
fideicomiso testamentario testamentary trust
fidelidad de compromiso y crédito total full faith and credit
fiduciario fiduciary, trustee
fijación fixation
fijación de precios price-fixing
fijación de precios de prestigio (Mex) prestige pricing
fijación de precios selectos (Ven) prestige pricing
fijación de precios variables (Ven) variable pricing
fijación de tasas rate setting
fijación del precio del oro (Mex) golden fixing
fijado (Ch) locked in
fijar tipo de cambio libre (Ar) float
fijo flat
filial (Ch) affiliated company
filtrar hacia abajo (Ch) filtering down
fin expiration
fin de ejercicio year-end
fin de mes end of month
fin de sesión close
financiación financing
financiación a través de la emisión de acciones (Ar) equity financing
financiación interna internal financing
financiación mediante déficit (Ven) deficit financing
financiación negativa (Ven) negative carry
financiamiento financing, funding
financiamiento a través de fondos propios equity financing
financiamiento creativo creative financing
financiamiento de cuentas por cobrar accounts receivable financing
financiamiento de inventario inventory financing
financiamiento de patrimonio (Mex) equity financing
financiamiento del déficit deficit financing
financiamiento interno internal financing
financiamiento permanente permanent financing
financiamiento permanente tras la construcción take-out loan, take-out financing
financiamiento provisional interim financing
finca (Ar) homestead
fingir un impedimento/una enfermedad malingering
finiquitar discharge (Sp) release
finiquito discharge, release
firma firm, subscription
firma garantizada guarantee of signature
firmado executed
firmante maker
firmante de acomodación accommodation endorser, maker or party
firmar execute (Ven) subscript

firmar conjuntamente cosign
firme firm
fiscal fiscal
fiscalidad (Ar) taxation, interest on dividends
fiscalista fiscalist
fletar charter
flete charter
flete aéreo airfreight
flete por vagonada (Ven) carload rate
flexible open-end
flotación de una moneda float
flotar float
fluctuación change fluctuation
flujigrama (Ch) flowchart
flujo de caja cash flow
flujo de caja después de impuestos (Ven) after-tax cash flow
flujo de caja negativo (Ven) negative cash flow
flujo de caja posterior a impuestos after-tax cash flow
flujo de dinero flow of funds
flujo de efectivo cash flow
flujo de efectivo antes del pago de impuestos before-tax cash flow
flujo de efectivo descontado discounted cash flow
flujo de fondos (Mex) cash flow (Ar) flow of funds
flujo de fondos incremental incremental cash flow
flujo de fondos negativo negative cash flow
flujo de ingresos income stream
flujo de ingresos a plazo fijo (Ar) level-payment income stream
flujo de ingresos con pagos parejos (Ch) level-payment income stream
flujo incremental de circulante (Ven) incremental cash flow
flujo monetario flow of funds
folleto bulletin
folleto informativo de una emisión prospectus
fomento (Ch) development
fomento de ventas (Sp) sales promotion
fondo bottom, pool
fondo ciego blind pool
fondo común pool
fondo común de inversión (Ar) index fund, mutual fund
fondo común de inversiones (Ven) money market fund
fondo de acciones comunes common stock fund
fondo de amortización accumulated depreciation, sinking fund
fondo de caja chica (Ar) (Mex) petty cash fund
fondo de crecimiento growth fund
fondo de desarrollo/apreciación (Mex) fund
fondo de eliminación cleanup fund
fondo de inversión (Ar) fund (Ven) load fund
fondo de inversión de acciones ordinarias common stock fund
fondo de inversión del mercado monetario money market fund
fondo de inversiones en oro gold mutual fund
fondo de jubilación (Ven) retirement fund
fondo de jubilación (Sp) working capital (Ven) pension fund
fondo de pensiones (Ch) retirement fund
fondo de pensiones pension fund
fondo de previsión (Sp) reserve
fondo de revisión/contingencias (Ven) contingencey fund

(Sp) pension fund
fondo de recuperación
(Ar) (Ch) (Ven) recovery fund
fondo de regalía (Ven) canon
fondo de reposición
(Ar) (Mex) replacement reserve
fondo de reserva reserve fund
fondo de retiro retirement fund
fondo fijo imprest fund, imprest system
fondo general general fund
fondo índice index fund
fondo jubilatorio pension fund
Fondo Monetario Internacional International Monetary Fund (IMF)
fondo mutuo mutual fund
fondo mutuo con capital fijo
(Ar) closed-end mutual fund
fondo mutuo con comisión load fund
fondo mutuo con metas de apreciación performance fund
fondo mutuo de acciones limitadas
(Mex) closed-end mutual fund
fondo mutuo equilibrado
balanced mutual fund
fondo mutuo sin comisión no-load fund
fondo/fideicomiso corpus
fondo para imprevistos
(Ar) contingencey fund
(Ven) contingencey fund
fondo por rendir (Ch) expense account
fondo revolvente
(Mex) revolving fund
fondo rotativo para gastos menores imprest fund, imprest system
fondo rotatorio
revolving fund
fondos asset
fondos de dinero (Sp) money market
fondos del banco central
(Ar) federal funds
fondos disponibles
(Ar) good money
fondos en fideicomiso trust fund
fondos externos external funds
fondos federales federal funds
fondos no cobrados uncollected funds
fondos para previsión de contingencias contingency fund
forma corta short form
forma de información
(Mex) information return
forma de propiedad ownership form
forma simplificada short form
formación de capital capital formation
formación de equipos
team building
formación práctica (Sp) on-the-job training (OJT)
formalizado executed
formalizar execute
formas comerciales
(Mex) commercial forms
formato de ganancias y comisiones
(Ven) profit and commissions form
formato tipo (Ch) boilerplate
fórmula statement
formular express
formulario de ganancias y comisiones (Ar) profit and commissions form
formulario de información
information return
formulario de orden
order form
formulario/hoja de pedidos
(Ven) order form
formularios comerciales
commercial forms
formularios de ubicaciones múltiples (Ar) multiple locations forms

franco (costado de la) barcaza free alongside ship (FAS)
franco a bordo free on board (FOB)
franco al costado del buque (Ven) free alongside ship (FAS)
franco sobre muelle free alongside ship (FAS)
franquear frank
franquicia concession, franchise
fraude forgery, fraud
fraude cometido usando el servicio postal mail fraud
frecuencia frequency
frente (Mex) frontage
frente de la propiedad, el frontage
frutos cultivados emblements
fuente source
fuentes de fondos sources of funds
fuera de balance off the balance sheet
fuerza de choque (Sp) task force
fuerza de trabajo (Mex) work force
fuerza laboral labor force, work force
fuerza laboral cesante (Ch) unemployed labor force
fuerza pública (Ar) police power
fuga de capital capital flight
fuga de dólares dollar drain
función de consumo consumption function
función de la producción (Ar) line function
función de línea (Ch) line function
función derecho duty
función lineal (Mex) line function
funcionario de operacions principal chief operating officer
funcionario ejecutivo principal/CEO chief executive officer
funcionario financiero principal (Ven) chief financial officer
fundación endowment
fundamento (Mex) (Ven) basis
fusión merger
fusión estatutaria (Ven) statutory merger
fusión horizontal horizontal merger
fusión legal (Ch) statutory merger
fusión por absorbción merger
fusión reglamentaria (Ar) statutory merger
fusionar merge
futuro financiero (Ar) financial future
futuros de índices de acciones stock index futures
futuros de monedas currency futures

G

galopante (Ven) snowballing
gama (Sp) range
ganancia gain, margin, profit, returns (Mex) income
ganancia adicional boot
ganancia bruta gross earnings, gross benefit
ganancia de capital (Mex) capital gain (loss)
ganancia gravable (Sp) taxable income
ganancia líquida (Sp) net profit
ganancia normal normal profit
ganancia ordinaria/ingreso ordinario ordinary gain or ordinary income
ganancia (pérdida) a largo plazo long-term gain (loss)
ganancia (pérdida) ficticia (Ven) paper profit (loss)
ganancia realizada realized gain recognized gain
ganancia reconocida (Ch) recognized gain
ganancia sobre el capital capital gain (loss)
ganancias acumuladas accumulated earnings tax or accumulated profits
ganancias antes de impuestos earnings before taxes
ganancias anuales annual earnings
ganancias indivisas undivided profit
ganancias inesperadas windfall profit
ganancias netas net profit
ganancias no distribuidas (Ven) undivided profit
ganancias operativas operating profit
ganancias (pérdida) sin realizar paper profit (loss)
ganancias (pérdida) sobre el papel paper profit (loss)
ganancias (pérdidas) no realizadas unrealized profit (loss)
ganancias por acciones (comunes) totalmente diluidas fully diluted earnings per (common) share
ganancias retenidas no apropiadas (Ven) unappropriated retained earnings
ganancias retenidas (Ven) retained earnings
ganancias retenidas, apropiadas (Ven) retained earnings, appropriated
ganancias y beneficios earnings and profits
ganar gain, gross
garante guarantor, sponsor (Sp) underwriter
garantía collateral, cover, guarantee, guaranty, indemnity, management, pledge, security, warranty
garantía de buena ejecución (Sp) performance bond
garantía de comerciabilidad warranty of merchantability
garantía de cumplimiento performance bond
garantía de habitabilidad warranty of habitability
garantía de póliza de seguros chose in action
garantía de una deuda debt security
garantía garantizada guaranteed security
garantía implícita (Mex) implied warranty

garantía subsidiaria/colateral (Mex) collateral
garantía tácita implied warranty
garantizar cover, guarantee, hypothecate, insure
gastar expense (Mex) pay
gasto disbursement, expense (Ar) stipend, stipendiary
gasto asignado appropriated expenditure
gasto de ajuste de pérdidas loss adjustment expense
gasto de renta (Ch) deduction
gasto financiero finance charge
gasto general general expense
gasto incidental carrying charge
gasto (ingreso) no relacionado con la operación o explotación (Ch) nonnegotiable instrument
gasto nacional bruto gross national expenditure
gasto/costo del ejercicio (Ch) period expense, period cost
gasto/costo periódico period expense, period cost
gastos cost
gastos (generales) de administración (Sp) administrative expense
gastos administrativos administrative expense
gastos anticipados (Sp) prepaid expenses
gastos de adquisición (Sp) acquisition cost
gastos de capital (Ar) capital expenditure
gastos de cierre closing cost
gastos de explotación operating expenses
gastos de fabricación overhead
gastos de gestión (Sp) management fee
gastos de intereses por inversion investment interest expense
gastos de la compra-venta de un buen inmueble (Ar) closing cost
gastos de mantenimiento (Ven) maintenance fee
gastos de negocios ordinarios y necesarios ordinary and necessary business expense
gastos de operación (Mex) operating expenses
gastos de renta (Ch) itemized deductions
gastos de viaje (Mex) subsistence
gastos deficitarios (Sp) deficit spending
gastos derivados incrementals incremental spending
gastos fijos overhead (Ar) applied overhead
gastos fijos o generales de fábrica factory overhead
gastos generales overhead
gastos generales aplicados applied overhead
gastos generales directos direct overhead
gastos generales indirectos indirect overhead
gastos generales no imputados (Ch) underapplied overhead
gastos generales subaplicados (Ar) (Ven) underapplied overhead
gastos imprevistos (Mex) nonrecurring charge
gastos indirectos (Mex) overhead
gastos no operativos (utilidades) (Ar) nonnegotiable instrument
gastos no periódicos (Mex) nonrecurring charge
gastos operativos operating expenses
gastos para inversiones de capital capital expenditure
gastos prepagados prepaid expenses
gastos que superan los ingresos deficit spending

generador de números aleatorios random-number generator
general across the board
generalista generalist
género class
géneros tejidos (Ven) soft goods
géneros textiles soft goods
genuino real
geodemografía geodemography
geometría media (Ar) geometric mean
gerencia (Ven) management
gerencia de equipos (Ven) team management
gerencia de primera línea (Ven) first-line management
gerencia de recursos humanos (Ven) human resources management (HRM)
gerencia media (Ven) middle management
gerente director, manager (Mex) principal (Sp) vice-president
gerente de marca brand manager
gerente de producto brand manager
gerente de sucursal (Sp) branch office manager
gestión (Ch) management
gestión de base de datos database management
gestión de recursos humanos human resources management (HRM)
gestión del riesgo (Sp) risk management
gestión/administración de primer nivel first-line management
gestión por equipo (Ch) team management
gestor agente
gestor de emisión (Sp) manager
girado drawee
girador drawer, writer (Sp) maker
girar bill, draw
giro turnover (Ch) draw
giro a la vista (Mex) sight draft
giro a plazo (Mex) time draft
giro a un plazo (Sp) time draft
giro de capital capital turnover
giro de inventario stock turnover
giro normal de operaciones (de una compañía) (Ven) ordinary course of business
giro o letra a la vista (Mex) demand deposit
giros devise
global flat
globalizar bunching
glosa (Sp) audit
goce pacífico quiet enjoyment
goce tranquilo quiet enjoyment
grabar (Ch) tape
grado de solvencia estimado (Ar) credit rating
grado/clase de inversiones investment grade
gráfico circular pie chart
gráfico sectorial pie chart
gran golpe killing
gran jugada killing
grandes almacenes (Sp) store
gratificación gratuity
gratificaciones perquisites (perk)
gratis gratis
gratuito gratis
gravamen encumbrance, imposition, lien, tax (Mex) pledge
gravamen del constructor mechanic's lien
gravamen del transportador carrier's lien
gravamen del transportista (Mex) carrier's lien
gravamen del vendedor vendor's lien
gravamen determinado por sentencia (Ar) judgment lien

gravamen general general lien
gravamen hipotecario mortgage lien
gravamen involuntario involuntary lien
gravamen por falla o por juicio (Ch) judgment lien
gravamen por fallo judicial (Mex) judgment lien
gravamen por/sobre impuestos no pagados tax lien
gravamen sobre bienes muebles (Ar) chattel mortgage
gravamen voluntario voluntary lien
gravar tax (Mex) assess (Sp) mortgage
gremio guild
gremio laboral labor union, trade union
gremio obrero (Mex) labor union
gremio por oficios (Ar) craft union
gruesa gross
grupo battery, pool
grupo de contribuyentes income group
grupo de interés interest group
grupo de oficio (Ch) occupational group
grupo de tareas task group
grupo estratégico (Ar) target audience
grupo interesado (Ch) interest group
grupo ocupacional (Ar) occupational group
grupo profesional (Mex) occupational group
guarda custody
guardar para sí mismo holdback
guardar un documento file
guardián custodian, guardian
guarnecer garnish
guerra arancelaria tariff war
guerra de patentes (Ar) (Mex) patent warfare
guerra de precios price war
guía (Sp) receipt, waybill
guía administrativa management guide
guía aérea air bill
guía de carga (Sp) waybill
guía de despacho (Ch) waybill

H

haber (Ch) debit
habilidad dower
habilidad de deducción de contribuciones de empleados deductibility of employee contributions
habilidad manual (Ar) (Mex) manual skill
habilitado payer
hacer algo en demasía (Ch) overkill
hacer bajar las cotizaciones vendiendo al descubierto hammering the market
hacer líquido cash
hacer operaciones bancarias (Sp) bank
hacer rentable (Ven) turnaround
hacer seguimiento trace, tracer
hacer un bosquejo (de un proyecto) draft
hacer un cálculo work out
hacer un depósito deposit
hacer una contrademanda counterclaim
hacer una mejor propuesta (Ch) bidding up
hacer una oferta (Sp) tender
hacia adelante forward
haciendo negocios bajo el nombre de (Mex) doing business as (DBA)
haciendo negocios como doing business as (DBA)
hectárea hectare
hecho extraordinario (Ch) extraordinary item
hecho material (Ar) material fact
hecho pertinente (Ch) material fact
hecho posterior (Ch) subsequent event
hecho substancial (Mex) material fact
heredar inherit
herederos heirs
herederos y cesionarios heirs and assigns
herencia inheritance
heterogéneo heterogeneous
heurística heuristic
heurístico(a) heuristic
hiperinflación hyperinflation
hipermercado superstore
hipertexto hypertext
hipoteca encumbrance, mortgage (Sp) lien
hipoteca abierta open mortgage
hipoteca adicional a la primera surcharge
hipoteca ampliable open-end mortgage
hipoteca autoamortizante self-amortizing mortgage
hipoteca cancelada (Mex) closed-end mortgage
hipoteca cerrada closed-end mortgage
hipoteca colectiva (Ar) blanket mortgage
hipoteca con tasa de interés variable variable-rate mortgage (VRM)
hipoteca con tipo de interés ajustable (Sp) adjustable-rate mortgage (ARM)
hipoteca convencional conventional mortgage
hipoteca de anualidad invertida reverse annuity mortgage (RAM)
hipoteca de apreciación compartida shared-appreciation mortgage (SAM)
hipoteca de inquilinato leasehold mortgage
hipoteca de pago flexible flexible-payment mortgage (FPM)
hipoteca de pagos escalonados (Mex) graduated payment

mortgage (GPM)
hipoteca de pagos parejos level-payment mortgage
hipoteca de primer grado first mortgage
hipoteca de recursos propios creciente growing-equity mortgage (GEM)
hipoteca de reducción directa direct-reduction mortgage
hipoteca de segundo grado (Ar) second mortgage
hipoteca de tasa renegociada (Ven) renegotiated rate mortgage (RRM)
hipoteca garantizada guaranteed mortgage
hipoteca garantizada con el interés del arrendatario en la propiedad leasehold mortgage
hipoteca general blanket mortgage
hipoteca ilimitada (Sp) open-end mortgage
hipoteca limitada closed-end mortgage
hipoteca mobiliaria chattel mortgage
hipoteca no variable closed-end mortgage
hipoteca para hacer cumplir la obligación de la compra de la propiedad purchase money mortgage
hipoteca posterior junior mortgage
hipoteca prendaria (Ar) chattel mortgage
hipoteca presupuestaria budget mortgage
hipoteca que incluye mobiliario package mortgage
hipoteca que incorpora otra
hipoteca existente wraparound mortgage
hipoteca renovable open-end mortgage
hipoteca secundaria junior mortgage
hipoteca simple conventional mortgage
hipoteca sobre bienes muebles chattel mortgage
hipoteca sobre capital compartido (Ar) (Ven) shared-equity mortgage
hipoteca subordinada junior mortgage
hipoteca subyacente underlying mortgage
hipotecar hypothecate, mortgage (Sp) bond
hipótesis hypothesis
hipótesis alterna alternative hypothesis
hipótesis sustitutiva (Ar) alternative hypothesis
historial antecedentes
hito landmark
hoja de cálculos electrónica spread sheet
hoja de costos de empleos (Ar) job cost sheet
hoja de datos personales (Ar) personal data sheet
hoja de ruta waybill
hoja de trabajo worksheet
hoja de vida (Ven) personal data sheet
hoja del costo del trabajo/faena (Ch) job cost sheet
hojas amarillas (Ar) (Mex) yellow sheets
holding (Ch) holding
hombre material (Ar) material man
homogéneo homogeneous
honor honor
honorario honorarium
honorario contingente contingent fee
honorario contingente (Ven) standby fee
honorario de incentivo incentive fee
honorario de intermediario finder's fee
honorario de reserva (Ven) standby fee

honorario de tenencia holding fee
honorario fijo o determinado fixed fee
honorarios fee, pay
honradez integrity
hora civil standard time
hora estándar (Ar) (Mex) standard time
hora legal (Ven) standard time
hora normal (Ch) standard time
hora oficial standard time
horario schedule, timetable
horarios flexibles flextime
horas de menos cargas o de menos consumo (Ar) off peak
horas extraordinarias (Sp) overtime
horas extras overtime
horas-hombre man-hour
hostigamiento sexual sexual harassment
hostigar dun
huelga strike
huelga de brazos caídos (Sp) sit-down strike
huelga de solidaridad sympathetic strike
huelga demonstrativa picketing
huelga general general strike
huelga laboral (Sp) walkout
huelga no autorizada por el sindicato wildcat strike
huelga patronal lockout
huelga salvaje (Sp) wildcat strike
huella trace, tracer
huida hacia la calidad flight to quality
husmeador (Mex) muckraker

I

icono icon
identificación específica specific identification
idioma modelo modeling language
igualdad par
igualdad ante la ley (Ven) equal opportunity employer
igualdad aparente de oportunidades (Mex) tokenism
igualdad laboral (empresa que practica la) (Mex) equal opportunity employer
ilegalmente (Ven) under the counter
ilimitado (Mex) open-end
imagen de marca brand image
imagen de producto brand image
impacto fiscal (Mex) tax impact
imparcialidad equity
impedimento bar, estoppel
impedir bar, crowd, enjoin
impedir que la competencia penetre un mercado crowding out
imperfección del título cloud on title
imperfecto defective
imperialismo imperialism
ímpetu momentum
implícito(a) implied
imponer enjoin, tax, levy
imponible rateable
importación import
importancia relativa (Mex) materiality
importar import
importe (Sp) principal
importe neto (Sp) proceeds
importe nominal (Ar) face amount
importe total (Mex) gross amount
imposición deposit, imposition
imposición a la vista demand deposit
imposición a plazo (Sp) time deposit
imposición de contribuciones (Mex) levy
impresora por renglones (Sp) line printer
improductivo nonproductive
impuesto duty, levy, tax
impuesto a la herencia estate tax, inheritance tax
impuesto a las transferencias transfer tax
impuesto adicional surtax
impuesto adicional sobre ganancias excessive profit tax
impuesto al consumo (de tabaco alcohol) excise tax
impuesto al valor agregado value-added tax
impuesto al viajero frecuente (Ar) commuter tax
impuesto complementario (Sp) surtax
impuesto de cooperación (Mex) levy
impuesto de lujo luxury tax
impuesto de plusvalía value-added tax
impuesto de utilidades (Sp) withholding tax
impuesto de viajero(a) commuter tax
impuesto estimativo estimated tax
impuesto fijo flat tax
impuesto mínimo alternativo alternative minimum tax
impuesto oculto hidden tax
impuesto progresivo progressive tax
impuesto regresivo regressive tax
impuesto represivo repressive tax
impuesto retenido (Mex) withholding tax
impuesto sobre donaciones gift tax

impuesto sobre el valor añadido (Sp) value-added tax
impuesto sobre franquicia franchise tax
impuesto sobre ingresos mercantiles (Mex) sales tax
impuesto sobre ingresos negativo negative income tax
impuesto sobre la nómina payroll tax
impuesto sobre la propiedad property tax
impuesto sobre la renta income tax (Sp) withholding tax
impuesto sobre las ventas sales tax
impuesto sobre los ingresos income tax
impuesto sobre nóminas (Mex) payroll tax
impuesto sobre planilla de sueldos (Ar) payroll tax
impuesto sobre transferencias (Mex) transfer tax
impuesto sucesorio estate tax
impuesto suntuario luxury tax
impuesto único (Ch) flat tax
impuesto unificado sobre herencias y donaciones (Ch) (Ven) unified estate and gift tax
impuestos acumulados sobre las ganancias (Mex) accumulated earnings tax or accumulated profits
impuestos devengados/acumulados accrued taxes
impuestos por pagar accrued taxes
impuestos sobre las utilidades acumuladas (Ar) accumulated earnings tax or accumulated profits
impuestos sobre sueldos y salarios (Mex) payroll tax
impuestos vencidos (Sp) (Ar) accrued taxes
impulso momentum
imputar allocate
incapacidad incapacity
incapacitado para trabajar unemployable
incautación attachment
incautación de publicidad advertising appropriation
incautar (Ven) impound
incentivo de ventas sales incentive
incentivo impositivo tax incentive
incentivo remuneratorio (Ar) incentive pay
incentivo salarial wage incentive
incidencia fiscal (Mex) tax incidence
incidencia impositiva tax incidence
inclinarse hacia (Sp) trend
incluir incorporate
incobrable uncollectible
incompetente incompetent
incorporación assimilation, incorporation (Ven) annexation
incorporar draft, incorporate (Sp) merge
incremento appreciation, accession, accretion
incremento mensual de interés (Ar) monthly compounding of interest
incremento no devengado unearned increment
incumbir concern
incumplimiento default, nonperformance
incumplimiento de contrato breach of contract
incumplimiento de una obligación delinquency
incumplimiento de una obligación contractual repudiation
incumplimiento o falta de entrega fail to deliver
incumplir (el pago de una deuda) dishonor
incurrir en un estado de desheredación escheat
indefinidamente ad infinitum
indemnidad indemnity

indemnidad total (límite global) aggregate indemnity (aggregate limit)
indemnización damages, allowance, compensation, (Sp) indemnity
indemnización justa por expropiación just compensation
indemnización o beneficio por muerte death benefit
indemnización por cese de empleo (Mex) severance pay
indemnización por despido severance pay
indemnizar indemnify (Mex) recoup
independencia independence
indexación indexing
indexación de los salarios cost-of-living adjustment (COLA)
indicador (Ven) barometer
indicador de tendencia bellwether
indicadores anticipados leading indicators
indicadores atrasados lagging indicators
indicadores de coyuntura anticipada (Ar) leading indicators
indicadores del sentir sentiment indicators
indicadores económicos economic indicators
índice index (Ven) barometer
índice de absorción (Ven) absorption rate
índice de ajuste deflator
índice de ausencia (Ven) absenteeism
índice de cobro (Ven) collection ratio
índice de conversión (Ven) conversion ratio
índice de crecimiento (Ven) growth rate
índice de crecimiento compuesto (Ven) compound growth rate
índice de crecimiento económico (Ven) economic growth rate
índice de deflación (Ar) deflator
índice de desarrollo de marca (IDM) brand development index (BDI)
índice de inflación (Ar) inflation rate
índice de mercado market index
índice de pérdida (Ven) loss ratio
índice de precios price index
índice de precios al consumidor consumer price index, inflation rate (CPI) (Mex) inflation rate
índice de préstamo al valor (Ven) loan-to-value ratio (LTV)
índice de recuperación (Ar) recapture rate
índice de valorización (Ven) assessment ratio
índice deflacionario deflator
índice del desarrollo de mercado market development index
índice del grupo beneficiario (Ar) target group index (TGI)
índice del grupo objetivo (Ch) target group index (TGI) (Ven) target group index (TGI)
índice desventajoso (Mex) black list
índice inferior (Ven) subscript
índice potencial de marca (IPM) brand potential index (BPI)
índice/coeficiente operativo (Ven) operating ratio, operating ratio
indigente (Ch) (Ven) pauper
indirecto (Ar) spillover
industria industry
industria a punto de extinción (Ven) sunset industry
industria agroalimentaria agribusiness
industria artesanal cottage industry
industria básica (Mex) essential industry
industria casera cottage industry

industria cíclica cyclical industry
industria de chimeneas (Mex) smokestack industry
industria de la extracción (Ven) extractive industry
industria en caída (Mex) sunset industry
industria en declive (Mex) sunset industry
industria esencial o indispensable essential industry
industria extractiva extractive industry
industria minera extractive industry
industria pesada heavy industry
industria que contamina (Ch) smokestack industry
industria regulada regulated industry
industrial industrial, industrialist
industrias básicas (Ven) smokestack industry
ineficacia en el mercado inefficiency in the market
inferencia estadística statistical inference
inferior minor
inflación inflation
inflación de dos dígitos double-digit inflation
inflación estructural structural inflation
inflación galopante galloping inflation
inflación impulsada por salarios ascendentes wage-push inflation
inflación inducida por la demanda (Ar) demand-pull inflation
inflación latente creeping inflation hidden inflation
inflación lenta creeping inflation
inflación por costos cost-push inflation
inflación provocada por alzas salariales (Ven) wage-push inflation
inflación provocada por aumentos salariales (Sp) wage-push inflation
inflación provocada por el alza de los costos (Ar) cost-push inflation
inflación provocada por un aumento de la demanda demand-pull inflation
inflación súbita galloping inflation
inflación subyacente hidden inflation
inflación subyacente (Sp) creeping inflation
influencia (Mex) leverage
influencia no indebida (Ven) undue influence
influencia personal personal influence
información (Mex) data
información confidencial inside information
información no pública nonpublic information
información para la prensa (Mex) press kit
informaciones data
informante (Ch) stool pigeon
informe anual annual report
informe de amortización call report
informe de antigüedad de clientes (Ch) aging of accounts receivable or aging schedule
informe de bienes (Ar) property report
informe de gastos expense report
informe de ingresos earnings report
informe de los ce nsores jurados de cuentas (Sp) auditor's certificate, opinion, or report
informe de propiedades (Ven) property report
informe de resultados (Ven) earnings report
informe de título title report

informe del recibo (Ch) receiving record
informe detallado (Ar) rundown
informe externo external report
informe financiero preliminar exposure draft
informe financiero anual completo detallado comprehensive annual finacial report (CAFR)
informe sobre el estado financiero statement of affairs
informes de otra referee
informes de segmento segment reporting
informes financieros comparativos comparative financial statements
informes preparados a fechas intermedias interim statement
infraasegurado underinsured
infracción breach, infringement, violation (Ar) trespass
infracción de patente patent infringement
infraestructura infrastructure
infringir breach (Ch) trespass
ingeniero industrial industrial engineer
ingreso income, revenue, yield (Ven) taking
ingreso (pérdida) **pasivo(a)** passive income (loss)
ingreso activo active income
ingreso bruto gross income, gross revenue
ingreso bruto ajustado adjusted gross income
ingreso corriente (Ar) active income
ingreso de la reventa (Ar) proceeds from resale
ingreso de pedidos (Ch) order entry
ingreso discrecional discretionary income
ingreso disponible discretionary income
ingreso general general revenue
ingreso global aggregate income
ingreso gravable (Mex) taxable income
ingreso imputado imputed income
ingreso monetario money income
ingreso neto net income (Ar) net proceeds
ingreso neto por acción común (Ch) net income per share of common stock
ingreso operativo neto net operating income (NOT)
ingreso personal personal income (Ar) earned income
ingreso presunto (Ch) imputed income
ingresos income, proceeds, take
ingresos antes de impuestos pretax earnings (Mex) earnings before taxes
ingresos con respecto a un difunto income in respect of a decedent
ingresos de la cartera de valores portfolio income
ingresos de retiro retirement income
ingresos de ventas sales revenue
ingresos del erario (Mex) revenue
ingresos devengados (Ch) (Mex) (Ven) earned income
ingresos en efectivo (Mex) cash earnings
ingresos en metálico (Sp) money income
ingresos extranjeros foreign income
ingresos imponibles taxable income
ingresos líquidos (Sp) net income
ingresos marginales marginal revenue
ingresos no devengados unearned income (revenue)
ingresos/renta tributable (Ch) taxable income
ingresos por acción earnings per share
ingresos por acción primarios primary earnings per (common)

share
ingresos por primas de opciones vendidas premium income
ingresos por ventas (Mex) sales revenue
ingresos psíquicos psychic income
ingresos reales real earnings, real income
ingresos retenidos retained earnings
ingresos retenidos no asignados unappropriated retained earnings
ingresos y gastos directos (Mex) nonnegotiable instrument
ingresos y utilidades (Mex) earnings and profits
iniciativa initiative
inicio de amparo commencement of coverage
inicio de cobertura commencement of coverage
ínidice/coeficiente administrativo (Ven) management ratio
injerto graft
injusticia tort
inmiscuirse en asuntos o funciones ajenas encroach
inmobiliarias (Sp) property
inmueble estate
inmueble que genera rentas (Ar) income property
innovación innovation
inobservancia default
inquilino tenant (Mex) lessee (Ven) occupant
inquilino de anclaje (Ar) anchor tenant
inquilino suspendido holdover tenant
inscribir list
inscripción registration, record (Mex) subscription
insolvencia bankruptcy, insolvency
inspección inspection (Sp) survey
inspector de cuentas auditor
inspector(a) de obra surveyor
instalación equipment, facility
instalación fija fixture
instalaciones premises
instalaciones fijas comerciales trade fixtures
instancia (Sp) petition
instigación procurement
institución de ahorros thrift institution
institución fiduciaria (Sp) trust company
institución financiera financial insitution
instrucción general statement
instrumento instrument
instrumento de buena calidad (bajo riesgo) (Ch) prime paper
instrumento de crédito debt instrument
instrumento de deuda debt instrument
instrumento hipotecario alternativo (IHA) alternative
instrumento negociable pagadero a persona específica order paper
instrumento no negociable nonnegotiable instrument
instrumentos negociables negotiable instruments
insuficiencia deficiency, shortfall
insurgente insurgent
insurrecto insurgent
integración a futuro (Ar) integration, forward
integración de empresas de producción y de distribución forward integration
integración horizontal horizontal integration
integración por vía horizontal horizontal channel integration
integración progresiva (Ven) forward integration

integración regresiva (Ven) integration, backward
integración retroactiva (Ar) integration, backward
integración vertical vertical integration
integración vertical hacia abajo (Mex) forward integration
integración vertical inversa backward vertical integration
integridad integrity
inteligencia artificial articles of incorporation
intención de ganancia profit motive
intensidad de utilización de tierras land-use intensity
intensivo en el conocimiento (Ch) knowledge intensive
intensivo en habilidad skill intensive
intercalar merge
intercambiar exchange
intercambio barter, exchange, swap, trade-off
intercambio de valores (Sp) swap
intercambio libre de impuestos tax-free exchange
interdicto injunction
interés interest
interés adquirido vested interest
interés al mejor cliente (Sp) prime rate
interés asegurable insurable interest
interés calculado sobre año comercial (360 días) (Sp) ordinary interest
interés calculado sobre año natural exact interest
interés complementario add-on interest
interés compuesto compound interest
interés futuro future interest
interés imputado imputed interest
interés indiviso undivided interest
interés mayoritario controlling interest
interés minoritario minority interest or minority investment
interés presunto (Ch) imputed interest
interés que se carga sobre una cuenta carrying charge
interés reversionario reversionary interest
interés revertido (Ar) reversionary interest
interés simple simple interest
interés sobre los dividendos (Ar) taxation, interest on dividends
interés vencido (Mex) accrued liabilities
interesar concern
intereses (Mex) finance charge
intereses devengados/acumulados accrued interest
intereses no devengados unearned interest
intereses no vencidos unearned interest
intereses ordinarios ordinary interest
intereses pagados por anticipado (Sp) prepaid-interest
intereses prepagados prepaid-interest
intereses vencidos; cupón corrido (Sp) accrued interest
interfase (Mex) interface
interfaz interface
interferencia de patrón employer interference
interferencia patronal (Mex) employer interference
interlocutoria interlocutory decree
intermediación intermediation, brokerage
intermediario intermediary, jobber (Mex) underwriter
intermediario (en una negociación) go-between

intermediario financiero broker, financial intermediary
intermediario por cuenta ajena (Sp) broker
intermedio intermediary
internamente in-house
Internet Internet
interpolación interpolation
interpretador(a) (Mex) interpreter
intérprete interpreter
interrogatorios interrogatories
interrupción de negocios business interruption
intervalo range
intervalo de confianza confidence interval
intervalo de transacciones trading range
intervención mediation
interventor comptroller (Sp) receiver
inundación (de un mercado) glut
inundar (un mercado) glut
invadir encroach (Ch) trespass
invasión encroachment
inventando trabajo para mantener ocupado a alguien (Ch) make-work
inventar devise
inventario inventory, stock
inventario (proyectos) (Ar) pipeline
inventario a la descarga de la mercancía (Sp) tally
inventario abierto open stock
inventario constante perpetual inventory
inventario contable (Sp) book inventory
inventario continuo (Sp) perpetual inventory
inventario de cierre closing inventory
inventario de manufactura manufacturing inventory
inventario en libros book inventory
inventario extracontable (Sp) physical inventory
inventario final (al cierre del ejercicio) closing inventory
inventario físico physical inventory
inventario muerto dead stock
inventario permanente (Ch) perpetual inventory
inventario perpetuo perpetual inventory
inventario protegido forward stock
inventario real (Sp) physical inventory
inversión investment, reversal, stake
inversión de capital capital expenditure, capital investment
inversión directa direct investment
inversión directa extranjera foreign direct investment
inversión en bienes inmuebles (Ar) land
inversión extranjera foreign investment
inversión negativa (Ven) negative carry
inversiones permitidas para ciertas instituciones financieras legal investments
inversionista a pequeña escala (Ven) small investor
inversionista acreditado accredited investor
inversionista autorizado (Ar) accredited investor
inversionista con conciencia social (Ar) (Ven) socially conscious investor
inversionista institucional institutional investor
inversionista pasivo passive investor
inversionista pequeño (Ar) (Ch) (Mex) small investor
inversor (Ven) writer

inversor bursátil con expectativas bajistas (Ven) bear
invertir invest
invertir por fórmula formula investing
investigación (Mex) survey research (Sp) operations research (OR)
investigación aplicada applied research
investigación cualitativa qualitative research
investigación cuantitativa quantitative research
investigación de antecedentes background investigation
investigación de mercadeo marketing research
investigación de mercado market research
investigación de mercadotecnia (Mex) marketing research
investigación de operaciones operations research (OR)
investigación del consumidor consumer research
investigación intensiva, de research intensive
investigación y desarrollo research and development (R&D)
investigador analyst
ir a alcanzar (a un deudor) dun
ir a la huelga (Sp) strike
IRA autoadministrado (Ven) self-directed IRA
irrevocable irrevocable
ítem listing
ítem monetario (Ch) monetary item
ítem no monetario (Ch) nonmonetary item
ítems de preferencia impositiva tax preference items
iteración iteration

J

jefatura de redacción desk
jefe (Sp) principal
jefe de familia (Mex) head of household
jefe de producto (Sp) brand manager
jerarquía hierarchy
jinetear (Mex) lapping
jornada shift
jornada dividida split shift
jornal pay (Mex) breadwinner (Sp) wage
jubilación (Ch) retirement
jubilación anticipada (Ch) (Mex) (Ven) early retirement
jubilación diferida deferred retirement
jubilación forzosa (Ar) compulsory retirement
jubilación obligatoria compulsory retirement
jubilación temprana early retirement
judicial deposition
juego battery
juego de empresa (Mex) management game
juego de suma cero (Mex) zero-sum game
juez (Sp) referee
juicio discretion, discrimination, judgment
juicio amigable friendly suit
juicio arbitral arbitration
juicio ejecutivo (Sp) attachment
juicio/desalojo de lanzamiento (Mex) dispossess proceedings
juicio/diligencia de desalojo dispossess proceedings
juicio hipotecario foreclosure
junta anual (Ch) reunión anual
Junta de Directores (Ven) board of directors
junta de revisión de avalúos (Ven) board of equalization
junta directiva board of directors
junta directiva de interbloqueo interlocking directorate
junta directiva vinculada (Ven) interlocking directorate
junta interina vinculada (Mex) interlocking directorate
jurado jury
jurisdicción de un tribunal (Sp) jurisdiction of a court
jurisprudencia jurisprudence
justificable (Ch) justifiable
justificante (Sp) voucher
justificativo exculpatory
justo equitable

K

"kit" de prensa (Ar) (Ven) press kit

laboral labor
lacrar seal
lactación (Ar) milking
laguna legal loophole
lanzamiento ejectment
lanzar float, issue
lapso lapse
latitud latitude
laudo (Sp) arbitration
lealtad de marca brand loyalty
"leasing" (Ar) capital lease (Ar) (Ch) financial lease
"leasing" con cuotas graduadas (Ch) graduated lease
"leasing" financiero (Ch) capital lease, direct financing lease
lectura de la cinta magnética (Ven) reading the tape
lectura de la tira de papel de suma (Ven) reading the tape
legado bequest
legado (inmobiliario) devise
legalización probate (Sp) authentication
legar bequeath
legatario legatee
legislación de control de emisión y ventas de valores blue-sky law
legislación fiscal (Ar) revenue ruling
lesión personal personal injury
lesiones/daños independientes de todos los otros medios injury independent of all other means
letra a la vista sight draft
letra aceptada acceptance
letra bancaria (Ven) banker's acceptance
letra comercial aceptada (Mex) trade acceptance
letra de cambio bill of exchange, draft
letra de cambio a fecha cierta time draft
letra de cambio a plazo (Sp) time draft
letra de cambio a término time draft
letra de reactivación follow-up letter
letrado (Sp) attorney-at-law
ley law
ley adjetiva adjective law
ley de descanso dominical (Ar) blue laws
ley de los costos crecientes law of increasing costs
ley de los números grandes law of large numbers
ley de los rendimientos decrecientes law of diminishing returns
ley de oferta y demanda law of supply and demand
ley de prescripción statute of limitations
ley de reemplazo (Mex) substitution law
ley de reversión al Estado (Ven) escheat
ley de sustitución (Ven) substitution law
ley que prohíbe realizar negocios el domingo blue laws
ley sobre moral moral law
leyes antimonopólicas antitrust laws
leyes antimonopolios (Sp) (Ven) antitrust laws
leyes contra la densidad urbana density zoning
leyes de etiquetado labeling laws leyes que rigen el mercado bursátil (Mex) blue-sky law
leyes sobre actividades que requieren licencias license laws
leyes sobre la privacidad privacy

laws

libelo libel

liberación deregulation, release

liberación parcial partial release

liberalización de normas (Ar) deregulation

liberar release

libertad económica economic freedom

librado drawee

librador drawer, maker

librador de un pagaré (Sp) maker

libramiento de letras cruzadas (Sp) kiting

libranza (Sp) bill of exchange

libre a bordo (Ar) (Mex) free on board (FOB)

libre al costado del buque (Ar) free alongside ship (FAS)

libre de compromiso commitment free

libre de gravámenes free and clear

libre empresa free enterprise

libreta de compromisos y fechas de vencimiento diary

libro (Ch) general journal, book

libro auxiliar (Mex) (Sp) (Ven) subsidiary ledger (Mex) journal

libro blanco white paper

libro de acciones stock ledger

libro de accionistas stock ledger

libro de caja cashbook

libro de compras (Ch) purchase journal

libro de movimientos de fondos cashbook

libro de pago al contado cash payment journal

libro de planos (Mex) (Ven) plat book

libro de recibos (Sp) receipt

libro de ventas sales journal

libro diario journal

libro mayor ledger (Ch) (Mex) general ledger

libro mayor auxiliar subsidiary ledger

libro mayor de cuentas por cobrar accounts receivable ledger

libro mayor de cuentas por pagar accounts payable ledger

libro mayor general general ledger

libro negro creativo creative black book

libros contables (Ar) accounting records

licencia license, permit (Ar) (Ch) leave of absence

licenciado en derecho (Mex) attorney-at-law

licenciar discharge, license

licenciatario licensee

licitación (Ar) bidding up

líder (Ch) leader

líder de opiniones opinion leader

líder en pérdida loss leader, leader pricing

líder extraoficial informal leader

liderazgo con participación participative leadership

ligar por medio de un contrato indenture

limitación restriction

limitación al libre comercio restraint of trade

límite (de inclusión) (Ar) cutoff point

límite de explotación comercial diario daily trading limit

límite de fluctuación fluctuation limit

límite de gastos del arrendador stop clause

límite de variación diaria (Mex) daily trading limit

límite diario de operaciones (Ar) daily trading limit

límite superior caps

límite superior, límite inferior (Ar) limit up, limit down

límites básicos o fundamentales de responsabilidad basic limits of liability

límites de un inmueble metes and

bounds
limpiar clean
limpio clean
linaje descent
lindante adjoining
lindero de propiedad property line
linderos de un inmueble metes and bounds
línea line
línea bancaria bank line
línea de atención attention line
línea de construcción building line
línea de crédito facility, line of credit (Mex) credit rating
línea de crédito bancario (Ven) bank line
línea de fabricación en cadena (Sp) assembly line
línea de productos product line
línea de regresión regression line
línea de tendencia (Ar) (Ch) (Mex) (Ven) trend line
línea dedicada dedicated line
línea/vía jerárquica chain of command
líneas de mercancías a precios específicos price lining
liquidación liquidation, settlement, winding up
liquidación bancaria (Ar) clearinghouse
liquidación de daños y perjuicios (Ar) liquidated damages
liquidación de mercancías (Mex) clearance sale
liquidación de una deuda (Ch) satisfaction of a debt
liquidación judicial receivership
liquidador receiver
liquidar clear, liquidate, settle, liquiar (Ar) close out
liquidar una cuenta (Mex) settle
liquidez liquidity
líquido hard cash (Sp) net
líquido imponible (Sp) taxable income
lista list, listing, schedule
lista aprobada approved list
lista de acciones bajo vigilancia especial watch list
lista de bultos (Sp) packing list
lista de cuentas chart of accounts
lista de empaque packing list
lista de objetivos (Ch) hit list
lista de pasajeros manifest
lista de puntos pendientes (Ven) punch list
lista de raya (Mex) payroll
lista legal legal list
lista negra black list
lista para envío de correo (Ven) mailing list
lista perforada (Ar) punch list
listado (Sp) listing
listado aprobado approved list
litigante litigant
litigio litigation, pleading
locación bailment, lease
locador landlord, lessor
locales arrendados demised premises
locales cedidos demised premises
locatario bailee, lessee
logo (Ven) logo
logotipo logo
logrero profiteer
logro fulfillment
lote job jumper, parcel, plot, site
lote de acciones suelto o incompleto (Ven) odd lot
lote de artículos de ocasión (Sp) job jumper
lote de artículos variados (Ven) odd lot
lote impar (Ar) odd lot
lote inactivo broken lot
lote inferior a 100 acciones (Sp) odd lot
lote interno inside lot
lote irregular (Ven) job jumper
lote suelto de acciones (Ven) broken lot
lotería lottery
lucro cesante (Ven) business interruption

lucha por control mediante mayoría de votos
proxy fight

lugar abierto (Ar) open space

LL

llamada en conferencia conference call

llamada telefónica (Mex) buzz words

llave (Ch) goodwill

llave en mano (Sp) turnkey

llegar a o alcanzar cierta edad attained age

M

macroambiente macroenvironment
macroeconomía macroeconomics
madurez maturity
magnate industrial (Sp) tycoon, magnate
mala administración mismanagement
malgastar (Sp) waste
malinterpretar mistake
malversación defalcation, embezzlement
mancomunada y solidaramente jointly and severally
mancomunidad (Sp) pool
manda bequest
mandamiento writ
mandante principal
mandar (Sp) bequeath
(Ven) enjoin
mandatario (sp) agente
mandatario de hecho (Sp) attorney-in-fact
mandato injunction, mandate, writ
mandato implícito (Ar) apparent authority
mando command
mandos intermedios (Sp) middle management
manejar manage
manejo management
manejo especial (Ch) (Ven) special handling
manejo excesivo e innecesario de carga back haul
manifestación de insolvencia (Ven) act of bankruptcy
manifestar exercise, manifest
manifiesto manifest
manifiesto de carga manifest
manipulación manipulation
manipulación especial (Ar) special handling
maniquí dummy
mano de obra (Ar) (Ch) labor
(Ar) labor force
mano de obra desempleada (Ven) unemployed labor force
mano de obra directa direct labor
mano de obra disponible (Ch) labor pool
mano de obra indirecta indirect labor
mantener la expectativa holdback
mantenido firm
mantenimiento maintenance, servicing, upkeep
(Mex) subsistence
mantenimiento de precios mínimos price supports
mantenimiento diferido deferred maintenance
mantenimiento preventivo preventive maintenance
manual manual
manufactura manufacture
manufactura en proceso (Sp) work in progress
manufacturar manufacture
mapa map
mapa de zonificación zoning map
mapa impositivo tax map
mapear map
máquina trazadora (Ven) plotter
marca brand
marca comercial trademark
marca complementaria (Mex) flanker brand
marca del lugar de compra store brand
marca figurativa logo
marca registrada trademark
(Mex) brand name
marcación aleatoria (Mex) random-digit dialing
marcar brand
marcar números telefónicos al azar (Ch) random-digit dialing

marcar un número de teléfono dialup
margen margin, range, spread
margen complementario adicional (Sp) additional mark-on
margen de aportación contribution margin
margen de beneficio margin of profit, profiteer
margen de beneficio agregado al precio (Ch) additional mark-on
margen de colocación de emisión underwriting spread
margen de contribución contribution profit margin
margen de control (Ar) (Ven) span of control
margen de ganancia margin of profit, markup, profiteer
margen de ganancias netas net profit margin
margen de rendimiento (Sp) yield spread
margen de segmento segment margin
margen de seguridad margin of safety, safety margin
margen de utilidad (Sp) margin of profit, profiteer
margen de utilidad neta (Mex) net profit margin
márgenes margins
market timing (Mex) market timing
marketing directo (Ch) direct marketing
masa (Ar) rank-and file
masa monetaria money supply
material equipment, material (Mex) ware
material inmovilizado (Sp) tangible asset
materiales directos direct material
materialidad materiality
materias primas raw materials (Ar) commodity
matriz matrix
máximo peak
mayor ledger
mayor postura (Mex) outbid
mayor valor (Ch) gain
mayoría majority
mayoría de edad majority
mayorista wholesaler
mayoritario (Mex) majority
mecanización mechanization
media aritmética (Mex) arithmetic mean
media geométrica (Mex) geometric mean
media móvil moving average
media vida half-life
mediación mediation
medición de tiempos de movimiento (Mex) methods-time measurement (MTM)
medida antitiburones (Sp) shark repellent
medida preventiva (Ven) precautionary motive
medio average, medium (Ven) instrumentality
medio aritmético (Ch) arithmetic mean
medio circulante (Sp) money supply
medio de intercambio medium of change
medio de protección hedge
medio de transporte (Ven) instrumentalities of transportation
medio geométrico (Ch) geometric mean
medio/circuito de ventas channel of sales
medios (Sp) resources
medios de comunicación mass media, media
medios de producción capital goods
medios publicitarios media
mejor tasación best rating
mejor valor asignado best rating
mejora betterment
mejoramiento improvement,

betterment
mejoramiento de capital capital improvement
mejorar upgrade
mejoras (Ar) capital improvement
mejoras a propiedades arrendadas (Ven) leasehold improvements
mejoras hechas por el arrendatario leasehold improvements
memorando de débito debit memorandum
memorándum memorandum
memorándum descriptivo descriptive memorandum
memorándum personal diary
memoria memory
memoria anual (Ar) (Ch) (Sp) annual report
menor minor
menor de edad minor
menor entre el costo o el valor de mercado (Ch) (Ven) lower of cost or market, lower-involvement model
menor valor de inversión (Ch) goodwill
menos de vagón less than carload (L/C)
mensajero express
menudeo (Sp) retail
menudista asociado affiliated retailer
mercadear market
mercadeo marketing (Sp) merchandising
mercadeo directo direct marketing
mercader bargain hunter
mercadería merchandise
mercadería cruzada cross merchandising
mercaderías (Ar) ware
mercado market
mercado a futuro para mercancías en general commodities futures
mercado a la alza bull market
mercado a la deriva (Mex) random walk
mercado a la deriva (Mex) random walk
mercado activo active market, tight market
mercado al contado cash market, spot market
mercado alcista bull, bull market
mercado aleatorio (Mex) random walk
mercado bajista bear market
mercado bursátil (Sp) stock market
mercado competente efficient market
Mercado Común Europeo European Common Market
mercado con pocas transacciones thin market
mercado corriente (Ar) active market
mercado de bienes inmuebles real estate market
mercado de bienes raíces (Ven) real estate market
mercado de capitales capital market
mercado de divisas foreign exchange
mercado de futuros futures market
mercado de prueba test market
mercado de reposición (Ar) after market
mercado de subastas (Mex) outcry market
mercado de valores (Mex) stock market
mercado débil soft market, weak market
mercado del vendedor seller's market
mercado difícil (Ar) tight market
mercado eficiente efficient market
mercado estrecho (Ven) tight market
mercado favorable al comprador buyer's market
mercado financiero financial

market
mercado genérico generic market
mercado gris (Mex) graveyard market
mercado hipotecario secundario secondary mortgage market
mercado hipotecario secundario (Ven) second mortgage
mercado imperfecto imperfect market
mercado libre free and open market, free market
mercado meta (Ar) target market, target price
mercado monetario money market
mercado monetario internacional international monetary market
mercado negro black market
mercado objeto target market
mercado presente (Ar) cash market
mercado primario primary market
mercado primario para nuevas emisiones (Sp) primary market
mercado secundario after market secondary market
mercado sensible sensitive market
mercado suicida (Ar) graveyard market
mercadotecnia marketing, automatic merchandising (Mex) merchandising
mercadotecnia directa direct marketing
mercancía (Mex) commodity, merchandise
mercancía de la cual se espera entrega física spot commodity
mercancía en reclamación draw
mercancía exportada export
mercancía irregular irregulars
mercancías (Ch) (Ven) ware mercancías goods
mercancías empaquetadas packaged goods
mercancías invendibles dead stock
mercancías no duraderas nondurable goods
mercancías perecederas nondurable goods
mercancías rebajadas dutch auction
mercancías reguladas regulated commodities
mercantil commercial, mercantile
mercantilismo mercantilism
Mercomún Europeo (Mex) European Common Market
merma (Ch) (Mex) (Ven) shrinkage
mermas (Ch) inventory shortage (shrinkage)
mesa (Ch) desk
meseta de mitad de carrera midcareer plateau
mesón (Ch) desk
meta goal
método contable accounting method
método de acumulación accrual method
método de amortización directo direct charge-off method
método de camino crítico (Ar) critical path method (CPM)
método de castigo directo (Ch) direct charge-off method
método de comparación de mercado market comparison approach
método de contrato completo completed contract method
método de costos cost method
método de crecimiento firme (Ar) steady-growth method
método de crecimiento uniforme (Ven) steady-growth method
método de depreciación lineal straight-line method of depreciation
método de depreciación sobre línea recta (Ven) straight-line method of depreciation
método de disminución de saldo (Mex) declining-balance method

método de ensayo y error (Ar) trial and error
método de estudio de casos case-study method
método de ganancia bruta gross profit method
método de gastos globales overall expenses method
método de ingresos (Ar) (Ch) income approach
método de inventario al por menor retail inventory method
método de inventario periódico periodic inventory method
método de mantenimiento maintenance method
método de pago payment method
método de parte competitiva competitive party method
método de participación equity method
método de porcentaje de terminación percentage-of-completion method
método de porcentaje de ventas percentage-of-sales method
método de saldo declinante (depreciación) declining-balance method
método de saldo decreciente diminishing-balance method
método de sendero crítico (Ven) critical path method (CPM)
método de unidades de producción (Ar) (Ch) (Ven) units-of-production method
método de valor patrimonial proporcional (Ch) equity method
método de ventas ABC (Ven) ABC method
método de vía crítica critical path method (CPM)
método guía ABC method
mezcla mix
mezcla de tipos de promoción promotion mix
mezcla fondos commingling of funds
microeconomía microeconomics
miembro de una junta directiva cuyo vínculo único es ese cargo outside director
miembros de unión rank-and file
miembros ordinarios (Ch) rank-and file
millas de pasajero passenger mile
millonario millionaire
millonario en acciones millionaire on paper
minimum premium deposit plan
ministerio department
minorista especializado (Mex) specialty retailer
minorista subsidiario (Ar) affiliated retailer
minusvalía capital loss
minusvalía excepcional (Ven) unique impairment
minutas minutes
misión assignment
misión especial (Ven) special assignment
mitigación de daños y perjuicios mitigation of damages
mobiliario chattel, fixture
moda mode
modalidades de finiquito/ liquidación opcionales (Ven) optional modes of settlement
modelado modeling
modelo de decisiones decision model
modelo de implicación alta high-involvement model
modelo proyectivo de investigación de inversiones (Mex) value line investment survey
modificación amendment
modificación de la declaración de rentas/ingresos (Ar) amended tax return
modificar amend
modo mode

modos opcionales de acuerdo (Ar) optional modes of settlement
modos opcionales de liquidación (Ch) optional modes of settlement
mojón landmark
moneda money
moneda blanda (Ven) soft currency
moneda blanda soft money
moneda controlada managed currency
moneda de curso legal legal tender, tender
moneda débil soft currency
moneda estable hard currency
moneda fraccionaria (Mex) hard money
moneda fuerte hard currency (Ar) hard money
moneda funcional functional currency
moneda sonante specie
monetario (Sp) money, monetary
monetarista monetarist
monopolio monopoly (Sp) trust
monopolio de patente (Ar) (Ven) patent monopoly
monopolio legal legal monopoly (Mex) patent monopoly
monopolio natural natural monopoly
monopolio perfecto perfect (pure) monopoly
monopolista monopolist
monopolizador (Sp) monopolist
monopsonio monopsony
monto bruto (Ven) gross amount
monto principal principal sum
monumento monument
moral ethical, ethics (Ar) arrears, morale (Mex) morale
moratoria moratorium
morosidad delinquency, (Ch) arrearage
moroso delinquent
morralla (Mex) hard money
motivación motivation
motivo de acción cause of action
motivo de precaución (Ch) (Mex) precautionary motive
motivo judicial (Ar) precautionary motive
móvil con tendencia ascendente (Ar) upwardly mobile
movilidad de la mano de obra (Ar) labor mobility
movilidad laboral labor mobility
movimiento movement, shift, turnover (Sp) transaction
movimiento de mercancías turnover
movimiento del precio de un valor tick
movimiento o manejo de materiales materials handling
movimientos de cobros (Ar) receivables turnover
mucha investigación, de research intensive
mucho dinero (Ch) megabucks
muestra sampling
muestra aleatoria random sample
muestra de aceptación acceptance sampling
muestra del fallo (Ch) judgment sample
muestra dirigida (Ar) judgment sample
muestra por el método de cuotas (Mex) (Ven) quota sample
muestras en grupo cluster sample
muestreo sampling
muestreo al azar (Sp) random sample
muestreo aleatorio estratificado stratified random sampling
muestreo de bloque (Ar) (Ch) (Mex) block sampling
muestreo en bloque (Ven) block sampling
muestreo de característica attribute sampling
muestreo de casa en casa house-to-house sampling

muestreo de descubrimiento discovery sampling
muestreo de opinión (Mex) judgment sample
muestreo de variables variables sampling
muestreo en grupo cluster sampling
muestreo estadístico statistical sampling
muestreo de conveniencia convenience sampling
muestreo sistemático systematic sampling
muestreo unitario en dólares dollar unit sampling (DUS)
multa penalty
multicolinealidad multicollinearity
multimedia multimedia
múltiple multiple
multiplicador multiplier
multiplicador de alquiler bruto gross rent multiplier (GRM)
multiplicador de arrendamiento bruto gross rent multiplier

N

negación de opinión (Mex) disclaimer
negligencia default, negligence
negligencia comparativa comparative negligence
negligencia contributiva contributory negligence
negligencia contribuyente contributory negligence
negligencia profesional malpractice
negligente delinquent
negociabilidad marketability
negociable negotiable
negociación negotiation
negociación colectiva collective bargaining
negociación individual individual bargaining
negociación rápida (Mex) fast tracking
negociaciones de patrones múltiples multiemployer bargaining
negociante dealer, trader
negociar (Sp) trade
negocio business, concern, store, transaction, venture (Mex) trade
negocio arriesgado venture
negocio conjunto joint venture
negocio en quiebra (Mex) receivership
negocio pequeño small business
negocio propio proprietorship, sole proprietorship
negocio vecino (Ar) neighborhood store
negocios business
nepotismo nepotism
neto clean, flat, net
nicho niche
nivel de apoyo (Ar) (Mex) (Ven) support level
nivel de confianza confidence level
nivel de ocupación occupancy level
nivel de solicitud credit rating
nivel de soporte (Ch) support level
nivel de vida standard of living
nivel máximo (Sp) peak
nivelar un presupuesto balance
nivelarse level out
no calificado not rated (NR)
no comprometerse holdback
no cualificado(a) unskilled
no cumplir con default
no deducible de los aportes patronales (Ar) nondeductibility of employer contributions
no descontado undiscounted
no en las horas de máximo consumo off peak
no en los libros off the books
no especializado(a) unskilled
no hacer frente a default
no interesa (Sp) out of the money
no líquido illiquid
no para ganancias (Ar) not for profit
no realizable illiquid
no recurrente nonrecurring charge
no redimible durante cierto tiempo (Sp) noncallable
no reembolsable nonrefundable
no repetitivo nonrecurring charge
no rescatable (Ar) (Ven) noncallable
no retirable noncallable
nombramiento del administrador judicial receivership
nombre de marca brand name
nombre industrial (Mex) brand name
nombre legal legal name
nómina list, payroll
nómina de empleados (Sp) list
nominatario nominee
nómino nominee

norma norm, standard
norma de dos por ciento (Ar) two percent rule
norma industrial industry standard
normas contables accounting principles, accounting standards
normas de auditoría auditing standards
normas para planificar la utilización de tierras land-use planning
normas profesionales comerciales business etiquette
nota note
nota aclaratoria (Mex) disclosure
nota de cargo (Mex) debit memorandum
nota de embarque (Mex) bill of lading
nota de garantía (Ar) guaranteed letter
nota en anticipación a impuestos tax anticipation note (TAN)
nota en anticipación a ingresos revenue anticipation note (RAN)
nota o volante de débito (Ar) debit memorandum
nota promisoria promissory note
notariar (Mex) notarize
notario (Sp) actuary
notarizar notarize
notificación (Mex) summons, notice
notificación implícita constructive notice
notificación de desalojo (Ven) notice to quit
notificación de vencimiento expiration notice
notificación estatutaria (Ven) statutory notice
notificación legal (Ar) (Mex) legal notice (Mex) statutory notice
notificación sobreentendida/presunta (Ven) constructive notice
novación novation
nueva emisión new issue
nueva estimación (Ar) reappraisal lease
nulo null and void
nulo y sin valor (Sp) null and void
número contable account number
número de cuenta (Mex) (Sp) account number
número de horas acostumbrado por un período de trabajo straight time
número de interés flotante floating-point number
número de orden order number
número de pedido (Ven) order number
número de punto flotante (Mex) floating-point number
NYSE (Bolsa de Valores de Nueva York) (Mex) big board

O

o a mejor precio or better
objeción demurrer, disclaimer
objetivo goal, objective
objetivo de costos cost objective
objeto depositado (Sp) bailment
objeto ficticio dummy
obligación accountability, bond, debenture, liability (Mex) lien
obligación a corto plazo (Ven) short bond
obligación a corto plazo en anticipación a impuestos tax anticipation bill (TAB)
obligación a largo plazo long-term debt or long-term liability
obligación al portador (Sp) bearer bond
obligación colateralizada con hipotecas (Ar) collateralized mortgage obligation (CMO)
obligación con prima (Sp) premium bond
obligación de beneficios proyectados projected benefit obligation
obligación de fideicomiso de equipos equipment trust bond
obligación de probar burden of proof
obligación garantizada guaranteed bond
obligación garantizado (Sp) secured bond
obligación hipotecaria de remuneración por tramos collateralized mortgage obligation (CMO)
obligación mancomunada (Sp) joint liability
obligación nominativa (Sp) registered bond
obligación/bono fiduciario fiduciary bond
obligación participativa income bond
obligación personal (Sp) personal liability
obligación solidaria (Ar) joint and several liability
obligaciones a riesgo (Sp) junk bond
obligaciones al descuento deep discount bond
obligaciones de ganancia (Mex) income bond
obligaciones en serie (Sp) serial bond
obligaciones negociables (Ar) corporate bond
obligado liable, obligee
obligante obligee
obligor obligee
obra en curso work in progress
obras públicas public works
obrero journeyman, (Ar) blue collar
obrero manual (Mex) (Ven) blue collar
obsolescencia obsolescence
obsolescencia de habilidades skill obsolescence
obsolescencia funcional functional obsolescence
obsolescencia tecnológica technological obsolescence
obstáculo bar, impasse
obstruir block
obtener gain
obtener o solicitar fondos fund-raising
obtener un beneficio bruto gross
ocultamiento concealment
ocupación job, occupation
ocupancia occupancy
ocupante occupant, tenant
oferente offerer
oferta bidding up, offer, tender
oferta abierta open bid

oferta competitiva competitive bid
oferta de cumplir tender
oferta de entrega tender of delivery
oferta de pago tender
oferta de prueba trial offer
oferta en concurso interno self-tender offer
oferta en puja hacia arriba (Ven) bidding up
oferta en sobre sellado sealed bid
oferta excesiva glut
oferta favorable bear hug
oferta firme firm offer
oferta monetaria money supply
oferta no competitiva noncompetitive bid
oferta pública de acciones (OPA) (Ch) initial public offering (IPO)
oferta pública inicial initial public offering (IPO)
oferta pública para la adquisición de acciones tender offer
oferta sólida firm offer
oferta y aceptación offer and acceptance
oferta y demanda (Sp) bid and asked
ofertar (Sp) offer
oficial de sala (Sp) actuary
oficina agency, bureau
oficina de colocaciones employment agency
oficina de operaciones (Mex) back office
oficina de reventa (Ven) bucket shop
oficina de servicios (Mex) service bureau
oficina de una asociación executive committee
oficina ilegal de corretaje (Ar) bucket shop
oficina/departamento de crédito credit bureau
oficina principal front office
oficio shop, tender, trade (Ch) occupation, revenue ruling (Ar) occupation
ofrecer offer (Mex) supply
ofrecer pagar tender
ofrecido y demandado bid and asked
ofrecimiento offer
ofrecimiento privado private offering or private placement
oligopolio oligopoly
oligopolio colusorio collusive oligopoly
oligopolio homogéneo homogeneous oligopoly
ombudsman ombudsman
opción option
opción abierta (Ven) naked option
opción al descubierto (Ven) naked option
opción cotizada listed option
opción cubierta covered option
opción de acciones de incentivo incentive stock option (ISO)
opción de compra call option
opción de compra option
opción de compra de acciones stock option
opción de compra de acciones para empleados (Mex) employee stock option
opción de empleados de suscripción de acciones employee stock option
opción de medios (Ar) media option
opción de recurso de emergencia fallback option
opción de renovación renewal option
opción de venta option
opción garantizada covered option
opción inmovilizada (Ar) lock-up option
opción no cubierta naked option
opción protegida covered option
opción sin el respaldo del activo correspondiente (Ven) naked option

opción-bono (Sp) stock option
opciones compensatorias compensatory stock options
opciones de compra de acciones compensatorias (Mex) compensatory stock options
opciones de índice index options
opciones en circulación open interest
operación (Sp) transaction
operación descontinuada discontinued operation
operación especulativa (Sp) venture
operación justa fair trade
operaciones con un valor para dar impresión de actividad en el mercado churning
operador administrator (Ar) trader
operando (Mex) (Ven) operand
operar (Sp) trade
operario (Ar) blue collar
opinión judgment
opinión "salvo a" "except for" opinion
opinión adversa adverse opinion
opinión calificada (Ven) qualified opinion
opinión con salvedades (Ch) qualified opinion
opinión condicional qualified opinion
opinión contraria adverse opinion
opinión de título opinion of title
opinión del contador accountant's opinion
opinión legal legal opinion
oponerse enjoin
oposición (Ar) competition, discrepancy
órdago greenmail
orden order, writ (Ar) (Ven) ordinance
orden a repetirse hasta nuevo aviso standing order
orden abierta open order
orden al contado cash order
orden con precio límite limit order
orden de compra buy order, purchase order (Mex) voucher
orden de compraventa de títulos pendiente de ejecución (Sp) open order
orden de compraventa vigente hasta su ejecución good-till-canceled order (GTC)
orden de crédito credit order
orden de fabricación (Mex) manufacturing order
orden de manufactura manufacturing order
orden de no pago (Ch) stop payment
orden de pico (Ven) odd lot
orden de propuesta (Ar) request for proposal (RFP)
orden de suspensión (Sp) stop order
orden de trabajo job order
orden de trabajo manufacturing order, work order
orden firme firm order
orden jerárquico (Ar) line of authority
orden ordinaria (Mex) market order
orden original original order
orden por etapas scale order
orden sólida firm order
ordenación array
ordenador (Sp) computer
ordenante (Sp) assignor, principal
ordenanza ordinance
ordenanza de zonificación zoning ordinance
ordenar class, control, enjoin, order
órdenes de trabajo (Mex) job jumper
ordeño (Mex) milking
organigrama organizational chart
organigrama funcional flowchart
organismo corporation
organismo de control (Sp) regulatory agency
organismo oficial (Sp) agency

organismo público (Sp) agency
organización organization
organización de línea y asesoría (Ar) line and staff organization
organización de mantenimiento de la salud health maintenance organization (HMO)
organización funcional functional organization
organización jerárquica (Ar) line organization
organización lineal line organization
organización lineal y funcional (Mex) line and staff organization
organización matriz (Ar) matrix organization
organización orientada a la producción production-oriented organization
órgano agency
orientación orientation
orientación profesional vocational guidance
origen (Sp) source
origen de los fondos (Sp) sources of funds
originador originator
oro papel paper gold
oscilación fluctuation
oscilamiento dumping, grant
otorgante grantor (Sp) maker
otorgar grant
otorgar ante un notario (Ven) notarize
otorgar créditos hipotecarios secundarios (Ch) second mortgage
otros ingresos other income
otros productos (Sp) overage, outstanding capital stock

P

pacto de recompra repurchase agreement (REPO, RP)
pacto restrictivo restrictive covenant
paga pay, salary
paga adicional por horas/ condiciones desfavorables premium pay
paga durante huelga strike pay
paga mínima minimum wage
pagadero payable
pagado por adelantado prepaid (Ven) paid in advance
pagado por anticipado (Sp) prepaid
pagador payer
pagador incumplido deadbeat
pagar honor, pay
pagar por adelantado advance
pagar por anticipado advance
pagar una deuda (Mex) discharge
pagaré due bill, note, promissory note
pagaré a la vista demand note
pagaré bill
pagaré de empresa (Sp) commercial paper
pagaré de empresa a corto plazo (Ven) prime paper
pagaré de favor, documento de garantía (Ven) accommodation paper
pago payout
pago a cuenta downpayment, installment, on account
pago a término (Ar) payment in due course
pago adelantado (Ar) (Mex) paid in advance, prepayment
pago adicional por jornada irregular shift differential
pago anticipado (Sp) prepayment
pago "balloon" balloon payment
pago con efecto retroactivo (Ar) back pay
pago con el pedido cash order
pago contra entrega (Mex) cash on delivery (COD)
pago de arrendamiento mínimo minimum lease payment
pago de capital (Ar) (Ch) (Ven) principal interest, taxes, and insurance payment (PITI)
pago de incentivo incentive pay
pago de pie (Ch) downpayment
pago de principal e intereses principal and interest payment (P&I)
pago de rescate greenmail
pago de sueldos atrasados backpay
pago de todos los gastos de viaje portal-to-portal pay
pago de transferencia (Mex) transfer payment
pago de traspaso o de transferencia (Ch) (Ven) transfer payment
pago de una deuda (Ar) (Mex) satisfaction of a debt
pago en exceso overpayment
pago escalonado/a cuenta (Ven) progressive payments
pago excesivo overpayment
pago inicial (Ven) downpayment, earnest money
pago insuficiente underpay
pago neto take-home pay
pago parcial installment (Sp) progressive payments
pago periódico (Sp) annuity
pago por un progreso en un proyecto progressive payments
pago retenido holdback pay
pago sobre deuda contraída debt service
pago total (Ar) total paid
pagos diferidos deferred payments

pagos mediante liquidaciones escalonadas deferred payments
pague a la vista pay as you go
palabras de respuestas (Ar) buzz words
palabras que están de moda buzz words
papel paper
papel comercial (Mex) commercial paper
papel de primera (Mex) prime paper
papel de valoración assessment role
papel moneda paper money (Mex) devise
papeleo red tape
papeleta (Ar) ballot
paquete package, parcel
paquete/serie de decisiones decision package
par (Sp) par
para probar suerte (Ven) on speculation (on spec)
para su información for your information (FYI)
paracaídas (cláusula) golden parachute
paraíso fiscal (Ven) tax shelter
paralegal (Mex) paralegal
paralización (Ven) stop clause
parámetro parameter
parcela parcel, plat (Ven) tract
paridad par, parity
paridad de conversión conversion parity
paritarias (Ar) collective bargaining
paro strike (Sp) unemployment
paro forzoso (Sp) lockout (Ven) involuntary unemployment
paro laboral work stoppage
parón (Ven) slowdown
parque industrial industrial park
parrilla de gestión (Mex) managerial grid
parte share
parte competente competent party
parte competitiva competitive party
parte inferior/baja bottom
parte por acomodación accommodation endorser, maker or party
parte suelta component part
parte, porción o acción fraccional fractional share
partición partition
participación stake (Mex) equity (Sp) share
participación accionaria holding company
participación accionaria no votante (Sp) nonvoting stock
participación de control controlling interest
participación de los accionistas (Sp) shareholder's equity
participación de marca brand share
participación en el mercado (Sp) market share
participación mayoritaria (Ar) controlling interest
participación minoritaria en las acciones minority interest or minority investment
participar (Sp) share
partida (Mex) indenture
partida para publicidad (Ven) advertising appropriation
partidas ordinarias (Mex) (ingresos y gastos) above the line
pasajero que va de pie (Ven) straphanger
pasaporte passport
pasar al diario (Sp) journalize
pasar el tiempo sin trabajar goldbrick
pasivo liability
pasivo acumulado (Ar) (Sp) accrued liabilities
pasivo consolidado funded debt

pasivo contingente/eventual contingent liability
pasivo corriente (Ar) current liabilities
pasivo exigible current liabilities
pasivo exigible a plazo (Sp) time deposit
pasivos accrued liabilities
paso gradual a tasas impositivas más elevadas bracket creep
patentado patent
patentar patent
patente patent
patente de invención (Ar) (Ch) patent of invention
patente de un invento (Mex) (Ven) patent of invention
patente en tramitación (Ar) (Sp) patent pending
patente pendiente patent pending
paternalismo paternalism
patrimonio (Ch) (Ven) shareholder's equity (Sp) proprietorship
patrimonio equity, estate, inheritance (Ch) stockholder's equity (Mex) ownership, possession (Ven) stockholder's equity
patrimonio nacional national wealth
patrimonio neto negativo (Ar) deficit net worth
patrocinador sponsor
patrocinar (Sp) sponsor
patrón boss, employer, owner, manager, standard (Ch) (Mex) template employer
patrón de flujo de pedidos (Ar) (Mex) order flow pattern
patrón de igualdad de oportunidades equal opportunity employer
patrón monetario monetary standard
patrón oro gold standard
patrón plata silver standard
peaje toll
peculado peculation (Mex) embezzlement
pecuniario pecuniary
pedido petition, requisition (Mex) order entry (Sp) order
pedido al contado (Mex) (Ven) cash order
pedido de punto de umbral (Ar) (Ven) threshold-point ordering
pedido pero no recibido on order
pedidos sin cumplimentar (Sp) backlog
peligro risk
peligro de catástrofe catastrophe hazard
peligros mixtos mixed perils
peloteo (Sp) kiting
penalidad penalty
penalidad civil civil penalty
penalidad de retiro de fondos prematuro early withdrawal penalty
penalidad por prepago prepayment penalty
penalización (Ven) penalty
pendiente outstanding
pendiente de pago outstanding
pendiente de renovación (Mex) substitution slope
pendientes (Mex) backlog
penetración de mercado market penetration
pensión (Ch) retirement income, pension, allowance
pensión alimenticia alimony
pensión vitalicia variable (Mex) variable annuity
pensionado annuitant
peon peón
pequeñas cantidades de dinero para gastos personales pin money
pequeños beneficios perquisites (perk)
per cápita per capita

percepción de ingresos para efectos contributivos (Ven) constructive receipt of income
pérdida forfeiture, loss
pérdida accidental fortuitous loss
pérdida completa (Sp) total loss
pérdida de capital capital loss
pérdida de capital a corto plazo short-term capital loss
pérdida de pasatiempo (Ar) hobby loss
pérdida económica economic loss
pérdida fiscal por pasatiempo (Mex) hobby loss
pérdida fortuita fortuitous loss
pérdida legal de un derecho (Ar) **forfeiture**
pérdida neta net loss
pérdida operativa neta net operating loss (NOL)
pérdida ordinaria ordinary loss
pérdida por accidente casualty loss
pérdida por fuerza mayor (Mex) casualty loss
pérdida por siniestro (Ven) casualty loss
pérdida por una actividad de afición (Ch) hobby loss
pérdida total total loss
pérdidas con efecto retroactivo (Ven) loss carry back
pérdidas de explotación operating losses
pérdidas operativas operating losses
pérdidas por partida doble (Mex) whipsawed
pérdidas resultantes de un accidente (Ar) casualty loss
pérdidas trasladables a años siguientes (Ven) loss carry forward
perdonar remit
perfeccionado perfected
perfil de clientela custom profile
perfil del cliente custom profile
perforación exploratoria wildcat drilling
periódico paper
periódico de recuperación de inversión payback period
período period
período (en reacción nuclear) half-life
período base base period
período contable accounting period
período de amortización payback period
período de apaciguamiento cooling-off period
período de decisión anticipado anticipated holding period
período de empleo tenure
período de gracia grace period
período de liquidación (Sp) accounting period
período de mayor demanda top out
período de pago pay period
período de recuperación (Sp) upswing
período de reflexión cooling-off period
período de rescate redemption period
período de tenencia (Ven) holding period
período de utilización máxima peak period
período de volumen normal de trabajo (Ar) off peak
período inactivo slack
período libre de pagos de alquiler rent-free period
peritación (Sp) assessment, survey
peritaje (Sp) survey
perito (Ven) adjuster, appraiser
perito (de compañía de seguros) (Sp) surveyor
perito evaluador (Ven) assessor
perjuicio irreparable irreparable damage

perjuicio por división/separación (Ch) severance damages
perjurio perecedero (Ar) perishable perjury
permanencia académica
permisionario (Mex) licensee
permiso license, permit
permiso de construcción building permit
permiso de trabajo work permit
permiso de uso especial special-use permit
permiso de utilización condicional conditional-use permit
permiso laboral (Ven) furlough
permiso para ausentarse leave of absence
permitir license, permit
permutación permutation
permutar barter, exchange
perpetuidad perpetuity
perseguir con ardor dun
persona person
persona autorizada a venderle valores al público registered representative
persona en una capacidad fiduciaria trustee
persona encargada dependent
persona informada insider
persona jurídica organization (Sp) legal entity
persona nombrada nominee
persona que cambia frecuentemente de un trabajo a otro (Ch) job jumper
persona que da la pauta (Ven) pacesetter
persona que da referencias referee
persona razonable reasonable person
personaje simulado o ficticio dummy
personal personnel, work force
personal de campo field staff
personal de terreno (Ch) field staff
personal del sector de servicios (Ven) service worker
personal desempleado (Ar) unemployed labor force
personal interno insider
persuasión moral moral persuasion
perteneciente (Ar) appurtenant
pertinencia relevance
pertinente material
pesca en el fondo (Ar) bottom fisher
peso leverage, load
peso bruto gross weight
peso/carga/cargo de la prueba burden of proof
petición petition (Ven) generic appeal
pico peak
pieza constitutiva component part
pignoración pledge
pignorar hypothecate
pila battery
piramidación (Sp) pyramiding
pirámide de riesgo (Ar) financial pyramid
pirámide financiera financial pyramid
pirata de computadoras hacker
pirata informático hacker
piratería laboral labor piracy
pista trace, tracer
pista de auditoría (Ven) audit trail
pizca iota
plan budget, plan
plan 401 (k) 401(k) plan
plan B plan B
plan basado en la antigüedad (Ven) aging of accounts receivable or aging schedule
plan de acumulación voluntario voluntary accumulation plan
plan de administración de depósitos deposit administration plan
plan de ahorro para jubilación 401(k) plan
plan de ahorros con retenciones de la nómina (Ven) payroll savings plan

plan de ahorros de planilla (Ar) payroll savings plan
plan de ahorros en nómina (Mex) payroll savings plan
plan de amortización (Sp) amortization schedule
plan de beneficios (Ar) cafeteria benefit plan
plan de beneficios a elección (Ch) cafeteria benefit plan
plan de comercialización marketing plan
plan de compensación diferida deferred compensation plan
plan de compras cruzado cross purchase plan
plan de contribución diferida deferred contribution plan
plan de cuentas (Ar) (Ch) chart of accounts
plan de dispersión (Mex) (Ven) scatter plan
plan de esparcimiento (Ar) scatter plan
plan de inversión (Ar) formula investing
plan de inversiones con depósitos fijos mensuales monthly investment plan
plan de inversiones mensual monthly investment plan
plan de jubilación (Ven) retirement plan
plan de jubilación basado en beneficios benefit-based pension plan
plan de jubilación consolidado funded pension plan
plan de jubilación contribuyente contributory pension plan
plan de jubilación financiado por adelantado advanced funded pension plan
plan de jubilación por prestaciones (Mex) benefit-based pension plan
plan de lotes (Ar) plot
plan de mercadeo (Ven) marketing plan
plan de mercadotecnia (Mex) marketing plan
plan de pagos (Ar) amortization schedule
plan de participación de los empleados en el capital de la empresa (Ven) employee stock ownership plan (ESOP)
plan de participación de los empleados en las acciones de la empresa employee profit sharing
plan de participación de los empleados en las ganancias de la empresa (Ven) employee profit sharing
plan de participación de utilidades (Mex) profit-sharing plan
plan de participación en las ganancias profit-sharing plan
plan de pensiones con contribuciones definidas defined contribution pension plan
plan de pensiones con prestaciones definidas defined-benefit pension plan
plan de pensiones de beneficios definidos (Ven) defined-benefit pension plan
plan de posesión de acciones de los empleados employee stock ownership plan (ESOP)
plan de prestaciones estilo cafetería (Mex) cafeteria benefit plan
plan de reducción de salario salary reduction plan
plan de reinversión de dividendos dividend reinvestment plan
plan de retiro retirement plan
plan de retiro para empleados autónomos Keogh plan
plan de retiros withdrawal plan
plan de salario de incentivo incentive wage plan

plan de sociedad controlado por un pequeño número de accionistas close corporation plan
plan de sociedad de capital cerrado close corporation plan
plan flexible de beneficios (Ch) cafeteria benefit plan
plan general general scheme
plan maestro master plan (Ar) blueprint
plan mediante el cual los empleados participan en las ganancias profit-sharing plan
plan para contingencias contingency planning
plan para medios publicitarios media plan
plan que deberá aplicarse en caso de urgencia contingency planning
plan renovable/prorrogable de dividendos a tasa variable dividend rollover plan
plan/fideicomiso calificado qualified plan or qualified trust
planeación fiscal (Mex) tax planning
planificación a largo plazo long-range planning
planificación centralizada central planning
planificación de inventario inventory planning
planificación de la herencia (Ch) estate planning
planificación de patrimomio estate planning
planificación de propiedad estate planning
planificación estratégica strategic planning
planificación estratégica corporativa corporate strategic planning
planificación impositiva tax planning
planificación institucional (Ar) organization planning
planificación organizativa organization planning
planificador de medios media planner
planilla return, tax return, list
planilla conjunta joint return
planilla de remuneraciones (Ch) payroll
planilla de sueldos payroll
planimetría (Mex) plot
plano plat, plot
plano de piso floor plan
planta plant
planta de montaje assembly plant
planta de piso floor plan
planta piloto pilot plant
plantilla template
plantilla activa (Sp) payroll
plaza (Sp) market
plazo installment (Ar) term, amortization (Mex) term
plazo base base period
plazo de amortización de una emisión (Sp) payback period
plazo de reembolso (Ven) payback period
plazo de reflexión cooling-off period
plazo fijo term
plazo intermediario intermediate term
plazo intermedio (Ven) intermediate term
plazo o término de entrega (Mex) turnaround
plazo para el pago (Ch) pay period
pleito litigation (Sp) pleading
pleito contra el gobierno inverse condemnation
plena propiedad freehold (estate)
plica escrow
"plotter" (Mex) plotter
pluralidad majority
plusvalía betterment, capital gain (loss), unearned increment (Ch) goodwill (Mex) appreciation

(Ch) (Sp) accretion
plusvalías (minusvalías) tácitas (Sp) unrealized profit (loss)
plusvalías genéricas (Sp) unrealized profit (loss)
población activa sin empleo (Mex) unemployed labor force
pobre (Ch) (Ven) pauper
pobreza poverty
poco control (Ch) loose rein
poder power of attorney, proxy (Mex) leverage
poder adquisitivo (Sp) purchasing power
poder adquisitivo discrecional (Ven) discretionary spending power
poder aparente apparent authority
poder de compra discrecional discretionary spending power
poder de venta power of sale
poder jerárquico (Mex) line of authority
poder notarial (Sp) power of attorney
poder para compras purchasing power
poder para transferir acciones stock power
poder pericial expert power (Mex) (Ven) police power
poder temporal (Ar) staying power
poderdante principal
política de bloquear fondos block policy
política de desviación deviation policy
política de palo y zanahoria (Ven) carrot and stick policy
política de puerta abierta open-door policy
política discrecional discretionary policy
política fiscal fiscal policy
póliza (Sp) scrip, voucher
póliza adicional endorsement or indorsement
póliza con participación participating policy
póliza de catástrofe catastrophe policy
póliza de ingresos familiar family income policy
póliza de peligros enumerados named peril policy
póliza de propiedad comercial commercial property policy
póliza de propietarios de viviendas homeowner's policy
póliza de seguro hipotecario mortgage insurance policy
póliza de seguro para cubrir los ingresos familiares (Ch) family income policy
póliza de seguros con participación participating insurance
póliza principal master policy
póliza totalmente pagada fully paid policy
pólizas susceptibles a intereses interest sensitive policies
ponderación de los medios de comunicación (Mex) media weight
poner al día (Sp) update
poner en circulación issue
ponerse en huelga hit the bricks
poniendo obstáculos a algo (Ch) stonewalling
"pool" sin oportunidades (Ar) blind pool
por adelantado up front (Ven) downpayment
por cabeza per capita
por ciento percent
por debajo de la par below par
por debajo del valor nominal (Ven) below par
por día per diem
por encima de la línea (Ven) above the line
por especulación (Mex) on speculation (on spec)
por pagar (Ch) payable

porcentaje percent
porcentaje anual (Ch) annual percentage rate (APR)
porcentaje de impuesto medio average tax rate
porcentaje de mercado market share
porcentaje de pago de dividendos (Ven) dividend payout ratio
porcentaje del accionista en una corporación shareholder's equity
porcentaje del accionista en una corporación stockholder's equity
porcentaje mínimo para un préstamo (Ar) floor loan
portador payee
portador por contrato contract carrier
portafolio eficiente (Ch) efficient portfolio
portavoz spokesperson
posesión property, seisin, holdings, long position (Ar) (Ch) (Ven) possession
posesión adversa adverse possession
posesión conjunta joint tenancy
posesión de terreno (Ven) tenure in land
posesión de un inmueble tras la expiración del arrendamiento tenancy at sufferance
posibilidad hypothesis
posibilidad de mejora (Ch) upside potential
posición footing, position, status
posición contraria adverse possession
posición corta short interest
posición de liquidez cash position
posición descubierta short interest
posición en el mercado position
posición financiera financial position
posición larga long position
posición no cubierta naked position
posición papel (Sp) paper
posicionamiento (Sp) positioning
postura (Mex) offer, (Mex) tender
potencial ascendente (Mex) upside potential
potencial inutilizado idle capacity
práctica parlamentaria (Ch) parliamentary procedure
practicar exercise
prearrendamiento prelease
prebendaje featherbedding
precepto (Mex) injunction
precierre preclosing
precio value (Ar) charge
precio al contado spot price
precio al por menor (Ch) retail rate
precio al por menor sugerido suggested retail price
precio aplicado administered price
precio contractual (impuesto) contract price (tax)
precio controlado administered price
precio convenido en el contrato (Ar) contract price (tax)
precio corriente (Sp) market price
precio de acciones adelantado forward pricing
precio de amortización call price
precio de catálogo list price
precio de cesión (Sp) transfer price
precio de cierre closing price or closing quote
precio de compra y venta (Ar) bid and asked
precio de conversión conversion price
precio de demanda demand price, call price
precio de ejecución strike price
precio de ejecución de una opción (Sp) strike price
precio de entrega inmediata spot price
precio de equilibrio equilibrium

price
precio de fábrica (Sp) original cost
precio de intervención trigger price
precio de lista list price
precio de mercado market price
precio de mercado negociado negotiated market price
precio de monopolio monopoly price
precio de oferta offering price, supply price (Sp) asking price
precio de ofrecimiento offering price
precio de paridad parity price
precio de rescate (Ar) call price
precio de suscripción subscription price
precio de transferencia transfer price
precio de un silencio hush money
precio de venta (Sp) asking price
precio del mercado de divisas a plazo forward pricing
precio demandado asking price
precio en almacén (Ar) (Ven) off-price
precio indicativo (Ar) target price
precio justificado justified price
precio mínimo establecido por el gobierno target price
precio negociado negotiated price
precio normal normal price
precio objeto target price
precio por pieza (Mex) piece rate
precio razonable justified price
precio real de venta actual cash value
precio solicitado asking price
precio "strike" (Sp) strike price
precio unitario (Mex) piece rate
precios variables (Ar) variable pricing
precisión doble (Ar) double precision
preciso express
preclusión estoppel
precomputar precompute
predicción prediction
prefabricado prefabricated
preferencia de liquidez liquidity preference
prejuicio del entrevistador interviewer bias
premio consideration, prima
premios trading stamps
premisas premises
prenda collateral, earnest money pledge (Mex) gift
prenda garantizada guaranteed security
preocupación concern
prepagado prepaid
prepago prepayment
prerrogativa prerogative
prerrogativas administrativas management prerogative
prescribir enjoin, lapse
prescripción lapse, prescription (Mex) statute of limitations
presentación presentation
presentar file, produce
presentar justamente present fairly
presentar o cubrir una nota de gastos expense
presentar razonablemente (Mex) present fairly
presentar una declaración por daños y prejuicios claim
presentar una mejor oferta outbid
presentar una propuesta (Sp) tender
presidente president
presidente de la junta directiva chairman of the board
presidente del consejo de administración chairman of the board
presidente del directorio chairman of the board
prestación allowance, benefit (Sp) service
prestación de corretaje brokerage allowance
prestación en caso de muerte (Ar) death benefit

prestación por incapacidad (Mex) disability benefit
prestación por invalidez (Ven) disability benefit
prestación por muerte (Mex) death benefit
prestaciones (de tipo laboral) benefits fringe
prestaciones adicionales (Mex) benefits fringe
prestaciones alimentarias (Ar) alimony
prestaciones de la empresa/compañía (Mex) company benefits
prestaciones externas (Mex) spillover
prestaciones fijas (Mex) fixed benefits
prestaciones indirectas (Mex) spillover
prestaciones laborales (Mex) employee benefits
prestaciones por jubilación prematura/anticipada (Mex) early retirement benefits
prestaciones sociales (Ven) employee benefits
prestador lender
prestamista lender
prestamista institucional institutional lender
préstamo loan
préstamo a la vista demand loan
préstamo a plazo fijo (Ar) level-payment mortgage
préstamo a tasa fija fixed-rate loan
préstamo colaterizado con valores securities loan
préstamo comercial commercial loan
préstamo con interés interest-only loan
préstamo con participación participation loan
préstamo con recursos recourse loan
préstamo con segunda hipoteca (Mex) second mortgage
préstamo con tipo de interés variable (Sp) rollover loan
préstamo con varios pagos seasoned loan
préstamo concatenado (Ar) (Mex) (Ven) piggyback loan
préstamo consolidado consolidation loan
préstamo contingente (Mex) (Ven) standby loan
préstamo de construcción construction loan
préstamo de contingencia (Ch) standby loan
préstamo de diferencia gap loan
préstamo de disposición inmediata (Ch) standby loan
préstamo de empalme/enlace (Ar) bridge loan
préstamo de valores securities loan
préstamo garantizado con una póliza de seguros policy loan
préstamo hipotecario ajustable adjustable mortgage loan (AML)
préstamo improductivo nonproductive loan
préstamo integral (Ar) whole loan
préstamo mínimo (Mex) floor loan
préstamo para la construcción (Ven) constuction loan
préstamo por término fijo term loan
préstamo puente bridge loan
préstamo reajustable indexed loan
préstamo sobre póliza (Mex) policy loan
préstamo temporal bridge loan
préstamos prendarios (Ar) securities loan
préstamo "standby" (Ar) standby loan
prestanombres dummy
prestar loan

prestar fianza bond
presunto implied contract
presupuestación con participación participative budgeting
presupuestación de base cero zero-base budgeting (ZBB)
presupuestación de programas program budgeting
presupuestar budget
presupuesto budget, estimate
presupuesto base cero (Mex) (Sp) zero-base budgeting (ZBB)
presupuesto de caja (Mex) cash budget
presupuesto de caja o en efectivo cash budget
presupuesto de capital capital budget
presupuesto de gastos expense budget
presupuesto de ventas sales budget
presupuesto estático static budget
presupuesto financiero (Mex) cash budget
presupuesto flexible flexible budget
pretensión (Ar) allegation
pretexto corporativo corporate veil
prevención (Mex) remedy
preventa presale
previsión estimate
previsión para la tercera edad (Mex) sunset provision
previsión para la vejez (Mex) sunset provision
previsiones forecasting
prima gift, gratuity, premium (Sp) subsidy
prima de bonos bond premium
prima de emisión additional paid-in capital, (Ar) prima
prima de opción a comprar call premium
prima de opción de compra (Mex) call premium
prima de permanencia golden handcuffs
prima de rescate (Ar) (Ven) call premium
prima fija fixed premium
prima no devengada unearned premium
prima por producción (Mex) incentive pay
prima por redención (Mex) call premium
primas parejas level premiums
primer gravamen first lien
primer préstamo hipotecario para vivienda (Mex) whole loan
primera hipoteca first lien, first mortgage
primeras salidas (inventarios informática, etc.) dollar value LIFO
principal principal
principal de una herencia corpus
principal menos intereses corpus
príncipe (Sp) white knight
principio de la correspondencia (Mex) matching principle
principio de las aportaciones paralelas (Ar) matching principle
principio de periodificación (Mex) matching principle
principio de utilidad benefit principle
principio del esfuerzo mínimo least-effort principle
principio minimax (Mex) minimax principle
principios contables accounting principles, accounting standards
principios contables generalmente aceptados (PCGA) (Ar) generally accepted accounting principles
principios de contabilidad accounting principles, accounting standards

principios de contabilidad generalmente aceptados generally accepted accounting principles
privación divestiture
privación de un derecho foreclosure
privatización privatization
privilegio de prepago prepayment privilege
privilegio de reinversión reinvestment privilege
privilegio de suscripción subscription privilege
privilegio del transportista carrier's lien
privilegio fiscal tax lien
privilegio por prepago (Mex) prepayment privilege
privilegio subordinado junior lien
problema issue
procedimiento contable accounting procedure
procedimiento de desalojo (Ven) dispossess proceedings
procedimiento parlamentario (Ar) (Mex) (Ven) parliamentary procedure
procedimientos de reventa resale proceeds
procesamiento por lotes (Mex) (Sp) batch processing
procesar en paralelo (Ch) (Mex) (Ven) parallel processing
proceso analítico analytic process
proceso continuo continous process
proceso discontinuo (Ar) batch processing
procurador attorney-in-fact, attorney-at-law
producción production, turnover (Ar) line control, line extension
producción continua (Ven) straight-line production
producción continua continuous production
producción de valor exploitation
producción directa direct production
producción discontinua intermittent production
producción en masa mass production
producción indirecta indirect production
producción industrial industrial production
producción intermitente intermittent production
producción lineal (Ar) straight-line production
producción masiva (Sp) mass production
producción programada scheduled production
producir gross, pay, produce, yield (Sp) return
productividad productivity
productividad marginal del capital (Ven) marginal efficiency of capital
producto product, yield (Mex) income (Sp) proceeds
producto de la reventa (Ch) (Mex) (Ven) resale proceeds
producto de usufructo (Mex) beneficial interest
producto derivado by-product
producto en curso de fabricación float
producto nacional bruto (PNB) gross national product (GNP)
producto nacional neto net national product
producto neto net proceeds
producto/bien de menor calidad (Mex) inferior good
producto/bien inferior inferior good
productor marginal marginal producer
productos goods, produce

productos acabados finished goods
productos básicos (Sp) commodity
productos de la línea amarilla (Mex) yellow goods
productos entregados physical commodities
productos netos (Sp) net income
productos netos de la explotación (Sp) net operating income (NOT)
productos resultados proceeds
productos siempre en inventario por demanda fija staple stock
profesión description, profession (Ar) occupation (Sp) trade
profit margin profiteer
profundidad o alcance del trabajo (Ch) job depth
programa schedule, timetable
programa caducado (Ar) lapsing schedule
programa de amortización amortization schedule
programa de auditoría audit program
programa de contabilidad (Mex) accounting software
programa de garantía de propietarios de viviendas homeowner warranty program (HOW)
programa de primas por producción (Mex) incentive wage plan
programa de propiedad participada (PPP) (Ar) employee stock option
programa de servicio al por menor (Ar) retailer's service program
programa de servicios para minorista (Ven) retailer's service program
programa de sondajes de exploración developmental drilling program
programa secundario (Ch) subroutine
programación scheduling
programación de objetivos goal programming
programador programmer
programas agrícolas (Ven) soil bank
progreso improvement
prohibir bar
prolongación extension
promediar average
promedio average
promedio variable (Ar) moving average
promoción de ventas sales promotion
promoción vertical vertical promotion
promoción vinculada tie-in promotion
promotor developer
promotor e impulsor (Mex) mover and shaker
pronosticación forecasting
pronóstico estimate
pronóstico de respuesta (Ven) response projection
propaganda comercial (Ven) trade advertising
propaganda especializada (Ven) specialty advertising
propensión marginal a consumir marginal propensity to consume (MPC)
propensión marginal a la inversión marginal propensity to invest
propensión marginal al ahorro marginal propensity to save (MPS)
propensión marginal al consumo (Sp) marginal propensity to consume (MPC)
propiedad estate, ownership, property, holdings (Sp) proprietorship
propiedad absoluta (Ar) freehold (estate)
propiedad comercial commercial property

propiedad comunitaria community property
propiedad de adquisición subsecuente after-acquired property
propiedad de dominio absoluto (Ven) freehold (estate)
propiedad de dominio de una sola persona estate in severalty
propiedad de la tierra (Mex) tenure in land
propiedad de renta income property
propiedad devastada por un siniestro distressed property
propiedad dominante dominent tenement
propiedad en reversión estate in reversion
propiedad exenta de impuestos tax-exempt property
propiedad incorporal incorporeal property
propiedad individual severalty
propiedad industrial industrial property
propiedad inmobiliaria (Sp) real estate
propiedad libre de gravámenes unencumbered property
propiedad marginal marginal property
propiedad neta (Mex) equity
propiedad/patrimonio bruto (antes de impuestos) gross estate
propiedad personal personal property
propiedad personal tangible tangible personal property
propiedad que genera renta/ ingresos (Ven) income property
propiedad similar like-kind property
propiedad sin mejoras unimproved property
propiedad unititular (Ven) estate in severalty
propiedad vitalicia life estate
propiedades possession
propietario landlord
propietario ausente absentee owner
propietario beneficiario (Sp) beneficial owner
propietario beneficioso beneficial owner
propietario vitalicio (Sp) life tenant
propina tip
proponer offer
proporción (Sp) rate
proporción de acciones ordinarias (Ar) common stock ratio
proporcional rateable
proporcionar un índice index proprietary lease, proprietary interest
propuesta offer (Sp) tender
propuesta con derecho de reducción open bid
propuesta sellada sealed bid
prorratear prorate
prorrateo average (Ar) (Sp) apportionment
prórroga extension
prórroga de tiempo para declarar (impuestos) (Ch) (Mex) extension of time for filing
prórroga de tiempo para registrar extension of time for filing
prospecto prospect, prospectus
prospecto de emisión (Sp) prospectus
prospecto preliminar preliminary prospectus
protección cover
protección del consumidor consumer protection
proteccionismo protectionism
protector tutor
protector de cheques check protector
proteger cover
protocolo protocol

protocolo de transferencia de archivos file transfer protocol (FTP)
provecho (Sp) profit
proveedor dealer, supplier
proveedor de servicios de acceso a Internet internet service provider
proveer (Mex) supply
provisión circulante floating supply
provisión de fondos cover
provisión flotante floating supply
provisiones (Ch) accrued liabilities
provisiones totales aggregate supply
proviso protocol
proyección projection
proyección de respuestas (Ch) response projection
proyectista (Ar) chartist
proyecto budget, draft, enterprise
proyecto general general scheme
proyecto quimérico boondoggle
prudencia prudence
prueba test
prueba ácida (Ar) acid test ratio, prueba ácida
prueba de (la) pérdida proof of loss
prueba de ácido/severa (Mex) quick ratio
prueba de coladura (Ar) percolation test
prueba de concepto concept test
prueba de dos colas two-tailed test
prueba de efectividad de las ventas (Ar) sales effectiveness test
prueba de eficacia de ventas (Ven) sales effectiveness test
prueba de filtración (Ven) percolation test
prueba de hipótesis hypothesis testing
prueba de ji cuadrada (Mex) chi-square test
prueba de la precisión del ajuste (Ar) (Mex) (Ven) goodness-of-fit test
prueba de mercado market test
prueba del ácido (Sp) acid test ratio
prueba del chi cuadrado (Ar) chi-square test
prueba documental (Ar) documentary evidence
prueba documental de título de propiedad muniment of title
prueba mediante observación observation test
prueba para colocación placement test
pruebas aisladas (Sp) testcheck
pruebas selectivas (Sp) test checks
psicología industrial industrial psychology
publicar issue
publicidad advertising
publicidad comercial (Ar) (Ch) (Mex) trade advertising
publicidad cooperativa cooperative advertising
publicidad de acción directa direct-action advertising
publicidad de comercio a comercio (Mex) business-to-business advertising
publicidad de empresa a empresa (Ar) business-to-business advertising
publicidad de intriga (Sp) teaser advertising
publicidad de margen (Mex) image advertising
publicidad de negocio a negocio business-to-business advertising
publicidad de prestigio prestige advertising
publicidad de representación image advertising
publicidad de respuesta directa direct response advertising

publicidad defraudadora deceptive advertising
publicidad engañosa (Ven) deceptive advertising
publicidad engañosa (Ven) false advertising
publicidad especial (Ar) specialty advertising
publicidad especializada (Ch) specialty advertising
publicidad falsa false advertising
publicidad financiera financial advertising
publicidad industrial industrial advertising
publicidad subliminal (Sp) subliminal advertising
público audience
pueblo nuevo new town
puerto de entrada port of entry
puerto franco/libre free port
puesto de transacciones trading post
pugna en cuanto a patentes (Ven) patent warfare
puja (Mex) outbid
punta peak
puntear check
punteo check (Sp) tick
punto point
punto base 100th of 1%, basis point
punto crítico break-even point
punto básico (Sp) basis point
punto cero de la parcelación (Mex) zero lot line
punto de clasificación gross rating point (GRP)
punto de equilibrio break-even point
punto de interrupción cutoff point
punto de intervención trigger point
punto de referencia benchmark
punto débil (Ch) soft spot
punto límite cutoff point
punto más bajo trough
punto muerto break-even point
punto vulnerable (Mex) soft spot
puntos altos highs
puntos de descuento discount points
puntuación beta de cartera de valores portfolio beta score
puntuación Z (Mex) Z score
pupitre console, desk
purificar clean

Q

que requiere muchas personas people intensive
quedar maltrecho (Ven) take a bath, take a beating
querellante plaintiff
quiebra voluntaria voluntary bankruptcy
quien crea un fideicomiso trustor
quien establece el ritmo (Ch) pacesetter
quien no puede ser empleado unemployable
quien tiene negocio propio self-employed
quien vende opciones writer
quincenal semimonthly
quita release
quitclaim deed
quórum quorum

R

racionamiento de capital capital rationing
racionamiento de productos rationing
radio de explotación (Sp) operating ratio
rango range
rapidez velocity
rápido express
rarefacción (Ar) depletion
rastreador trace, tracer
rastrear trace, tracer
rastro (Ar) (Ch) trace, tracer
rastro de auditoría audit trail
ratificación ratification, recognition
razón (Sp) rate
razón corriente current ratio
razón de acciones comunes common stock ration
razón de activo disponible y pasivo corriente quick ratio
razón de administradores management ratio
razón de capital de trabajo (Mex) current ratio
razón de cobros collection ratio
razón de conversión conversion ratio
razón de deuda-capital debt-to-equity ratio
razón de dividendos a ganancias payout ratio
razón de efectivo cash ratio
razón de explotación operating ratio
razón de ganancia bruta gross profit ratio
razón de gastos expense ratio
razón de liquidez liquidity ratio
razón de pérdidas loss ratio
razón de solvencia debt coverage ratio
razón de valoración assessment ratio
razón del préstamo al valor total loan-to-value ratio (LTV)
razón o relación de pago de dividendos dividend payout ratio
razón operativa operating ratio
razón rápida (Mex) quick ratio
razón social firm (Ch) legal name
razonado/de criterio (Mex) judgment sample
razonamiento deductivo deductive reasoning
razonamiento inductivo inductive reasoning
reacción (Ven) response projection reacción response
reajuste readjustment (Ch) indexation
real real
realizado executed
realizar execute
realizar negocios bancarios (Ven) bank
realizar un trueque barter
reamillaramiento reassessment
reaseguro reinsurance
reaseguro de cartera de valores portfolio reinsurance
rebaja abatement, discount, rebate (Mex) (Ven) markdown
rebajado off-price
recalentamiento (Ven) overheating
recapitalización recapitalization
recapturar recapture
recargar surcharge (Sp) overcharge
recargo overcharge, surcharge (Ar) additional mark-on
recargo por demora/ incumplimiento (Sp) penalty
recargo por matrimonio (Mex) marriage penalty

recargo por prepago prepayment penalty
recaudación (Ven) taking
recaudación de fondos (Ch) fund-raising
recaudación de impuestos (Mex) levy
recaudar impuestos (Sp) levy
receipt book receipt
recepción receipt (Sp) acceptance
recepción constructiva de ingresos constructive receipt of income
recepción de un pedido (Ven) taking delivery
receptor (Sp) receiver
receptor de oferta offeree
receptoría (Mex) receivership
recesión recession
receso económico depression
receta (Ar) (Mex) prescription
rechazo disclaimer, repudiation
rechazo (de una demanda) dismissal
recibidor receiver
recibo receipt, voucher
recibo de pago preliminar binder
recibo, acuse de recibo acknowledgment
reciclaje recycling
reciprocidad reciprocity
reclamación claim, demand
reclamante (Sp) plaintiff
reclamar claim, demand
reclamo claim
reclutamiento recruitment
recobrar recapture
recoger (Mex) taking
recolocación preferente (Mex) rehiring
recomendación general blanket recommendation
recompensa recompense, remuneration
recompensa intangible intangible reward
recompra buy-back
reconciliación reconciliation
recondicionamiento de propiedad reconditioning property
reconocimiento acknowledgment, recognition
reconocimiento de efectivo cash acknowledgement
reconsignar reconsign
reconvención counterclaim
récord record
recorrido aleatorio (Ven) random walk
recorrido de la variable (Sp) range
rectificación (Sp) amendment
rectificar (Ch) amend
rectificatorio (Ch) amended tax return
recuento (Ar) tally
recuperable collectible
recuperación buyout, collection, rally, recoupment, recovery (Mex) restitution (Ven) payback period
recuperación de depreciación depreciation recapture
recuperación de deuda/crédito incobrable bad debt recovery
recuperación de la base recovery of basis
recuperación técnica (Mex) technical rally
recuperación temporal del mercado (Ven) rally
recuperar buyout, recapture, recoup
recuperarse rally
recurso recourse, remedy
recurso de capital capital resource
recurso natural agotable waste assets
recurso natural renovable renewable natural resource
recursos resources
recursos humanos human resources
recursos naturales natural resources

recursos naturales no renovables nonrenewable natural resources
recursos propios equity (Sp) shareholder's equity, stockholder's equity
red de comunicaciones communications network
redactar draft
redención redemption
redención de bonos call
redesarrollar redevelop
redescontar rediscount
redescuento rediscount
redimible callable
redimir call, redeem
redistribución de ingresos income redistribution
rédito (Sp) revenue
reducción abatement, concession, contraction, depression, discount, markdown, shrinkage (Ar) depletion
reducción de personal efectivo downsizing
reducción de precio markdown
reducción de un impuesto (Sp) tax abatement
reducción del plan de jubilación curtailment in pension plan
reducción en ganancias por costos crecientes profit squeeze
reducción excepcional (Ar) unique impairment
reducción impositiva tax abatement
reducción natural del personal attrition
reducir gradualmente (Ven) rundown
reembolsar call, recoup, refund
reembolso rebate, recoupment, refund, refunding
reembolso de rango superior (Ven) senior refunding
reembolso por experiencia experience refund
reemplazo de ingresos income replacement
reenganche preferencial (Ven) rehiring
reestimación reassessment
reestructuración shakeout
reestructuración de deuda que está en riesgo (Ar) (Ch) troubled debt restructuring
reestructuración de deudas problemáticas (Ven) troubled debt restructuring
reevaluación (Ar) reappraisal lease (Ven) reassessment, revaluation
referencia referral
referencia de auditoría (Sp) audit trail
referéndum (Ar) strike vote
referido referral
refinanciación (Sp) refunding
refinanciar refinance
reforma amendment
reformación reformation
reformar amend
refrendo authentication
refundir una deuda (Mex) recasting a debt
regalo (Ven) gift
región crítica critical region
registrador registrar
registrar book
registrar en un manifiesto de carga manifest
registro inspection, list, protocol, record, recording, registration
registro de acciones stock record
registro de comprobantes (Sp) voucher register
registro de contribuyentes tax roll
registro de cuentas por pagar accounts payable ledger
registro de cheques check register
registro de facturas (Sp) purchase journal
registro de fondos application of funds

registro de pólizas (Sp) voucher register
registro de propiedad registry of deeds
registro de recepción de mercancía (Ven) receiving record
registro de títulos de propiedad registry of deeds
registro público public record
registros contables accounting records
registros de costos cost records
regla regulation
regla de un voto por una acción statutory voting
regla del dos por ciento (Ven) two percent rule
reglamentación control
reglamentación de pedidos (Ven) order regulation
reglamento regulation
reglamentos interiores bylaws
reglamentos sobre la utilización de tierras land-use regulation
reglas de conocer ciertos datos de clientes know-your-customer rule
reglas de ventas al descubierto short-sale rules
regresión múltiple multiple regression
regulación regulation
regulación de pedidos (Ar) order regulation
rehabilitación rehabilitation
rehabilitación del fallido discharge in bankruptcy
rehabilitación del quebrado discharge in bankruptcy
rehabilitación vocacional vocational rehabilitation
reindustrialización (Ar) (Mex) reindustrialization
reinstalación reinstatement
reintegrar call, refund
reintegro refund (Sp) refunding
reinversión automática automatic reinvestment
reinvertir (Ch) plow back
reivindicación replevin
relación (Mex) index (Sp) rate
relación auxiliar (Mex) (Sp) schedule
relación contractual privity
relación corriente (Ar) current ratio
relación costo-rendimiento (Ar) cost-effectiveness
relación de endeudamiento debt coverage ratio
relación de escala scale relationship
relación de gastos (Ar) expense ratio
relación de tesorería acid test ratio
relación de utilidad bruta gross profit ratio
relación del servicio de la deuda (Ar) debt coverage ratio
relación entre activo disponible y pasivo corriente (Sp) quick ratio
relación entre las pérdidas pagadas y las primas ganadas (Ar) loss ratio
relación jurídica privity
relaciones humanas human relations
relaciones industriales industrial relations
relaciones públicas public relations (PR)
relativo a las fechas dating
relevancia relevance
relleno (Ch) padding (Mex) padding
relleno ficticio de documentos contables (Ven) padding
remanente remainder (Mex) balance
rematar (Sp) auction
remate auction or auction sale
remedio remedy

remesa consignment (Sp) remit
remisión (Ar) release
remitente consignor
remitir remit
remonetización remonetization
remuneración compensation, consideration, remuneration, salary, wage
remuneración razonable/equitativa just compensation
remunerar pay
rendición de gastos (Ch) expense report
rendimiento efficiency, payout, performance, return, yield
rendimiento a la redención yield to call
rendimiento a la vida media yield to average life
rendimiento al punto crítico (Mex) hurdle rate
rendimiento al vencimiento yield-to-mature (YTM)
rendimiento corriente current yield
rendimiento de descuento discount yield
rendimiento de la inversión (Ven) return of capital
rendimiento de la inversión en acciones comunes return on equity
rendimiento de los activos del plan de retiro (Ar) (Ven) return on pension plan assets
rendimiento de ventas return on sales
rendimiento del capital (Ven) return of capital
rendimiento del capital invertido return on invested capital
rendimiento equivalente corporativo corporate equivalent yield
rendimiento gravable equivalente equity reit
rendimiento histórico historical yield
rendimiento medio mean return
rendimiento menor que el costo de posesión negative carry
rendimiento neto net yield
rendimiento nominal nominal yield
rendimiento simple simple yield
rendimiento sobre ventas (Ven) return on sales
rendimientos y bonificaciones de las ventas (Ar) sales returns and allowances
rendir (Sp) return yield
renegociar renegotiate
renovación urbana urban renewal
renta income, rent, revenue, yield
renta de inversiones (Sp) unearned income (revenue)
renta del terreno ground rent
renta económica (Ar) economic rent
renta fija fixed income
renta global (Ar) aggregate income
renta imponible (Sp) taxable income
renta justa de mercado market rent
renta líquida (Sp) net income
renta neta net income
renta neta generada (Sp) net operating income (NOT)
renta real (Sp) real income
renta vitalicia fija (Ar) fixed annuity
renta vitalicia/anualidad híbrida (Ar) hybrid annuity
renta vitalicia por hipoteca revertida (Ar) reverse annuity mortgage (RAM)
rentabilidad profitability (Sp) return, yield
rentabilidad de los recursos propios (Sp) return on equity
rentabilidad hasta la fecha (Sp) yield-to-mature (YTM)
rentabilidad nominal (Sp) nominal yield

rentar pay
rentas del trabajo earned income
rentas públicas (Mex) revenue
rentas sujetas a gravamen (Sp) taxable income
rentista annuitant
renuncia disclaimer, surrender, waiver
renunciar surrender
reorganización reorganization, shakeout
reorganización total shakeup,
reparación partition
reparación por daños y perjuicios damages
reparación positiva affirmative relief
reparaciones repairs
repartición apportionment, distribution
repartir (Mex) allocate (Sp) share
reparto de utilidades (Mex) employee profit sharing
reparto de utilidades (Mex) profit-sharing plan
repatriación repatriation
repetición iteration
réplica answer
representado (Sp) principal
representante agente, attorney-in-fact, nominee, spokesperson
representante de servicio al cliente customer service representative
repudio repudiation
reputación reputation
requerimientos para calificar (Ch) eligibility requirements
requerir (Ven) enjoin
requisar embargo
requisición (Mex) solicitud
requisito de capital capital requirement
requisito de dividendos dividend requirement
requisito de reservas reserve requirement
requisitos de aceptabilidad eligibility requirements
requisitos de crédito credit requirements
requisitos de elegibilidad eligibility requirements
requisitos para admisión de valores en bolsa listing requirements
requisitos para cotizar en bolsa (Ar) listing requirements
resarcimiento indemnity
resarcir indemnify (Mex) recoup
rescatable (bond) (Ar) amortizable
rescatar redeem
rescate redemption
rescate de la deuda (Ar) debt retirement
rescindir cancel (Ar) abrogate
rescisión rescission
reserva margin, reserve, stockpile
reserva ajena borrowed reserve
reserva de deuda o crédito incobrable bad debt reserve
reserva de balance balance sheet reserve
reserva de balance de situación balance sheet reserve
reserva de balance general (Ven) balance sheet reserve
reserva de estado (Ar) balance sheet reserve
reserva de prima de emisión capital contributed in excess of par value
reserva de reposición (Ch) (Ven) replacement reserve
reserva de utilidades retenidas (Ch) retained earnings, appropriated
reserva en efectivo cash reserve
Reserva Federal (Mex) Federal Reserve Bank
reserva mínima (Ar) reserve requirement
reserva monetaria monetary reserve

reserva obtenida en préstamo borrowed reserve
reserva para casos de necesidad (Ar) nest egg
reserva/provisión para depreciación (Ven) allowance for depreciation
reservar book, reserve
reservas de capital (Sp) surplus
reserva para depreciación depreciation reserve (Ar) capital consumption allowance (Ven) capital consumption allowance
reserva para inversiones (Ar) cash reserve
reservas en exceso excess reserves
reservas prestadas borrowed reserve
resguardo (Sp) receipt
resguardo de transporte por tren (Sp) waybill
resguardo provisional (Ar) binder
residencia principal principal residence
residencial residential
residente en un terreno settler
residir domicile
residuo (Ven) remainder
resistencia (Mex) (Ven) staying power
resolución resolution
resolver (Mex) work out (Sp) settle
respaldo endorsement
responsabilidad accountability, liability (Ar) business exposures
responsabilidad a largo plazo long-term debt or long-term liability
responsabilidad absoluta absolute liability
responsabilidad acumulativa cumulative liability
responsabilidad civil civil liability
responsabilidad contingente contingent liability
responsabilidad criminal/penal liability, criminal
responsabilidad de pensión mínima minimum pension liability
responsabilidad directa direct responsibility
responsabilidad incondicional (Sp) absolute liability
responsabilidad indirecta vicarious liability
responsabilidad laboral (Mex) liability, business exposures
responsabilidad legal legal liability
responsabilidad limitada limited liability
responsabilidad mancomunada joint liability
responsabilidad objetiva (Ar) absolute liability
responsabilidad personal personal liability
responsabilidad por el riesgo del negocio (Ch) liability, business exposures
responsabilidad por los productos vendidos en el mercado product liability
responsabilidad profesional liability, professional
responsabilidad social social responsibility
responsabilidad solidaria joint and several liability
responsable liable
responsable de materiales (Mex) material man
respuesta answer, response
restablecimiento restitution
restitución restitution
restitución de la propiedad (Ar) reconveyance
resto (Sp) remainder
restricción protocol, reserve, restriction, squeeze
restricción al comercio restraint of trade

restricción de escritura deed restriction
restricción de transferencia restraint of alienation
resultado product
resultado de la gestión (Sp) performance
resultados atípicos (Sp) windfall profit
resumen de título abstract of title
retasación reassessment, revaluation
retención deduction, escrow, withholding
retención de atrasos (Ven) back up withholding
retención de cheques cancelados truncation
retención de impuestos withholding tax
retención de reserva backup withholding
retener holdback, reserve
retener el pago (Sp) stop payment
retirada recall
retirar recall, retire
retirarse retire
retiro retirement, withdrawal
retiro automático automatic withdrawal
retiro de crédito debt retirement
retiro de personal por causa de edad avanzada attrition
retorno return (Sp) rebate
retorno de capital return of capital
retorno sobre los activos del plan de pensiones (Ch) return on pension plan assets
retraspaso fee, reconveyance (Ven) standby fee
retroactivación de los beneficios carryback
retroactivo retroactive
retrocesión (Sp) reversal
retroceso (Sp) reversal setback
reubicar relocate
reunión assemblage (Mex) open house
reunión anual annual meeting
revalorización (Sp) appreciation, revaluation
revalorizar, revaluar revalue, reappraise
revelación disclosure
revendedor (Ven) retailer's service program
reversión reversion (Ar) reversal
reververencia courtesy
revés (Ven) setback
revestir cover
revisar review
revisar las cuentas (Sp) audit
revisión review
revisión al azar spot check
revisión analítica analytical review
revisión de cuentas (Sp) audit
revisor auditor
revista de una profesión o ramo determinados trade magazine
revocación defeasance, recall, revocation (Ar) counterdemand
revocar recall (Sp) abrogate
revolución industrial industrial revolution
rezago de pedidos backlog
rezonificación rezoning
rezonificación para disminuir la intensidad de uso (Mex) (Ven) downzoning
rico rich
riesgo exposure, risk
riesgo a la baja downside risk
riesgo adicional (Mex) extended coverage
riesgo colectivo (Sp) joint venture
riesgo crediticio (Ar) credit risk
riesgo de catástrofe (Mex) catastrophe hazard
riesgo de trabajo occupational hazard
riesgo en descenso downside risk
riesgo especulativo speculative risk
riesgo estático static risk
riesgo laboral (Ven) occupational

riesgo ocupacional occupational hazard
riesgo por país sovereign risk
riesgo profesional (Sp) occupational hazard
riesgo sistemático systematic risk
riesgo sobre créditos concedidos credit risk
riesgos comerciales (Ar) liability business exposures
riqueza nacional (Mex) (Ch) national wealth
rival competitor
rivalidad competition
robar/sacar dinero (Ch) shakedown
rol de contribuyentes (Ch) tax roll
rompehuelgas strikebreaker, scab
romper break, breakup
ropa blanca white goods
rotación (Ch) turnover
rotación de capital capital turnover
rotación de cuentas por cobrar (Ch) (Ven) receivables turnover
rotación de cuentas por cobrar (Mex) collection ratio
rotación de existencias (Ar) inventory turnover
rotación de inventario inventory turnover
rotación de inventario stock turnover
rotación de trabajo job rotation
ruina default
rumbos y distancias metes and bounds
ruptura breakup
rural rural
rurbano (Ar) rurban

S

sabiduría discretion
sabotaje sabotage
sabotear (Sp) sabotage
sacar a subasta (Sp) auction
sacar de la aduana clear
sacar provecho dos veces (Ch) double-dipping
sacar provecho/beneficio de algo (Ch) milking
sala de asamblea boardroom
sala de despacho desk
sala de juntas (Ven) boardroom
sala del directorio boardroom
salario paycheck, salary, wage (Mex) breadwinner (Sp) pay
salario anual annual wage
salario anual garantizado guaranteed annual wage (GAW)
salario base (Mex) base rate pay (Sp) wage floor
salario base estándar (Ven) standard wage rate
salario básico base rate pay
salario diario (Mex) rate
salario escalonado graduated wage
salario mínimo minimum wage, wage floor
salario neto take-home pay
salario nominal nominal wage
salario por parte piece rate
salario progresivo (Ar) graduated wage
salario real real wages
salarios caídos (Mex) back pay
saldar balance, pay (Sp) liquidate
saldar una cuenta (Mex) settle
saldo balance (Mex) remainder
saldo acreedor credit balance
saldo al haber credit balance
saldo anterior (Mex) carryover
saldo de cuentas arrearage
saldo negativo deficit
saldo pendiente outstanding balance
saldo promedio (diario) average (daily) balance
saldo vivo (Sp) outstanding balance
salida en orden inverso al de entrada last in, first out (LIFO)
salir mal (Ven) take a bath, take a beating
salutación (Mex) attention line
sanción (Mex) penalty
sanción por prepago (Mex) prepayment penalty
sanción por retiro prematuro de fondos (Mex) early withdrawal penalty
sanciones administrativas (Ar) civil penalty
sanciones económicas economic sanctions
sangrar (Ven) bleed
satisfacción de necesidades (Mex) (Ch) need satisfaction
satisfacción en el trabajo job satisfaction
satisfacción laboral (Ven) job satisfaction
saturación glut
saturación ilegal dumping
saturar glut
sección department
secreto confidential
secreto comercial trade secret
sector sector
secuestro (Sp) attachment
secundario minor
sede (Ch) seat
segmentación de mercado market segmentation
segregación de deberes segregation of duties
seguimiento trace, tracer
seguir la pista trace, tracer
seguir la pista rápida (Ch) fast tracking
según el valor (Ar) ad valorem

según ítem ad item
segunda hipoteca second mortgage
seguridad security
seguridad de trabajo job security
seguro insurance
seguro a todo riesgo (Ven) comprehensive insurance
seguro abierto blanket insurance
seguro colectivo de enfermedad (Ven) group health insurance
seguro colectivo de salud (Ch) group health insurance
seguro colectivo por incapacidad (Ch) (Mex) (Ven) group disability insurance
seguro con participación participating insurance
seguro contra todos los riesgos comprehensive insurance
seguro contra daños (Ar) casualty insurance
seguro contra el robo por empleados fidelity bond
seguro contra falsificación comercial (Ven) commercial forgery policy
seguro contra incendios fire insurance
seguro contra muerte/incapacidad de empleado clave key person life and health insurance
seguro contra peligros múltiples multiple-peril insurance
seguro contra pérdida de ingresos loss of income insurance
seguro contra responsabilidad civil liability insurance
seguro contra riesgos (Mex) casualty insurance
seguro contra riesgos hazard insurance
seguro contraído por el arrendatario (Ar) leasehold insurance
seguro copartícipe (Ar) coinsurance
seguro crediticio colectivo group credit insurance
seguro de accidente casualty insurance
seguro de arrendamiento (Mex) leasehold insurance
seguro de carga cargo insurance
seguro de certificados de depósito (Mex) floor plan insurance
seguro de consignación consignment insurance
seguro de crédito comercial commercial credit insurance
seguro de diagrama de planta (Ar) floor plan insurance
seguro de documentos importantes (Ven) valuable papers (records) insurance
seguro de falsificación de depositante depositor's forgery insurance
seguro de flete freight insurance
seguro de grupo de deudores group credit insurance
seguro de grupo por incapacidad group disability insurance
seguro de ingresos por incapacidad disability income insurance
seguro de ingresos por invalidez (Ven) disability income insurance
seguro de inundación flood insurance
seguro de operaciones concluidas completed operations insurance
seguro de pérdidas ocasionadas por lluvia rain insurance
seguro de plano de piso floor plan insurance
seguro de planta de piso floor plan insurance
seguro de plusvalía y mejoramiento improvements and betterments insurance
seguro de procesamiento de datos (Mex) data processing insurance
seguro de proceso de datos data processing insurance
seguro de recuperación por incapacidad disability buy-out

insurance
seguro de recuperación por invalidez (Ven) disability buy-out insurance
seguro de responsabilidad civil (Ven) casualty insurance
seguro de responsabilidad general general liability insurance
seguro de responsabilidad por los productos vendidos en el mercado product liability insurance
seguro de responsabilidad suplementario para aumentar la cobertura umbrella liability insurance
seguro de salud comercial commercial health insurance
seguro de salud de grupo group health insurance
seguro de término renovable anualmente annual renewable term insurance
seguro de título title insurance
seguro de vida (Ar) surrender, life insurance
seguro de vida a plazo fijo convertible convertible term life insurance
seguro de vida ajustable adjustable life insurance
seguro de vida amortizable (Ar) depreciable life
seguro de vida colectivo (Ch) (Mex) (Ven) group life insurance
seguro de vida de grupo group life insurance
seguro de vida de pagos limitados limited payment life insurance
seguro de vida de prima indeterminado indeterminate premium life insurance
seguro de vida de prima única single premium life insurance
seguro de vida entera whole life insurance
seguro de vida indexado indexed life insurance
seguro de vida individual individual life insurance
seguro de vida modificado modified life insurance
seguro de vida por un término fijo term life insurance
seguro de vida temporal convertible (Mex) convertible term life insurance
seguro de vida universal universal life insurance
seguro de vida variable variable life insurance
seguro general (Ar) blanket insurance
seguro global comprehensive insurance
seguro hipotecario mortgage insurance
seguro hipotecario privado private mortgage insurance
seguro informático data processing insurance
seguro médico (Mex) commercial health insurance
seguro médico colectivo (Mex) group health insurance
seguro múltiple blanket insurance
seguro obligatorio compulsory insurance
seguro sobre el arrendamiento (Ch) leasehold insurance
seguro sobre los documentos valiosos (Ar) (Ch) valuable papers (records) insurance
seguro social social insurance
seguro total (Mex) comprehensive insurance
seguro cover
sello seal
sello de aprobación seal of approval
semana laboral work week
semestral biannual, semiannual
semianual semiannual
semiconductor (Ar) (Mex) (Ven) semiconductor

semiduplex half duplex
sentada (Sp) sit-down strike
sentar en el diario journalize
sentencia judgment
sentencia mandada por el juez (Ch) directed verdict
sentencia por la diferencia deficiency judgment
seña (Ar) earnest money
señal benchmark, earnest money, trace, tracer
señalar (Sp) point
señales mixtas mixed signals
ser aval de guarantee
serie battery, run
serruchado (Ven) whipsawed
servicio service, servicing
servicio al cliente customer service
servicio anual a la deuda (Ch) (Ven) annual debt service
Servicio de Administración Tributaria (Mex) Internal Revenue Service (IRS)
servicio de asesoría de inversions investment advisory service
servicio de comercialización (Ar) merchandising service
servicio de compras shopping service
Servicio de Impuestos Internos (Ch) Internal Revenue Service (IRS)
servicio de la deuda debt service
servicio de la deuda anual annual debt service
servicio de la deuda parejo level debt service
servicio de mercadeo (Ch) merchandising service
servicio de mercadotecnia (Mex) merchandising service
Servicio de Rentas Internal Revenue Service (IRS)
servicio hipotecario mortgage servicing
servicios administrativos solamente (SAM) administrative services only (ASO)
servicios públicos (agua, electricidad, gas) (Ar) (Ch) utility
servidumbre easement
servidumbre de compañías de servicio público utility easement
servidumbre de paso right-of-way
servidumbre escénica (Ven) scenic easement
servidumbre para preservar lo escénico de un lugar (Ch) scenic easement
servidumbre sobreentendida implied easement
servidumbre tácita implied easement
servil (Ch) menial
sesión hearing, session, term
simbolismo (Ar) (Ven) tokenism
símbolos de acciones stock symbols
símbolos de posición social status symbols
simplificación del trabajo (Ar) (Ch) (Ven) work simplification
simplificación laboral (Mex) work simplification
simulación simulation
simulación de gestión (Ar) management game
sin crecimiento (Ar) (Ch) no-growth
sin cualificar unskilled
sin culpa clean hands
sin efecto ni valor null and void
sin fin ad infinitum
sin fines de lucro (Ch) (Mex) not for profit
sin fondos suficientes NSF
sin interés flat
sin recurso nonrecourse, without recourse
sin reservas clean
sin tope/restricción (Ch) open-end
sindicación syndication

sindicador syndicator
sindicar
(Sp) syndicate
sindicato syndicate, trade union
(Ch) labor union
sindicato de la empresa
company union
sindicato de obreros calificados
craft union
sindicato de un diario
(Ch) newspaper syndicate
sindicato gremial (Ar) labor union
(Ven) craft union
sindicato independiente
independent union
sindicato industrial industrial union
sindicato internacional
international union
sindicato obrero labor union
(Sp) trade union
sindicato periodístico
(Mex) newspaper syndicate
sindicato profesional (Ar) craft union
sindicato vertical
vertical union
sindicatura de una quiebra
(Mex) receivership
síndico (Mex) trustee (Sp) receiver
síndico concursal trustee in bankruptcy
síndico de una quiebra
(Sp) receiver (Sp) trustee in bankruptcy
sinergia synergy
sinopsis de los autos abstract of record
sintonizar un aparato receptor
dialup
sistema system
sistema a saldo fijo imprest fund, imprest system
sistema acelerado de recuperación de costos (SARC) accelerated cost recovery system (ACRS)
sistema administrativo
management system
sistema administrativo
(Ar) managerial grid
sistema alodial allodial system
sistema autónomo
(Ar) (Mex) stand-alone system
sistema contable accounting system
sistema de apoyo de decisiones
decision support system (DSS)
sistema de ganancias
(Ar) (Ven) profit system
sistema de información de mercadeo marketing information system
sistema de información gerencial
(Ven) management information system (MIS)
Sistema de la Reserva Federal
Federal Reserve System (FED)
sistema de mercado
(Ar) (Mex) market system
sistema de pesas en países de habla inglesa avoirdupois
sistema de pizarra de anuncios
bulletin board system (BBS)
sistema de precios price system
sistema de sugerencias
(Mex) suggestion system
sistema de sugestiones suggestion system
sistema de tablero de anuncios
(Ar) bulletin board system (BBS)
sistema económico economic system
sistema económico basado en el mercado (Ch) market system
Sistema Estándar de Clasificación Industrial (Ar) (Ch) (Ven) Standard Industrial Classification (SIC) System
sistema interactivo interactive system
sistema métrico metric system
sistema normalizado de clasificación industrial
(Mex) Standard Industrial Classification (SIC) System
sistema operativo (Sp) operating system

sistema que funciona en forma independiente (Ch) (Ven) stand-alone system
sitio site
situación footing
situación económica en que es difícil obtener crédito tight money
situación especial special situation
soborno graft (Ven) payola, sweetener, kickback
sobrante remanente, surplus (Ar) carryover (Mex) remainder
sobrante (faltante) (Ch) over (short)
sobrante de dinero (Mex) overage
sobrantes y faltantes over-and-short
sobre de respuesta comercial (Mex) business reply envelope
sobre de respuesta de negocios business reply envelope
sobre la línea above the line
sobrecalentamiento (Ar) (Ch) (Mex) overheating
sobrecargar overcharge
sobrecomprado overbought
sobrecostos overrun (Ar) cost overrun
sobredestrucción (Mex) overkill
sobreemisión overissue
sobreestadía demurrage
sobremejoramiento overimprovement
sobrepago (Mex) overpayment
sobreprecio surcharge (Mex) profiteer
sobreprecio en venta de acciones propias (Ch) capital contributed in excess of par value
sobreprecio en venta de acciones propias (Ch) paid-in surplus
sobreproducción overproduction, overrun
sobrepujar (Sp) (Mex) outbid
sobretasa surtax (Sp) surcharge
sobretiempo overtime
sobrevalorado overbought, overvalued
sobrevendido (Ven) overlooked
sobrevoltaje momentáneo (Ven) power surge
socialismo socialism
sociedad association, company, firm, partnership
sociedad anónima (Mex) limited company (Sp) joint-stock company
sociedad anónima cerrada (Ch) closely held corporation
sociedad anónima nacional (Ch) domestic corporation
sociedad colectiva (Sp) partnership
sociedad comanditaria limited partnership (Sp) partnership
sociedad constituida en otra jurisdicción (Ar) alien corporation
sociedad de control (Mex) holding company
sociedad de control bancaria bank holding company
sociedad de fideicomiso (Mex) trust company
sociedad de gerencia administrativa administrative management society
sociedad de gestión administrativa administrative management society
sociedad de inversiones estable balanced mutual fund
sociedad de inversiones limitada closed-end mutual fund
sociedad de pocos socios (Ven) closely held corporation
sociedad de responsabilidad limitada (S.L.) (Sp) limited company
sociedad en comandita por acciones (Sp) joint-stock company

sociedad en comandita privada private limited partnership
sociedad en nombre colectivo (Mex) partnership
sociedad en participación joint venture
sociedad filial controlled company (Sp) affiliated company
sociedad general de inversiones (Ven) trust, general management
sociedad inmobiliaria (Ar) developer
sociedad matriz (Sp) parent company
sociedad mercantil defraudadora de impuestos (Ven) collapsable corporation
sociedad no consolidada (Mex) unconsolidated subsidiary
sociedad/compañía financiera finance company
sociedad por acciones (Ar) joint-stock company
sociedad por acciones cerradas (Ar) closely held corporation
sociedad sin acciones (Ven) nonrenewable natural resources
sociedad sin fines de lucro (Ven) nonprofit corporation
sociedad tenedora holding company
sociedad urbanizada (Ar) developer
socio partner
socio capitalista (Mex) (Sp) silent partner (Ven) general partner
socio comanditario limited or special partner
socio de reciente incorporación junior partner
socio general general partner
socio menor junior partner
socio moderno (Sp) junior partner
socio oculto silent partner
socio regular general partner
socio solidario general partner
socios ordinarios (Ar) rank-and file
software de contabilidad accounting software
solicitado asked
solicitar (Sp) petition
solicitud (Sp) petition
solicitud de fondos application of funds
solicitud de préstamo loan application
solicitud de propuesta (Ch) (Ven) request for proposal (RFP)
solvencia (Ar) credit rating
solvencia solvency
solvencia crediticia (Ven) credit rating
solventar (Sp) settle
someter al vendedor (Ven) put to seller
soplón (Ven) stool pigeon
soporte (Sp) medium
sorteo (Sp) sweepstakes
sostén de la familia breadwinner
sostenido firm
status status
suavización de datos exponencial exponential smoothing
subarrendamiento (Ar) (Mex) sublease
subarrendar sublet
subarrendatario (Sp) subtenant
subarriendo sublease
subasegurado (Ar) underinsured
subasta tender
subasta holandesa dutch auction
subasta/venta de liquidación auction or auction sale
subastar (Sp) auction
subcapitalización undercapitalization
subclase underclass
subcontratista subcontractor
subdivide, el que (Ven) subdivider
subdividir subdividing
subdivisión subdivision
subempleado underemployed

subida de voltaje (Ch) power surge
subíndice (Mex) subscript
subinquilino subtenant
submarginal submarginal
suboptimizar suboptimize
subordinación subordination
subordinado subordinated, dependent
subproducto by-product
subprograma (Mex) subroutine
subremuneración (Ven) underpay
subrogación subrogation
subrutina subroutine
subscripción de fondos application of funds
subscrito (Ch) subscript
subsidiaria no consolidada (Ar) (Ch) (Ven) unconsolidated subsidiary
subsidiario subsidiary
subsidio grant, subsidy
subsidio específico specific subsidy
subsistencia subsistence
subtotal subtotal
subvalorado undervalued
subvención merchandise allowance, grant, subsidy (Ven) volume
sucesión inheritance
sucesión en la utilización de tierras (Ar) (Ch) land-use succession
sucursal agency
sucursal de una cadena de establecimientos chain store
sueldo pay, salary, wage (Ch) stipend, stipendiary (Mex) breadwinner
sueldo base (Ar) base rate pay
sueldo líquido (Ch) take-home pay
sueldo neto (Sp) take-home pay
sueldo(s) atrasado(s) back pay
suficiencia de campo de aplicación adequacy of coverage
suficiencia de cobertura adequacy of coverage
sufrir un revés (Ven) take a bath, take a beating
sufrir una pérdida considerable (Ch) (Mex) take a bath, take a beating
sujeto a hipoteca subject to mortgage
suma alzada (Ch) lump sum
suma anterior carryover
suma de dividendos dividend addition
suma de verificación (Mex) hash total
suma global lump sum
suma horizontal cross-footing
suma redondeada (Sp) lump sum
suma/total de una columna (Ar) footing
sumar en forma cruzada (Mex) cross-footing
suministro (Mex) supply
superávit surplus
superávit agrícola farm surplus
superávit donado donated surplus
superávit/excedente de capital capital surplus
superávit pagado paid-in surplus
superávit restringido restricted surplus
superficie cultivada (Ar) acreage
superficie en acres (Ar) acreage
superfondo superfund
superintendente superintendent
supermercado supermarket
supermercado financiero financial supermarket
supervisor (Mex) principal
supervivencia survivorship
suplemento addendum
suplemento de una póliza (Sp) rider
suplir (Mex) supply
suposición hypothesis
suposición alterna alternative hypothesis
suposición hipotecaria mortgage assumption
suprimir abrogate, disaffirm
surtido de productos product mix
susceptible de ser asegurado insurability

suscripción subscription
suscripción sin garantía (Mex) writing naked
suscriptor drawer, underwriter
suscriptor a prueba (Ar) (Mex) trial subscriber
suscriptor de prueba (Ven) trial subscriber
suspender a un empleado ay off
suspender el pago (Sp) stop payment
suspensión suspension, substitution

T

tabla de acciones más cotizadas (Ch) big board
tabla de contingencias contingency table
tablas de demanda demand schedule
tablas de mortalidad mortality tables
tabla descriptiva index
tabulación cruzada cross tabulation
tabulador de salarios (Mex) wage rate
tácito implied contract
táctica tactic
táctica obstruccionista (Ven) stonewalling
tal cual; según es(tá) (Sp) as is
talón (Sp) receipt
talón de cheques check stub
talón de ferrocarril (Sp) waybill
taller shop
taller de ferrocaril roundhouse
taller múltiple (Ar) multiple shop
tanteo trial and error
tanto alzado cifra redonda
tanto por ciento (Sp) percent
taquilla desk
tarifa rate, scale, tariff
tarifa a destajo piece rate
tarifa combinada de envío through rate
tarifa conjunta joint fare, joint rate
tarifa fija (Ar) flat rate
tarifa rebajada (Ch) supersaver fare
tarifa según contador (Ven) meter rate
tarifa super económica (Ch) supersaver fare
tarifa tentadora (Mex) teaser rate
tarifas por carros completos (Ven) carload rate
tarifas y clasificaciones (Ch) rates and classifications
tarjeta (Mex) job ticket
tarjeta de anuncios (Ven) rate card
tarjeta de crédito credit card
tarjeta de horas trabajadas job ticket
tarjeta de pedidos (Ar) (Ch) (Mex) (Ven) order card
tarjeta de respuesta comercial (Mex) (Ven) business reply card
tarjeta de respuesta de negocios business reply card
tarjeta de tiempo (Mex) time card
tarjeta laboral job ticket
tarjeta para registrar horas de trabajo time card
tarjeta tarifa (Ven) rate card
tasa duty, rate
tasa al por menor (Ven) retail rate
tasa anualizada annualized rate
tasa combinada blended rate
tasa comercial trade rate
tasa contractual contract rate
tasa contributiva efectiva effective tax rate
tasa crítica de rentabilidad (Ar) hurdle rate
tasa de absorción absorption rate
tasa de ahorros savings rate
tasa de alquiler rental rate
tasa de ausencia absenteeism
tasa de cambio exchange rate
tasa de cambio de divisa flotante floating currency exchange rate
tasa de cambio flotante floating exchange rate
tasa de capitalización capitalization rate
tasa de carga de un carro carload rate
tasa de crecimiento growth rate
tasa de descuento discount rate
tasa de descuento ajustada por riesgo risk-adjusted discount

rate
tasa de crecimiento compuesta compound growth rate
tasa de crecimiento económico economic growth rate
tasa de fondos federales federal funds rate
tasa de inflación inflation rate
tasa de inflación de 10% o más (Ar) double-digit inflation
tasa de interés interest rate
tasa de interés anual (Ar) annual percentage rate (APR)
tasa de interés nominal
face interest rate, nominal interest rate
(Ar) (Ch) (Mex) face interest rate
tasa de interés para fondos federales (Ar) federal funds rate
tasa de interés para préstamos preferenciales (Sp) prime rate
tasa de interés preferencial prime rate
tasa de interés variable variable interest rate
tasa de menudeo (Ar) retail rate
tasa de porcentual anual (TPA) annual percentage rate (APR)
tasa de préstamo de corredor broker loan rate
tasa de prima premium rate
tasa de producción production rate
tasa de recaptura (Ch) recapture rate
tasa de redescuento rediscount rate
tasa de reinversión reinvestment rate
tasa de remesa (Ven) remit rate
tasa de remisión (Ar) remit rate
tasa de rendimiento antes de impuestos pretax rate of return
tasa de rendimiento contable accounting rate of return
tasa de rendimiento de administración financiera financial management rate of return (FMRR)
tasa de rendimiento equitativa fair rate of return
tasa de rendimiento global overall rate of return
tasa de rendimiento interno
internal rate of return (IRR)
(Sp) yield-to-mature (YTM)
tasa de rendimiento real real rate of return
tasa de rendimiento real después de impuestos (Mex) after-tax real rate of return
tasa de rendimiento real posterior a impuestos after-tax real rate of return
tasa de rendimiento requerida required rate of return
tasa de rentabilidad interna internal rate of return (IRR)
tasa de rescate (Ven) recapture rate
tasa de retorno (Ar) current yield
(Mex) accounting rate of return
tasa de retorno asegurada (Ar) locked in
tasa de una sola vez one-time rate
tasa de vacantes vacancy rate
tasa efectiva effective rate
tasa enigmática (Ven) teaser rate
tasa fiscal (Mex) tax rate
tasa fiscal/impositiva real (Mex) effective tax rate
tasa hipotecaria ajustable adjustable-rate mortgage (ARM)
tasa hipotecaria renegociada (Ar) renegotiated rate mortgage (RRM)
tasa impositiva tax rate
tasa impositiva marginal marginal tax rate
tasa impositiva media (Ar) average tax rate
tasa interna de retorno (TIR) (Ar) (Ch) internal rate of return (IRR)
tasa neta net rate
tasa oficial de cambio (Sp) official exchange rate
tasa por unidad de consumo meter rate

tasa prima (Mex) prime rate
tasa promedio de impuestos (Ch) average tax rate
tasa reducida reduced rate
tasa salarial wage rate
tasa salarial estándar (Ar) standard wage rate
tasa según contador meter rate
tasa única (Ch) flat rate
tasa uniforme flat rate
tasable rateable
tasación dividends, valuation (Ar) (Ch) appraisal (Ven) interest on taxation
tasación de experiencia experience rating
tasador (Ar) (Ch) (Sp) appraiser, adjuster (Ar) assessor
tasador independiente (Ch) independent adjuster
tasar (Ar) (Ch) (Sp) appraise (Sp) rate (Ar) assess
tasas de mercado libre (Ven) open-market rates
tasas fijadas por el mercado libre (Ar) open-market rates
taza impositiva expresada mileage rate
techo (Sp) cap
técnica technology
técnica contable (Mex) accountancy
técnica de contabilidad (Mex) accountancy
técnicas mercantiles merchandising
tecnología technology
tecnología avanzada high technology
techo caps
techo salarial wage ceiling
tejidos dry goods
telecomunicaciones telecommunications
telegrama diferido (Ar) night letter
telemarketing (Mex) telemarketing
telemercadeo telemarketing
tema (Ch) issue
tendencia trend
tendencia a largo plazo long-term trend
tendencia al alza (Ven) uptrend
tendencia alcista (Ar) (Mex) uptrend
tendencia ascendiente (Ch) uptrend
tendencia central central tendency
tendencia en el flujo de pedidos (Ch) order flow pattern
tenedor occupant, payee (Mex) tender
tenedor de acciones (Sp) stockholder
tenedor de buena fe (Ven) holder in due course
tenedor de libros bookkeeper (Sp) accountant
tenedor de opciones option holder
tenedor de póliza policy holder
tenedor de un inmueble tenant
tenedor legal holder in due course
tenedor legítimo (Ven) holder in due course
tenedor registrado holder of record
tenencia occupation, occupancy, tenancy
tenencia conjunta joint tenancy, cotenancy
tenencia conjunta entre cónyuges tenancy by the entirety
tenencia de tierras (Ar) tenure in land
tenencia en sociedad tenancy in common
tenencia exclusiva (Ch) tenancy in severalty
tenencia mancomunada joint tenancy
tenencia mes a mes (Ch) month-to-month tenancy
tenencia por años (Ch) (Ven) tenancy for years
tener vigencia run
teoría de cartera de valores portfolio theory

teoría de cartera de valores moderna modern portfolio theory (MPT)
teoría de conjunto de derechos (Ven) bundle-of-rights theory
teoría de la propiedad (Mex) title theory
teoría de motivación externa field theory of motivation
teoría de título (Ven) title theory
teoría del eslabón más débil (Ven) weakest link theory
tercer mercado third market
tercera parte (Sp) third party
tercería (Sp) arbitration (Ven) interpleader
tercerización (Ar) outsourcing
tercero third party
tercero portador holder in due course
tergiversación twisting
terminación (de un período) fulfillment
término term
términos terms
terrateniente landlord
terreno tract
terreno al borde de frontage
terreno entre una casa y la carretera frontage
terreno mejorado improved land
terreno ocioso (Ven) vacant land
terreno sin mejoras raw land
terreno vacante (Ar) vacant land
terrenos (Sp) land
tesorería cash
tesorero treasurer
tesoro nacional (Ar) national wealth
testado (Ch) (Mex) (Ven) testate
testador (Sp) testator
testaferro (Mex) straw man
testamento testament, will
testar bequeath
testimonio affidavit (Ar) testimonial
testimonium testimonial
texto obligatorio mandatory copy
tiburón (Sp) raider
ticket de trabajo (Ar) job ticket
tiempo compartido (Sp) time-sharing
tiempo compensatorio compensatory time
tiempo concedido allowed time
tiempo de acceso access time
tiempo de descanso (Ven) off time
tiempo de detención (Ch) downtime
tiempo de ejecución (Ar) lead time
tiempo de espera de entrega tras la orden lead time
tiempo de respuesta (Sp) turnaround time
tiempo de suspensión downtime
tiempo doble double time
tiempo extra (Mex) overtime
tiempo libre (Ch) (Mex) off time
tiempo muerto dead time, downtime
tiempo ocioso downtime
tiempo permitido allowed time
tiempo suplementario overtime
tiempo y medio time-and-a-half
tienda shop, store
tienda con variedad de productos variety store, neighborhood store
tienda de ventas a descuento de mercancía outlet store
tienda especializada specialty shop
tienda independiente (Mex) independent store
tienda o negocio familiar (Mex) Mom and Pop store retail outlet
tierra vendible land
timbrar (Sp) seal
timbre seal
tipo rate
tipo de cambio exchange rate
tipo de cambio oficial official exchange rate
tipo de descuento discount rate
tipo de interés interest rate
tipo de interés combinado blended rate

tipo de interés nominal (Sp) nominal interest rate
tipo de interés preferencial (Sp) prime rate
tipo de interés real (Sp) real interest rate
tipo de interés variable (Sp) variable interest rate
tipo de la par at par
tipo de redescuento (Sp) rediscount rate
tipo de sueldo estándar (Ch) standard wage rate
tipo porcentual anual sobre descubiertos (Sp) annual percentage rate (APR)
titular de las acciones (Sp) stockholder of record
titularidad ownership
título charter, debenture, title, deed
título asegurable insurable title
título de constitución de hipoteca (Sp) trust deed
título de garantía especial (Ar) special warranty deed
título de guardián guardian deed
título de propiedad muniment of title (Mex) deed, evidence of title (Sp) title
título de propiedad defectuoso/imperfecto (Ven) bad title
título defectuoso defective title
título imperfecto bad title
título limpio/seguro/válido (Ven) marketable title
título nominativo (Sp) registered bond
título o bono al portador bearer bond
título por valor inferior a 1.000 dólares (Ar) baby bond
título seguro/limpio clear title
título válido/seguro good title
título valor (Ar) wallflower
título valor firme (Ar) defensive
título valor firme (Ar) defensive securities
títulos (Sp) securities
títulos negociables (Sp) negotiable instruments
títulos negociables float
títulos valores (Ven) securities
títulos con garantía hipotecaria (Sp) mortgage-backed security
títulos de crédito a corto plazo commercial paper
título-valor de renta fija responsiva (Sp) bond
tocar fondo bottom
todo riesgo/todo peligro all risk/all peril
toma (Ar) taking
toma de posesión accession
toma el control takeover
tomador (Sp) receiver payee
tomar inventario taking inventory
tomar/adoptar posición (Mex) take a position
tomar una decisión (Ch) take a position
tomar una posición (Ch) take a position
tonelaje bruto (Ven) gross ton
tonelada larga gross tonnage
tope (Ar) caps
tope salarial (Sp) wage ceiling
topógrafo (Ch) (Ven) surveyor
tormenta de ideas brainstorming
total de control hash total
total de una suma footing
total pagado (Ch) (Ven) total paid
total parcializado (Mex) hash total
trabajador clerk (Ch) employee
trabajador a destajo (Ven) jobber
trabajador ambulante itinerant worker
trabajador de producción production worker
trabajador en el campo de servicios (Ch) service worker
trabajador eventual (Ar) (Mex) casual laborer
trabajador manual blue collar
trabajador migratorio migrant worker

trabajador modelo (Mex) pacesetter
trabajador ocasional/temporero casual laborer
trabajador temporal/itinerante (Ven) itinerant worker
trabajadores agremiados organized labor
trabajadores sindicados organized labor
trabajar labor
trabajo job, labor
trabajo a destajo piece work
trabajo compartido (Mex) job sharing
trabajo de aprendiz entry-level job
trabajo en proceso (Ch) (Ven) work in progress
trabajo por pieza (Mex) piece work
trabajo sin porvenir dead-end job
trabajo/empleo sin futuro (Ven) dead-end job
trabajos especiales (Ven) special assignment
tracto (Mex) tract
traducir translate
tráfico (Sp) trade
tráfico de influencias (Ven) undue influence
traición treason
tramitador dispatcher
tramitar administrar
trámites burocráticos excesivos red tape
tramo de impuestos (Ch) tax bracket
tranquilidad del ambiente (Mex) scenic easement
transacción acquisition, settlement, transaction
transacción bursátil de menos de cien acciones odd lot
transacción entre iguales (Ar) arm's length transaction
transacción entre partes relacionadas related party transaction
transacción garantizada secured transaction
transacción imparcial arm's length transaction
transacción neta net transaction
transacción programada program trade
transacciones excesivas overtrading
transar settle
transferencia conveyance, rollover (Mex) transfer payment (Sp) assignment
transferencia a título gratuito voluntary conveyance
transferencia cablegráfica (Mex) cable transfer
transferencia de ingresos assignment of income
transferencia por cable cable transfer
transferencia que salta generaciones (Ch) generation-skipping transfer
transferencia voluntaria voluntary conveyance
transferencias a título gratuito gift deed, gift tax
transferir forward
transformación conversion
transgresión (Mex) (Ven) trespass
transmisión alienation
transmisión de bienes descent
transmitir convey
transnacional transnational
transportación transportation
transportador carrier
transportador público common carrier
transportar convey
transporte conveyance, transportation
transporte por camión cartage
transporte por medio de barcazas lighterage
transportista carrier
transportista interior, transportista terrestre inland carrier

traslado de pérdidas a ejercicios anteriores (Ar) loss carry back
traslados de pérdidas a ejercicios futuros (Ar) loss carry forward
traspasar los límites (Ch) trespass
traspaso (Sp) assignment
tratante (Sp) trader
tratar (Sp) trade
tratar con banco bank
trato justo fair trade
trayectoria aleatoria (Ven) random walk
trazador plotter (Ar) trace, tracer
trecho (Ch) tract
tribunal aduanero customs court
tribunal de apelaciones appellate court (appeals court)
tribunal de equidad chancery
tribunal de registro/autos court of record
tributación (Ar) (Ven) taxation, interest on dividends
tributo tax
tributo regresivo (Sp) regressive tax
trimestralmente quarterly
trocha (Ven) tract
trueque barter, exchange (Ven) permutations
truncamiento truncation
turno shift
turno de noche graveyard shift
turno de tarde swing shift
turno rotativo (Ar) rotating shift

U

última entrada-primera salida (Sp) last in, first out (LIFO)
última voluntad (Sp) will
umbral de rentabilidad (Ven) break-even point
unidad unit
unidad (peso, medida, etc.) denomination
unidad completa de transacción round lot
unidad de gestión bargaining unit
unidad de mando unity of command
unidad de negociación bargaining unit
unidad de transacción trading unit, unit of trading
unidad incompleta de transacción odd lot
unidad modelo model unit
unión annexation, incorporation
unión abierta open union
unión horizontal horizontal union
unir incorporate, merge
urbanización land development
urbano urban
uso rundown
uso de instalaciones portuarias docking
uso intensivo de bienes de capital capital intensive
uso no conforme a la zonificación nonconforming use
uso preexistente preexisting use
uso público public use
uso y desgaste (Sp) wear and tear
usuario suburbano (Mex) commuter
usufructuario beneficial owner
usufructuario vitalicio life tenant
usura usury, attrition
usurpación encroachment
usurpar encroach
utilidad gain, profit
utilidad antes de impuestos (Mex) pretax earnings
utilidad de explotación operating profit
utilidad de operación (Mex) operating profit
utilidad imponible (Sp) taxable income
utilidad marginal marginal utility
utilidad neta (Mex) net profit (Sp) net income
utilidad por acción ordinaria (Ar) net income per share of common stock
utilidad por acción ordinaria antes de dilución primary earnings per (common) share
utilidad preimpositiva (Ar) earnings before taxes
utilidades income
utilidades acumuladas (Mex) retained earnings
utilidades anuales (Ch) annual earnings
utilidades incorporadas (Ar) retained earnings
utilidades incorporadas, distribuidas retained earnings, appropriated
utilidades no realizadas (Sp) paper profit (loss)
utilidades retenidas no distribuidas (Mex) unappropriated retained earnings
utilidades retenidas retained earnings

V

vaca lechera cash cow
vacante vacant (Ar) unoccupancy
vacío inflacionario inflationary gap
vacío legal (Sp) loophole
vagón cisterna (Ar) (Mex) (Ven) tank car
vale promissory note (Sp) note
vale de dividendos (Mex) liability dividend
vale/bono de descuento coupon bond
vale vista (Ch) cashier's check sight draft
valía (Sp) value
válido valid
valor effective date, rate, value, worth
valor a cambio (Ch) (Ven) value in exchange
valor a la par par value
valor activo neto net asset value (NAV)
valor actual present value
valor actual de 1 (Ar) (Mex) (Ven) present value of 1
valor actual de anualidad present value of annuity
valor base tributario ajustado (Ch) adjusted basis or adjusted tax basis
valor bursátil colateral
valor capitalizado capitalized value
valor catastral (Sp) assessment
valor combinado blended value
valor comercial (Sp) market value
valor comparable comparable worth
valor contable (Ar) depreciated cost
valor contable book value
valor contable neto (Sp) net book value
valor contable reducido (Ar) (Mex) written-down value
valor corriente de mercado current market value
valor de cambio (Mex) value in exchange
valor de cotización (Sp) market price
valor de desecho (Sp) residual value, (Sp) salvage value
valor de liquidación liquidating value
valor de mercado market value
valor de *p* *p* value
valor de refugio hedge
valor de rescate cash surrender value (Sp) salvage value
valor de rescate en efectivo (Ven) cash surrender value
valor declarado (Mex) stated value
valor del interés que tiene el arrendatario en la propiedad leasehold value
valor del mercado actual current market value
valor del préstamo loan value
valor del tiempo time value
valor después de un castigo (Ch) written-down value
valor económico economic value
valor efectivo de mercado (Sp) actual cash value
valor efectivo neto (Ven) effective net worth
valor en dólares de últimas entradas dollar value LIFO
valor en el mercado market value (Sp) market price
valor en intercambio (Ar) value in exchange
valor equitativo de venta fair market value
valor esperado expected value
valor establecido stated value

valor establecido por el mercado objective value
valor facial face amount
valor imputado/ingreso imputado imputed value or imputed income
valor inactivo inactive stock or inactive bond
valor intangible intangible value
valor intrínseco intrinsic value
valor justo de mercado fair market value
valor justo en el mercado market price, market value
valor legal (Mex) legal tender
valor mínimo de variación (Sp) tick
valor monetario real (Ven) actual cash value
valor neto de realización (Mex) net proceeds
valor neto efectivo effective tax rate
valor neto negativo deficit net worth
valor neto en libros (Mex) (Ven) net book value
valor no cotizado en una bolsa over the counter (OTC)
valor nominal denomination, face amount, face value, par, par value
valor nominal neto (Sp) principal
valor/acción de crecimiento growth stock
valor/ingreso presunto (Ch) imputed value or imputed income
valor objetivo objective value
valor parcialmente amortizado (Ven) written-down value
valor poco cotizado (Mex) wallflower
valor por escasez scarcity, scarcity value
valor presente neto net present value (NPV)
valor previsto expected value
valor real de mercado (Mex) fair market value
valor real del dinero real value of money
valor real en efectivo actual cash value
valor realizable neto net realizable value
valor residual residual value, salvage value
valor reversionario reversionary value
valor revertido (Ar) reversionary value
valor según libros book value, depreciated cost
valoración assessment, valuation (Ar) appreciation (Sp) appraisal
valoración de deficiencia assessment of deficiency
valorar assess
valores securities
valores bursátiles (Sp) listed securities
valores circulantes floating securities
valores cotizables (Sp) listed securities
valores cotizados listed securities (Mex) marketable securities
valores de caja (Ar) cash basis
valores de primer nivel glamour stock
valores de primera clase (Ar) blue-chip stock
valores de rango superior senior security
valores de una serie cronológica (Mex) time series data
valores en cartera portfolio
valores exentos exempt securities
valores exentos de impuestos tax-exempt securities
valores flotantes floating securities
valores inscritos en bolsa (Sp) listed securities
valores mobiliarios (Sp) securities
valores negociables marketable securities

valores no cotizados unlisted security
valores/efectos negociables (Ar) eligible paper
valores registrados registered securities
valores respaldados por hipotecas mortgage-backed security
valores seguros (Mex) defensive securities (Ven) blue-chip stock
valores sin certificados book-entry securities
valores subordinados junior securities
valores subyacentes underlying securities
valuable (Sp) rateable
valuación appraisal, valuation (Ar) appreciation
valuación base (Ar) rate base
valuación evaluada assessed valuation
valuación fiscal (Ar) rateable
valuador appraiser
valuar appraise
variable dummy, variable
variable ascendente (Mex) upwardly mobile
variable con índice (Mex) subscripted variable
variable suscrito (Ven) subscripted variable
variables independientes independent variables
variación change, fluctuation, variance
variación cíclica cyclic variation
varianza variance
variar el precio según las noticias discount the news
velo corporativo corporate veil
velocidad velocity
vencer (Mex) accrue
vencido payable
vencido y pendiente de pago delinquent
vencimiento abandonment, expiration, maturity
vencimiento a largo plazo going long
vencimiento a medianoche midnight deadline
vencimiento original original maturity
vendedor salesperson
vender market, merchandise
vender al por menor retail
vender bajo presión sell off
vender corto going short
vender corto contra la caja (Ar) against the box
vendible merchantable
vendido rápidamente blowout
venta sale (Ar) (Mex) divestiture
venta a domicilio house-to-house selling
venta a plazos installment sale
venta a precio mayor que la anterior plus tick
venta a terceros (Ch) third-party sale
venta absoluta absolute sale
venta al descubierto against the box
venta al por menor retail
venta casi inmediata debido a la gran demanda (Ar) blowout
venta con pérdidas en el mercado exterior dumping
venta condicional conditional sale
venta de activos divestiture
venta de artículos selectos o de calidad (Ven) specialty selling
venta de descuento dutch auction, discount window
venta de liquidación clearance sale
venta de propiedad por incumplimiento de los deberes impositivos tax sale
venta de puerta en puerta (Ven) house-to-house selling
venta de saldos clearance sale
venta de terceros (Ar) (Ven) third-party sale
venta de títulos float

venta directa al menudeo (Mex) nonstore retailing
venta en abonos (Mex) installment sale
venta especializada (Ar) (Ch) specialty selling
venta ficticia wash sale
venta forzada forced sale
venta incondicional (Ven) absolute sale
venta judicial judicial foreclosure or judicial sale
venta más reciente last sale
venta o cambio (Ven) sale or exchange
venta o canje (Ch) sale or exchange
venta o intercambio (Ar) sale or exchange
venta personal personal selling
venta por abajo de la mesa (Mex) under the counter
venta pública public sale
ventaja gain (Mex) leverage
ventaja absoluta absolute advantage
ventaja diferencial differential advantage
ventana window
ventanilla de descuentos (Ven) discount window
ventas (Sp) sales revenue
ventas al descubierto (Sp) short covering
ventas al detalle sin tienda (Ch) nonstore retailing
ventas directas direct sales
ventas en el mercado paralelo (Ven) over-the-counter retailing
ventas netas net sales
ventas tras alzas significativas a corto plazo de valores profit taking
verdadero real
veredicto mandado por el juez directed verdict
verificación audit, check, inspection
verificación de antecedentes background check
verificación de paridad (Sp) parity check
verificación interna internal check
verificador auditor, comptroller
verificar audit, check
vertiginoso (Ven) snowballing
vestigio (Ar) trace, tracer
vía (Mex) tract
viaje de retorno back haul
viajero frecuente (Ar) commuter
viajero(a) commuter
viáticos (Ch) (Ven) per diem (Mex) subsistence
vicepresidente vice-president
vicio oculto latent defect
vida depreciable depreciable life
vida económica economic life
vida media (Mex) half-life
vida promedio (Ar) half-life
vida útil useful life (Ch) depreciable life
vida útil de un activo economic life
vidas útiles de referencia (Ch) guideline lives
vigencia (Mex) term, effective date
vigente valid (Sp) outstanding
violación breach, violation (Ar) trespass
violación anticipada anticipatory breach
violación de derechos (Mex) (Ven) trespass
violación de garantía breach of warranty
violación de patente (Ven) patent infringement
violar breach, break
visión retrospectiva (Sp) review
viva voz (Sp) open outcry
viviendas en construcción housing starts
viviendas en grupo cluster housing
vocero spokesperson
volátil volatile

volumen volume
volumen de negocio (Sp) turnover
volumen de trabajo atrasado (Ar) (Ven) backlog
volumen total total volume
voluntad will
volver a arrancar boot
volver a arrendar release
volver a comprar buyout
votación (Ar) ballot
votación cumulativa cumulative voting
votación de ir a la huelga (Ven) strike vote
votación obligatoria (Ar) statutory voting
votar ballot
voto acumulativo (Ar) cumulative voting
voto de huelga (Mex) strike vote
voto sindical (Mex) strike vote

WXYZ

zona de empleo zone of employment

zona de desarrollo empresial (Ven) enterprise zone

zona de pobreza (Ven) blighted area

zona franca (Ven) foreign trade zone, freeport

zonificación zoning